BundesGrundschulKongress 1999

An der Schwelle zum dritten Jahrtausend

Beiräge zur Reform der Grundschule – Band 105
Herausgeber: Der Vorstand des Grundschulverbandes
– Arbeitskreis Grundschule e. V.
Verantwortlich für diesen Band: Rudolf Schmitt

Rudolf Schmitt (Hrsg.)

BundesGrundschulKongress 1999

An der Schwelle zum dritten Jahrtausend

Grundschulverband – Arbeitskreis Grundschule e.V.
Frankfurt am Main

Satz und Gestaltung: novuprint · Agentur für Mediendesign, Werbung, Publikationen GmbH, 30161 Hannover
Druck und Bindung: Druckhaus Beltz, 69502 Hemsbach
Titelgestaltung: novuprint, Jürgen Hans
ISBN 3-930024-71-3

Inhalt

Vorwort

Der vorliegende Band erfüllt eine Doppelfunktion: einerseits soll er die Diskussionen in den fünf Foren des Bundesgrundschulkongresses vorbereiten helfen, andererseits bietet er eine Dokumentation der Grundschulreformbemühungen der letzten zehn Jahre (1989 – 1999). Beide Funktionen fließen ineinander bzw. ergänzen sich; denn die Gesamtschau der Reformanstrengungen der letzten zehn Jahre zeigt, dass wir nicht am Punkt Null anfangen müssen. Wir können in unseren Kongress-Diskussionen und bei der Abfassung der für 1999 geplanten »Frankfurter Erklärung« auf ein facettenreiches Spektrum von programmatischen Aussagen zur Grundschulreform zurückgreifen. Die detaillierte Dokumentation der Reformansätze lässt aber auch erkennen, wo Fehlentwicklungen drohen, gewollte oder ungewollte Missverständnisse ausgeräumt und Defizite aufgearbeitet werden müssen – reichlich Stoff für kontroverse Diskussionen in den fünf Foren des Kongresses.

Drei Beispiele sollen das Gemeinte verdeutlichen.

Drohende Fehlentwicklung:
Seit über einem Jahrzehnt propagiert der Grundschulverband unter dem Motto »Mehr Zeit für Kinder« die verlässliche Ganze Halbtagsschule von 8 bis 13 Uhr als qualifiziertes pädagogisches Reformkonzept. Endlich greift diese Reform. Selbst Flächenstaaten wie Rheinland-Pfalz, Niedersachsen und Bayern »reformieren« ihre Grundschulen flächendeckend nach diesem Modell, allerdings vielfach unter dem ausschließlichen Aspekt der Verlässlichkeit bei weitgehender Ausblendung aller pädagogischen Ansprüche – eine äußerst zwiespältige Situtation, die es auf dem Kongress zu thematisieren gilt.

Gewolltes Missverständnis:
Seit über einem Jahrzehnt propagiert der Grundschulverband die Öffnung des Unterrichts, die integrative Erziehung aller Kinder, Lernentwicklungsberichte statt Zensuren usw. Angeheizt durch teilweise fragwürdige internationale Leistungsvergleiche trifft die Grundschule heute härter denn je der Vorwurf, einer leistungsfeindlichen Kuschelpädagogik zu huldigen. In der Forderung nach Vergleichsarbeiten – auch in der Grundschule – kulminieren diese Anschuldigungen einer angeblichen Leistungsverweigerung. Der Kongress wird sich mit handfesten Argumenten gegen diese Unterstellungen zu wehren wissen.

Offenkundiges Defizit:
Es ist nicht zu leugnen – die Dokumentation zum Forum IV beweist es –, das Verhältnis des Grundschulverbandes zu den neuen Medien ist im letzten Jahrzehnt eher von Zurückhaltung geprägt gewesen: »Man müsste eigentlich ... Die Kinder sind weiter als die Erwachsenen ...« Erst im vergangenen Jahr hat der Grundschulverband das Thema herzhaft aufgegriffen. Der Kongress liefert die Plattform für eine grundsätzliche Auseinandersetzung mit dieser Thematik.

Wer die Dokumentation der Reformanstöße des letzten Jahrzehnts aufmerksam liest, wird sicher weitere Versäumnisse, Widersprüche, Halbherzigkeiten und vielleicht auch Ungereimtheiten finden, die der dringenden Bearbeitung bedürfen und für deren Klärung der bevorstehende Kongress Chancen bietet.

Aufgebaut ist der vorliegende Band nach folgendem Muster: Die fünf Foren des Kongresses gliedern den Band in fünf Teile, die jeweils einen Zehnjahresüberblick über die thematisch einschlägigen Reformbemühungen des Grundschulverbandes enthalten.

Ausgehend von den jeweils zutreffenden Forderungen des Frankfurter Manifestes aus dem Jahr 1989 folgen zumeist die thematisch einschlägigen Bände der Beiträge zur Reform der Grundschule.

Konkrete Reformimpulse – vor allem im Sinne der Foren I bis III – hat auch die sogenannte Landesgruppenaktion ausgelöst, die 1992 von Nordrhein-Westfalen angestoßen worden ist.

Das Grundsatzprogramm des Grundschulverbandes aus dem Jahr 1994 liefert fast zu jedem Forum »Standpunkte«, die teilweise der Überarbeitung bedürfen. Die Kongressergebnisse dürften dabei keine unerhebliche Rolle spielen.

Das Berliner Memorandum aus dem Jahr 1995, das vom Grundschulverband, von der Gewerkschaft Erziehung und Wissenschaft und vom Verband Bildung und Erziehung gemeinsam getragen wird, enthält zu jedem Forum reformorientierte Vorschläge. Das gleiche gilt für den Zukunftsband 98 aus dem Jahr 1996, dessen »Empfehlungen zur Neugestaltung der Primarstufe« sich als schlüssige Gesamtkonzeption präsentieren, allerdings mit einigen Haken und Ösen, die auch Reformwilligen reichlich Stoff für Auseinandersetzungen bieten.

Eingestreut in die jeweilige, am Forum-Thema orientierte Dokumentation sind auch wichtige Ausschnitte aus Kultusministerkonferenz-Empfehlungen, soweit sie die Reformimpulse des Grundschulverbandes aufnehmen oder unterstützen.

Länderspezifische Überblicke zur Gesetzes- oder Erlasslage aus den Jahren 1998/99 leiten über zu den aktuellen Beiträgen, in denen einzelne oder mehrere aus dem Kreis der für das jeweilige Forum Verantwortlichen zu ihrem Thema Stellung beziehen, um so die Kongress-Diskussion vorzubereiten.

Die dokumentarischen Beiträge sind übrigens in ihrer ursprünglichen, zumeist alten Rechtschreibung abgedruckt worden. Lediglich die aktuellen Beiträge erscheinen in neuer Rechtschreibung.

Auffallen wird bei der Lektüre des Bandes, dass Reformimpulse zu fachlichen und didaktisch-methodischen Fragestellungen des Grundschulunterrichts weitgehend fehlen oder höchstens indirekt abgeleitet werden können. Dieses Defizit ist gewollt. Wir verkennen keineswegs die Wichtigkeit dieser Fragestellung, sind aber dem Meinung, dass auf einem Bundesgrundschulkongress an der Schwelle zum dritten Jahrtausend die strukturellen Reformperspektiven der Grundschule im Mittelpunkt des Interesses stehen müssen.

Rudolf Schmitt
(Geschäftsführender Vorsitzender
des Grundschulverbandes)

RUDOLF SCHMITT

An der Schwelle zum 3. Jahrtausend

Ein Jahr vor der Jahrtausendwende wird die deutsche Grundschule 80 Jahre alt. Ihre Geburtsurkunde datiert vom 11. August 1919, dem Tag der Verkündung der Verfassung des Deutschen Reiches in der Weimarer Republik mit dem berühmten Artikel 146:

»... Auf einer für alle gemeinsamen Grundschule baut sich das mittlere und höhere Schulwesen auf. Für diesen Aufbau ist die Mannigfaltigkeit der Lebensberufe, für die Aufnahme eines Kindes in eine bestimmte Schule sind seine Anlage und Neigung, nicht die wirtschaftliche oder gesellschaftliche Stellung oder das Religionsbekenntnis seiner Eltern maßgebend«.

Seit 1969 – dem Jahr seiner Gründung – veranstaltet der Arbeitskreis Grundschule, heute genannt Grundschulverband, im zehnjährigen Rhythmus zentrale Kongresse oder Grundschultage, auf denen der Zustand der Grundschule überprüft, der Puls gleichsam gemessen und neue Impulse gegeben werden.

1969

Grundlegend war sicher der Frankfurter Grundschulkongress im 50. Jubiläumsjahr der Weimarer Grundschule, grundlegend, weil dort der Versuch gestartet wurde, zwei fatale Weichenstellungen des Artikels 146 zu korrigieren:

1. Nicht »Anlage und Neigung« allein sollen »für die Aufnahme eines Kindes in eine bestimmte Schule ... maßgebend« sein, sondern »Begabung *und* Lernen im Kindesalter«, so die Thematik des ersten Kongresstages.
2. Die »gemeinsame Grundschule« darf kein Ausleseinstrument sein für »das mittlere und höhere Schulwesen«, für dessen »Aufbau die Mannigfaltigkeit der Lebensberufe ... maßgebend« sei, sondern die Grundschule soll sich zur selbständigen Schulform mit eigenen »Inhalten grundlegender Bildung« (zweiter Kongresstag) und mit dem Ziel »Ausgleichender Erziehung für alle Kinder« (dritter Kongresstag) weiterentwickeln.

Geschmälert werden sollten durch diese Korrekturen keinesfalls die Verdienste der Weimarer Reichsverfassung um die Abschaffung der Standesprivilegien: Nicht »die wirtschaftliche oder gesellschaftliche Stellung oder das Religionsbekenntnis der Eltern« darf den Bildungsweg der Kinder bestimmen! Aber Weimar ist nicht weit genug gegangen. Auch die Begabungsprivilegien mit ihren Konsequenzen der Aufteilung der Kinder auf das dreigliedrige Schulsystem mussten fallen. Es war das historische Verdienst des Frankfurter Grundschulkongresses von 1969, dieser Forderung bildungspolitisch Nachdruck verliehen zu haben.

1979

1979 zog der Arbeitskreis Grundschule auf dem Frankfurter Grundschultag nach einem Dezennium Grundschulreform eine erste Bilanz und akzentuierte die drei Forderungen des ersten Grundschulkongresses stärker kindorientiert:

- Die Schule als Lebens- und Erfahrungsraum: Leben und Lernen
- Inhalte einer kinderfreundlichen Grundschule (gegen eine missverstandene Verwissenschaftlichung!)
- Förderung und Integration schulschwacher Kinder

1989

1989 veranstaltete der Arbeitskreis Grundschule wieder einen bundesweiten Grundschulkongress in der Tradition des ersten Kongresses von 1969. In den Vordergrund rückte das Thema »Veränderte Kindheit« mit seinen Konsequenzen für die Grundschule. »Kindheit heute – Herausforderung für die Schule« – so lautete das Motto dieses Kongresses. Die Akzente verlagerten sich von der entwicklungspsychologischen Betrachtungsweise (Das Kind ist nicht von Geburt an begabt, sondern es wird begabt durch Erziehung und Unterricht) in die mehr soziologisch-gesellschaftskritische Sicht: Die soziale Herkunft bestimmt nach wie vor das Schulschicksal des einzelnen Kindes. Die sogenannte »Ererbte Umwelt« wirkt ebenso konstant wie das »genetische Erbe«! »Veränderte Kindheit« wurde auf diesem Kongress in dreifacher Hinsicht thematisiert:

1. Der Verlust der Unmittelbarkeit in einer weitgehend mediatisierten Welt reduziert Kindheit heute auf ein Leben aus zweiter Hand.
2. Wachsende Beziehungslosigkeit in einer Massengesellschaft bewirkt auch für Kinder heute ein Leben in zunehmender Vereinzelung.
3. Das weltweit vorhandene Bewusstsein von der globalen Gefährdung der Menschheit wandelt auch Kindheit heute zu einem Leben angesichts bedrohter Zukunft.

Und die Antwort lautete kurz gefasst: Erfahrungsoffener Unterricht – Soziales Lernen – Lebensnaher Unterricht.

1999

1999 – zehn Jahre später – steht wieder ein Bundesgrundschulkongress an. Welche Bilanz ziehen wir heute? Welche Hypotheken, welche Perspektiven begleiten uns ins nächste Jahrtausend? Die Antwort fällt nicht leicht. Eine erste Bilanz könnte düster aussehen. Was hat sich denn im Grundschulbereich seit 1969 geändert?

Die Grundschule ist nach wie vor ein Ausleseinstrument für die weiterführenden Schulen. Es besteht sogar die Gefahr, dass positive Entwicklungen (Schule ohne Noten, Lernentwicklungsberichte, Orientierungsstufe usw.) angesichts der aufgeflammten Leistungsdebatte wieder zurückgenommen werden. Die Anhängerschaft des Begabungskonzeptes gewinnt angesichts der immensen Fortschritte in der Gen-Forschung – unterstützt von politischen Strömungen in der Konkurrenzgesellschaft – langsam wieder Oberwasser.

Die finanziellen Ressourcen (Erhöhung der Klassenfrequenzen, Erhöhung der Stundendeputate, Verringerung der Stundentafel) werden gegenüber den 70er Jahren eher gekürzt als erhöht, und dies bei anerkannt schwieriger Problemlage der Grundschulen angesichts veränderter Kindheit. Müssen wir wieder von vorne anfangen? Eines ist jedenfalls klar: Kein Reformziel ist in den letzten 30 Jahren eindeutig erreicht worden. Vielfach ist die Lage angespannter als früher. Es fällt deshalb schwer, ein Thema oder ein Motto vorzuschlagen, das Fortschritte verheißt und in dem die Zielrichtung des bevorstehenden Kongresses kulminieren kann.

Wir müssen uns fragen: Wo lassen sich trotz der eher negativen Bilanz Ansätze von positiven Veränderungen erkennen, die es künftig zu stärken gilt.

Ein Stichwort könnte sein: Demokratisierung.
Obwohl auch hier weltweit Rückschritte zu verzeichnen sind, scheinen sowohl im Großen (Europa, Wiedervereinigung Deutschlands usw.) wie auch im Kleinen (Autonomie und eigenes Profil der Schule, offene Formen des Unterrichts usw.) die Fortschritte zu überwiegen. Das gesellschaftliche Bewusstsein hinsichtlich der Rechte des Einzelnen und hinsichtlich der Gleichberechtigung von Personen und Lebensformen nimmt zu.

Das zweite Stichwort könnte lauten: Solidarisierung.
Auch hier überwiegen auf den ersten Blick die negativen Erscheinungen der Massengesellschaft: Homogenisierung, Konsumzwänge, Entfremdung usw. Trotzdem lassen sich auch Bewegungen der gemeinsamen Verantwortung (wachsendes Umweltbewusstsein, Verantwortung für

Schwächere usw.) erkennen, die den einzelnen aus seiner Isolierung herausholen.

Diese Überlegungen, dass auf der einen Seite die Rechte des Einzelnen in einer demokratischen Gesellschaft inzwischen eine höhere Anerkennung finden als früher, dass aber auf der anderen Seite die ungebremste Vereinzelung ziemlich sinnlos wird, wenn sie nicht in Solidarität einmündet, führten uns zum Motto dieses Kongresses:

Grundschule – Schule der Vielfalt und Gemeinsamkeit

Wir greifen eine Begrifflichkeit auf, die ULF PREUSS-LAUSITZ in seinem Buch »Die Kinder des Jahrhunderts« im Untertitel »Zur Pädagogik der Vielfalt im Jahr 2000« (1993) eingeführt hat, um der fast beliebigen, postmodernen Pluralität durch verbindliche Lebensbezüge zu begegnen. Wissenschaftlich vertieft findet sich dieser Ansatz in der u.a. vom selben Autor betreuten Habilitationsschrift von ANNEDORE PRENGEL, veröffentlicht 1995 unter dem Titel »Pädagogik der Vielfalt. Verschiedenheit und Gleichberechtigung in Interkultureller, Feministischer und Integrativer Pädagogik«.

PREUSS-LAUSITZ gebraucht die Formulierung »Vielfalt *in* der Gemeinsamkeit«. Diese Formel könnte missverstanden werden, so, als ob die Vielfalt in der Gemeinsamkeit aufgehen müsste. Das Vielfältige muss seinen Eigenwert behalten. Deshalb wählen wir statt der Präposition »in« die Konjunktion »*und*«, wie sie bereits als Unterüberschrift in unserem Zukunftsband 98 verwendet wird: »Grundschule als Schule der Vielfalt und Gemeinsamkeit« (S. 29-31). Wir bewegen uns – wenn man so will – auf der Linie der Postmoderne.

Im Extremfall können wir mit »Vielfalt« folgender These gerecht werden: »Phänomene und Erfahrungen, die von modernem Denken negativ bewertet werden (wie ›Unbestimmtheit‹, ›Pluralität‹, ›Spontaneität‹, ›Beliebigkeit‹, ›Synkretismus‹, ›Trivialität‹), erfahren in der Theorie der Postmoderne Anerkennung als menschliche Schlüsselerfahrungen und soziale wie ästhetische Grundphänomene«. Oder wie J. DERRIDA schreibt: Im Turmbau zu Babel will die Moderne sich im Geiste einer alles beherrschenden Einheitssprache verewigen. Doch der Bau ist an seiner Vermessenheit und Überspitzung gescheitert. Die Einheitssprache zerfällt in eine Fülle von Sprachen, die alle das gleiche Recht beanspruchen dürfen. Das ist die ›polyglotte‹ Signatur der Postmoderne (vgl. Brockhaus Enzyklopädie, Bd. 17, 1992, S. 409 und S. 413).

Nebengeordnet sprechen wir von »Gemeinsamkeit«, die in strikter Anerkennung des Eigenwertes des Vielfältigen einen anderen Charakter bekommt. Nicht mehr gleichmachend, Unterschiede einebnend, sondern den Einzelnen aufbauend, erweiternd, beflügelnd. So wie auch das postmoderne Kunstwerk als alle Sinne erfassend, als »erhaben« verstanden und erlebt wird.

Nach diesem kleinen Ausflug in philosophische Gefilde wieder zurück zu den scheinbar einfachen Verhältnissen der Grundschullandschaft!

Mit »*Vielfalt*« wollen wir herausstreichen, dass es heute aufgrund eines erkennbaren gesellschaftlichen Bewusstseinswandels leichter geworden ist, den Eigenwert des Einzelnen, des Abweichenden, des Phantasievollen anzuerkennen. Pädagogische Schlagworte, die das vermitteln, sind u.a.: offener Unterricht, zieldifferentes Lernen, individuelle Entwicklungsberichte, große Freiräume in den Lehrplänen, Autonomie der einzelnen Schule, Schule mit eigenem Profil u.Ä.

Mit »*Gemeinsamkeit*« soll zumindest angemahnt werden, dass die Anerkennung der Vielfalt nicht völlige Beliebigkeit, vollständiges Auseinanderfallen bedeuten kann. Nach wie vor behalten pädagogische Prinzipien wie Soziales Lernen, gegenseitige Verantwortung, Solidarität u.Ä. ihren Sinn und ihre unabdingbare Notwendigkeit im pädagogischen Alltagsgeschäft.

Die Balance zwischen Vielfalt *und* Gemeinsamkeit ist die Leistung der Schule, die Leistung der Lehrenden, die Leistung der Kinder, die Leistung der Eltern, letztlich die Leistung der Gesellschaft. Um diese Balance sowohl theoretisch als auch praktisch zu suchen und zu finden, haben wir den Kongress in fünf Foren gegliedert, die jeweils unter dem Motto »Vielfalt und Gemeinsamkeit« die Brennpunkte der gegenwärtigen bildungspolitischen Diskussion abbilden.

Forum I: Integration und Differenz

Unter dieser Überschrift geht es um die Kinder selbst, um den Grundanspruch der Weimarer Grundschule, um die »für alle gemeinsame Grundschule«. Inhalt sind die drei klassischen Bereiche, die in den Schriften zur »Pädagogik der Vielfalt« behandelt werden, so etwa bei Prengel unter den Kapitelüberschriften »Interkulturelle Pädagogik« (also deutsche und ausländische Kinder, aber auch die spezifischen Probleme von Flüchtlingskindern und Aussiedlerkindern), »Feministische Pädagogik« (also Mädchen und Jungen, Geschlechtsrollen, neue Fragen der Koedukation) und »Integrationspädagogik« (behinderte und nichtbehinderte Kinder, Förderung – aber wie). Das Wort »Integration« im Titel des Forums zeigt, dass wir diesen Begriff von vornherein weit fassen, d.h. damit die integrative Leistung der Grundschule hinsichtlich aller Kinder meinen.

Forum II: Lernzeit ist Lebenszeit

Man könnte diesen Zugang zum Kongressthema auch unter räumlichem Aspekt sehen: die Schule als Ort der Vielfalt und Gemeinsamkeit oder anders ausgedrückt »Grundschule als Lern- und Lebensraum«. Sicher geht es dabei um das hochaktuelle und in seiner konkreten Realisierung heiß umstrittene Thema der Ganzen (Vollen) und/oder Verlässlichen Halbtagsschule mit ihren Konsequenzen für die Lehrerarbeitszeit und die personelle Besetzung der Grundschule. In diesem Zusammenhang werden auch Fragen nach dem eigenen Profil und der Autonomie der einzelnen Schule virulent. Ganz zentral gehört in diesen Zusammenhang die sechsjährige Grundschule mit ihren Folgen für die Neustrukturierung des deutschen Bildungssystems. Aber auch die Umkehrung des Titels »Lebenszeit ist Lernzeit« oder anders ausgedrückt »das lebenslange Lernen einüben« als Aufgabe der Grundschule dürfte in diesem Forum eine beachtliche Rolle spielen.

Forum III: Oualität der Leistung

Seit der berühmt-berüchtigten Bildungsrede von ROMAN HERZOG mit dem verhängnisvollen Satz »Wer die Noten aus den Schulen verbannt, schafft Kuschelecken, aber keine Bildungseinrichtungen, die auf das nächste Jahrtausend vorbereiten« (5.11.1997), schwebt – verstärkt durch einige fragwürdige internationale Studien – das Leistungsthema wie ein Damoklesschwert über der Grundschule. Hektische Reaktionen einiger Kultusministerien mit der Androhung oder gar Durchführung von Vergleichsarbeiten steigern die allgemeine Verkrampfung. In einer Schule der »Vielfalt und Gemeinsamkeit« ist die Frage nach der Leistungsbeurteilung überhaupt nicht wegzudenken. Wie soll der Eigenwert des Individuellen angemessen anerkannt werden, wenn die Leitungsstandards eindimensional bleiben. Grundschule als Leistungsschule, Grundschule ohne Noten, Entwicklungsberichte, externe versus interne Evaluation sind Stichworte, die die Diskussionsschwerpunkte dieses Forums andeuten.

Forum IV: Bildung in der Informationsgesellschaft

»Grundschule und die neuen Medien«: Computer – CD-ROM – Internet – Multi- bzw. Hypermedia. Zitieren möchte ich aus dem Vorwort unseres neuen Bandes 103 über den Stellenwert der Neuen Medien in einem modernen Grundschulunterricht: »Vor allem die Schülerinnen und Schüler der Grundschule wollte man ausnehmen vom Gebot einer informationstechnischen Grundbildung, wie die Formel für die weiterführenden Schulen lautet. Heute sind wir an einem Punkt, an dem die Entscheidung gefallen ist. Die neuen Medien gehören jetzt und auch in Zukunft zum Lebensalltag. Es besteht kein Grund, sie vor der Schultür zu lassen; im Gegenteil, ihre produktive Nutzung muss erprobt und erlernt werden, auch in der Grundschule. Allerdings geht es hier tatsächlich in erster Linie nicht um den Erwerb technischer Fertigkeiten. In der Grundschule geht es um die kindgerechte Einführung eines nützlichen Werkzeugs zur Informationsbeschaffung und zur Kommunikation. Es geht um die produktive Nutzung eines interessanten Mediums, das kreativen Lehrerinnen und Lehrern didaktisch und pädagogisch viele Möglichkeiten eröffnet.« (H. Mitzlaff, A. Speck-Hamdan). Über diese Möglichkeiten lässt sich trefflich streiten.

Forum V: Verantwortung für die Zukunft

Inhalte dieses Brennpunktes der Vielfalt und Gemeinsamkeit sind jene Themen, die im *Berliner Memorandum* unter der Überschrift »Gesundheit – Umwelt – Raum« folgendermaßen umrissen wurden: »Die Zukunft der Kinder wird in hohem Maße von Lebens- und Überlebensfragen bestimmt, auf die wir als Erwachsene gemeinsam mit den Kindern Antworten suchen müssen. Nicht nur die Schule, sondern auch der Wohn- und Nachbarschaftsbereich, das eigene Land, Europa bis hin zur globalen Dimension der »Einen Welt« sind als gesunde und lebenswerte Räume zu erhalten und zu gestalten, um allen Kindern jetzt und künftig ein gesichertes und menschenwürdiges Heranwachsen und Erwachsenenleben zu ermöglichen. Es gilt, einen ökologischen Generationenvertrag zwischen den heutigen Gesellschaften und den nachfolgenden Generationen zu schließen. Wir dürfen nicht auf Kosten der Kinder und ihrer Kinder leben. Eine intergenerative Gerechtigkeit ist zu gewährleisten«. (Zukunft für Kinder – Grundschule 2000, S. 16). Welche Rolle spielen diese Themen im Grundschulunterricht bzw. im Grundschulalltag? Wie lässt sich der Lern- und Lebensraum Grundschule unter diesen Anforderungen zeitgemäß gestalten: gesunde Ernährung, Schulgarten, Müllentsorgung, Energiesparen, Europa, »Eine Welt« in der Grundschule? Kulturelle Vielfalt angesichts fundamentalistischer Ansprüche? Dieser Schwerpunkt des Kongresses ist ein genuines Feld der Vielfalt und Gemeinsamkeit.

Die Eröffnung des Kongresses

Am Freitag, den 1. Oktober 1999, wollen wir um 11.[00] Uhr den Bundesgrundschulkongress im Großen Saal des CongressCenters der Messe Frankfurt, der über 2.000 Personen Platz bietet, feierlich eröffnen. Schon im Herbst 1998 haben wir im Bundespräsidialamt angefragt, ob der Bundespräsident die Eröffnungsansprache übernehmen würde. Aus begreiflichen Gründen haben wir eine hinhaltende Antwort bekommen, die sich erst jetzt – nach der Wahl des neuen Bundespräsidenten – in eine Zusage verwandeln könnte. Gewinnen konnten wir bereits als Hauptredner den Osloer Pädagogikprofessor Per Dalin, der sich international mit Fragen zur Schulentwicklung einen Namen gemacht hat. Bekannt ist sein Buch »Schule auf dem Weg in das 21. Jahrhundert« (1997), in dem er auf der Basis von »zehn Revolutionen« seine »Visionen für das nächste Jahrhundert« entwirft:

- *»Die ökologische Vision«: Leben in Harmonie mit der Natur*
- *Die Vision einer fairen, demokratischen Gesellschaft*
- *Von der Dominanz zur Partnerschaft in sozialen Beziehungen*
- *Von einer Kriegswirtschaft zur Friedenswirtschaft*
- *Ein lebenswertes Leben für die Armen der Welt*
- *Von der monokulturellen zur multikulturellen Gesellschaft*
- *Eine Vision von der Arbeit der Zukunft*
- *Technologie im Dienste menschlichen Zugewinns*
- *Lebenserfahrung im Dienst der Gesundheit*
- *Von der Standardisierung zur Kreativität*
- *Zusammenfassung: »Auf dem Wege zu einer neuen Ethik« (S. 95-111)*

Das sind die Überschriften des 4. Kapitels, die deutlich die gedanklichen Entwürfe Per Dalins erkennen lassen. Ganz im Sinne unseres Kongress-Mottos betrachtet er die *einzelne Schule* (Vielfalt) als den Motor der Entwicklung (Gemeinsamkeit)!

Anders als beim letzten Bundesgrundschulkongress vor zehn Jahren, der sicher vielen noch in Erinnerung ist – auch mit manchen Beschwerlichkeiten aufgrund der weitläufigen Wege zwischen Frankfurter Messe und Frankfurter Universität – wahren wir bei diesem Kongress die *Einheit von Ort und Zeit:* Alle Veranstaltungen finden im CongressCenter der Messe Frankfurt statt, einschließlich der notwendigen Sorge für das leibliche Wohl an beiden Tagen. Der große Saal mit dem schönen Namen »Harmonie« lässt sich durch eine Trennwand aufteilen. Außerdem gibt es nebenan noch drei weitere, kleinere Säle mit den Namen »Spektrum«,

»Fantasie« und »Illusion« (nomen est omen?), sodass uns insgesamt fünf etwa gleich große Räume für die fünf getrennten Foren des Kongresses zur Verfügung stehen. In den Pausen zwischen den Veranstaltungen werden auf den Fluren und im Markt der Möglichkeiten (Halle 5) Speisen und Getränke (Bons in der Tagungsmappe) angeboten, sodass niemand den Ort des Geschehens verlassen muss. Die Höhe der Tagungsbeiträge begründet sich vor allem aus diesem umfassenden Verpflegungsangebot.

Markt der Möglichkeiten

Als Rahmenprogramm bieten wir einen »Markt der Möglichkeiten«, der von den Fluren aus direkt zu erreichen ist, und zwar in der Halle 5, die hinter dem Großen Saal liegt. Vor allem die Pausen können für den Besuch dieses Marktes genutzt werden. Eingeladen haben wir Grundschulen aus dem ganzen Bundesgebiet, Institutionen der Lehrerausbildung (vor allem Landesinstitute), Forschungsprojekte, Verbände und Vereine mit grundschulpädagogischen Schwerpunkten.

Auf dem Programm stehen Ausstellungen, Inszenierungen, Videovorführungen, Wandzeitungen, Grundschulreformprogramme, Schriften der Verbände und Vereine usw. Die Redaktionen der Grundschulzeitschriften sind eingeladen, das Programm zu bereichern. Die Verlage haben keine eigenen Stände, weil wir den grundschulspezifischen Initiativen den Vorrang einräumen wollen. Wir haben eine Buchhandlung beauftragt, die die einschlägigen Veröffentlichungen der Verlage präsentieren wird. Der Markt der Möglichkeiten ist selbstverständlich während der gesamten Kongressdauer geöffnet.

Bildungspolitische Diskussion

Zumindest zeitlich im Zentrum des Kongresses steht die Abendveranstaltung im Großen Saal des CongressCenters

»Grundschule – Reformschule des Bildungssystems«,

geplant als Podiumsdiskussion mit Vertreterinnen und Vertretern wichtiger Verbände und Institutionen: Aktion Humane Schule, Bundeselternrat, Gewerkschaft Erziehung und Wissenschaft, Grundschulverband, Philologenverband, Verband Bildung und Erziehung und Verband der Sonderschulen.

Diskutiert werden soll über die Reformimpulse, die von der Grundschule für das ganze Bildungssystem ausgehen, z.B. offener Unterricht, fächerüberwindender Unterricht, Projektunterricht, Lernentwicklungsberichte usw.

Es geht aber auch um die Konsequenzen für die Grundschule, wenn das Bildungssystem insgesamt einer Revision unterworfen wird: z. B. Verkürzung auf zwölf Jahre. In diesem Zusammenhang wird auch die Frage nach der sechsjährigen Grundschule virulent.

Schließlich sollte auch die Ungleichbehandlung der Grundschule bei der Verteilung verfügbarer Ressourcen thematisiert und auf Abhilfe gedrungen werden.

Moderiert wird diese Podiumsdiskussion von CHRISTIANE KNAUF-MUÑOZ vom Hessischen Rundfunk.

Das Plenum: Einführung in die fünf Foren

Herzstück des Kongresses ist das Plenum am Freitag von 14.[30] Uhr bis 16.[30] Uhr mit seiner Ausfaltung in die fünf getrennten Foren. Sie werden am Samstag wiederholt, sodass sich jede Teilnehmerin und jeder Teilnehmer des Kongresses intensiv auf zwei Brennpunkte der Vielfalt und Gemeinsamkeit einlassen kann. Im Plenum präsentieren sich zunächst in einer Diskussionsrunde fünf außerschulische Expertinnen und Experten, die jeweils für ein Forum mitverantwortlich zeichnen.

Für das *Forum I*, Integration und Differenz, konnten wir CORNELIA SCHMALZ-JACOBSEN, die ehemalige Ausländerbeauftragte der Bundesregierung gewinnen. Für das *Forum II*, Lernzeit ist Lebenszeit, gibt der Leiter des Deutschen Jugendinstituts, Prof. Dr. INGO RICHTER, von Haus aus Jurist, Impulse und Anregungen. Außerschulische Expertin für das *Forum III*, Qualität der Leistung, ist RENATE SCHMIDT, stellvertretende Parteivorsitzende der SPD. Der Chefredakteur des Berliner Tagesspiegels, GIOVANNI DI LORENZO vertritt das *Forum IV*, Bildung in der Informationsgesellschaft. Das *Forum V*, Verantwortung für die Zukunft, findet schließlich seinen Impulsgeber in Prof. Dr. GERD MICHELSEN vom Istitut für Umweltwissenschaften an der Universität Lüneburg.

Zum Verzicht auf das Modell »Viele Arbeitsgruppen« (vgl. Bundesgrundschulkongress 1989) zugunsten eines Modells »Wenige Foren« haben uns die positiven Erfahrungen auf der Bundesgrundschulkonferenz 1995 in Berlin bewogen. Vor allem die Beteiligung von Expertinnen und Experten aus anderen Berufsfeldern und gesellschaftlichen Bereichen, die nicht unmittelbar mit dem Berufsfeld Schule verknüpft sind, hat sich 1995 in Berlin als äußerst fruchtbar und anregend erwiesen. Wir hoffen, dass diese Form eines bundesweiten Kongresses insbesondere unsere Erwartung einer konzentrierten Erfahrung für alle Teilnehmenden erfüllt und gleichzeitig das bildungspolitische Echo dieses Kongresses verstärkt.

Große Abschlussveranstaltung

In der Abschlussveranstaltung am Samstag um 12.[00] Uhr wollen wir insbesondere bildungspolitische Akzente setzen. Deutlich soll noch einmal werden: Auf die einzelne Grundschule kommt es an! Sie ist der Motor der Reform! Sie ist es besonders dann, wenn es gelingt, alle Beteiligten und Betroffenen in das Reformwerk einzubeziehen, zuvörderst auch die Eltern der Kinder. Die Verleihung der fünf Praxispreise im Rahmen des Wettbewerbs »*Mit Eltern die Grundschule kindgerecht entwickeln*« ist der sichtbare Ausdruck dieses reformpolitischen Ansatzes, den wir seit der Gründung des Grundschulverbandes vor 30 Jahren konsequent – durchaus mit Erfolg – propagieren.

Nach einem kabarettistischen Zwischenspiel der *Bremerhavener Müllfischer*, einer Kabarettgruppe, zu der auch Studierende der Primarstufe gehören, folgt dic Verabschiedung der sogenannten »*Frankfurter Erklärung 1999*«. In diesem Dokument sollen zugespitzt die bildungspolitischen Forderungen gebündelt werden, die wir – mit Unterstützung des ganzen Kongresses – an der Schwelle zum dritten Jahrtausend an alle für die Grundschule Verantwortlichen in Parlamenten und Regierungen, in Schul- und Bildungsverwaltung richten. Mitglieder des Bundesvorstandes des Grundschulverbandes werden in dialogischer Form diese bildungspolitischen Forderungen des Kongresses in Szene setzen und ihnen argumentativ und ostentativ Nachdruck verleihen.

Der BundesGrundschulKongress 1999 dauert nur zwei Tage. Es bedarf aber einer langen und intensiven Vorbereitung, in die sich Vorstand, Mitglieder der Delegiertenversammlung und insbesondere auch die Geschäftsstelle teilen.

Für uns alle wäre es eine große Hilfe, wenn Sie sich recht bald als Teilnehmerinnen und Teilnehmer des Kongresses anmelden würden, sodass wir den Umfang der Gesamtveranstaltung einschätzen können. Das Programm finden Sie auf den folgenden Seiten, ein Anmeldeformular auf der letzten Seite dieses Bandes. Weitere Programme können Sie in der Geschäftsstelle anfordern.

Literatur

ARBEITSKREIS GRUNDSCHULE E.V.: Die Grundschule der achtziger Jahre. Bilanz und Perspektiven. Band 43/44 der Beiträge zur Reform der Grundschule. Frankfurt/M. 1980

BROCKHAUS ENZYKLOPÄDIE Band 17: Postmoderne (Schlüsselbegriff) 19. Auflage, Mannheim 1992, S. 410-413

BUNDESGRUNDSCHULKONFERENZ 1995 in Berlin: Zukunft für Kinder – Grundschule 2000. Bonn/Frankfurt/M. 1996

DALIN, P.: Schule auf dem Weg in das 21. Jahrhundert. Neuwied 1997

FAUST-SIEHL, G./GARLICHS, A./RAMSEGER, J./SCHWARZ, H./WARM, U.: Die Zukunft beginnt in der Grundschule. Empfehlungen zur Neugestaltung der Primarstufe. Band 98 der Beiträge zur Reform der Grundschule. Frankfurt/M.: Grundschulverband 1996

FAUST-SIEHL, G./SCHMITT, R./VALTIN, R. (Hrsg.): Kinder heute – Herausforderung für die Schule. Dokumentation des Bundesgrundschulkongresses 1989 in Frankfurt/M., Band 79/80 der Beiträge zur Reform der Grundschule, Frankfurt/M.: Grundschulverband 1990

PRENGEL, A.: Pädagogik der Vielfalt. Verschiedenheit und Gleichberechtigung in Interkultureller, Feministischer und Integrativer Pädagogik. Opladen 1995

PREUSS-LAUSITZ, U.: Die Kinder des Jahrhunderts. Zur Pädagogik der Vielfalt im Jahr 2000. Weinheim 1993

BundesGrundschulKongress 1999

Grundschule – Schule der Vielfalt und Gemeinsamkeit

Freitag, 1. Oktober 1999

11.00 – 13.00 Uhr

Eröffnung des Kongresses
Begrüßung und Einführung in das Kongressthema
Prof. Dr. Rudolf Schmitt
Ansprache des Bundespräsidenten (angefragt)
Hauptreferat zum Kongressthema: Prof. Dr. Per Dalin (Oslo)

13.00 – 14.30 Uhr

Pause mit Imbiss und Markt der Möglichkeiten

14.30 – 16.30 Uhr

Plenum: Grundschule an der Schwelle zum 3. Jahrtausend
– Erfahrungen – Perspektiven – Visionen –
Diskussionsrunde mit: Cornelia Schmalz-Jacobsen (ehem. Ausländerbeauftragte der Bundesregierung),
Prof. Dr. Ingo Richter (Leiter des Deutschen Jugendinstituts, München),
Renate Schmidt (MdL, stellvertr. Parteivorsitzende der SPD),
Giovanni Di Lorenzo (Chefredakteur des Tagesspiegels, Berlin),
Prof. Dr. Gerd Michelsen (Institut für Umweltwissenschaften, Univ. Lüneburg)
Moderation: Horst Bartnitzky

16.30 – 17.30 Uhr

Pause mit Imbiss und Markt der Möglichkeiten

17.30 – 19.00 Uhr

Diskussion in fünf getrennten Foren

Forum I
Grundschule – Schule der Vielfalt und Gemeinsamkeit
Integration und Differenz

Expertinnen und Experten: Cornelia Schmalz-Jacobsen, Dr. Andreas Hinz, Peter Heyer,
Moderation: Marlies Hergarten

Forum II
Grundschule – Schule der Vielfalt und Gemeinsamkeit
Lernzeit ist Lebenszeit
Expertinnen und Experten: Prof. Dr. Ingo Richter, Prof. Dr. Kurt Czerwenka, Prof. Dr. Maria Fölling-Albers,
Moderation: Sibylle Jaszovics

Forum III
Grundschule – Schule der Vielfalt und Gemeinsamkeit
Qualität der Leistung
Expertinnen und Experten: Renate Schmidt, Prof. Dr. Jürgen Oelkers, Prof. Dr. Hans Brügelmann,
Moderation: Lilli Roffmann

Forum IV
Grundschule – Schule der Vielfalt und Gemeinsamkeit
Bildung in der Informationsgesellschaft
Expertinnen und Experten: Giovanni di Lorenzo, Dr. Sabine Etzold (DIE ZEIT), Prof. Dr. Jörg Ramseger
Moderation: Prof. Dr. Angelika Speck-Hamdan

Forum V
Grundschule – Schule der Vielfalt und Gemeinsamkeit
Verantwortung für die Zukunft
Expertinnen und Experten: Prof. Dr. Gerd Michelsen, Prof. Dr. Ulf Preuss-Lausitz, Prof. Richard Meier,
Moderation: Prof. Dr. Gabriele Faust-Siehl

19.00 – 20.15 Uhr

Pause mit Imbiss und Markt der Möglichkeiten

20.15 – 22.00 Uhr

Grundschule – Reformschule im Bildungssystem
Podiumsdiskussion mit Vorsitzenden verschiedener Verbände und Institutionen: Renate Hendricks (BER), Dr. Horst-G. Klitzing (DPhV), Franz Rumpler (vds), Prof. Dr. Rudolf Schmitt (GSV), Eva-Maria Stange (GEW), Heinz Wagner (VBE), Prof. Dr. Wulf Wallrabenstein (AHS).
Moderation: Christiane Knauf-Muñoz (Hessischer Rundfunk)

Samstag, 2. Oktober 1999

9.00 – 11.00 Uhr

Zweite Runde der fünf Foren vom Freitag

I. Integration und Differenz
II. Lernzeit ist Lebenszeit
III. Qualität der Leistung
IV. Bildung in der Informationsgesellschaft
V. Verantwortung für die Zukunft

11.00 – 12.00 Uhr

Pause mit Imbiss und Markt der Möglichkeiten

12.00 – 14.00 Uhr

Grosse Abschlussveranstaltung

Verleihung des Praxispreises 1999:
»Mit Eltern die Grundschule kindgerecht entwickeln«
Jury: Sibylle Jaszovics (GSV-Vorsitzende der Jury),
Prof. Dr. Ariane Garlichs (GHS Kassel), Frau Renate Hendricks (BER), Dr. Hermann Schwarz (GSV Hamburg), Prof. Dr. Wulf Wallrabenstein (AHS)
Zwischenspiel: Kabarett Bremerhavener Müllfischer
Verabschiedung der Frankfurter Erklärung 1999 zur Reform der Grundschule, vorgestellt und inszeniert vom Bundesvorstand des Grundschulverbandes.

Rahmenprogramm während der ganzen Veranstaltung
Im Rahmen des Kongresses findet ein Markt der Möglichkeiten in der Halle 5 statt, die sich unmittelbar an den großen Saal des CongressCenters anschließt.

Der Markt der Möglichkeiten bietet: Ausstellungen, Inszenierungen, Video-Vorführungen, Wandzeitungen, Grundschulreformprogramme, Forschungsprojekte und viele weitere Aktionen und Attraktionen. Es werden sich präsentieren: Schulen aus verschiedenen Bundesländern, Landesinstitute für Lehrerbildung, Verbände, Vereine und Institutionen mit grundschulpädagogischen Schwerpunkten. Die Grundschulzeitschriften stellen ihre Programme vor. Die Schulbuchverlage legen ihre Publikationen über die Buchhandlung Theo Hector, Frankfurt/M. aus. Der Markt der Möglichkeiten ist während der gesamten Kongressdauer für Sie geöffnet und empfiehlt sich Ihnen besonders in den im Programm ausgewiesenen Pausen.

BundesGrundschul
Kongress 1999

Forum I

Integration und Differenz

Schule für alle Kinder
– Mädchen und Jungen
– deutsche und ausländische
– behinderte und nichtbehinderte ...

Frankfurter Manifest zum Bundesgrundschulkongreß 1989

Kinder heute – Herausforderung für die Schule

3 **Kinder heute** kommen aus Familien unterschiedlicher kultureller Herkunft. Der Anteil ausländischer Schüler und der aus Aussiedlerfamilien ist in den letzten Jahren erheblich gestiegen. Auch deshalb haben Grundschulklassen heute eine sehr heterogene Zusammensetzung.

Grundschule heute muß stärker als bisher Unterrichtsinhalte und -formen pflegen, die der größeren kulturellen Vielfalt von Lebenseinstellungen, Verhaltensweisen und Leistungsmöglichkeiten gerecht werden und wechselseitige produktive Beziehungen zwischen den Kindern entstehen lassen.

4 **Kinder heute** haben einen Anspruch auf eine für alle gemeinsame Grundschule, wie sie schon der Artikel 146 der Weimarer Verfassung forderte. Solange behinderte Kinder außerhalb der Grundschule bleiben, ist der Verfassungsauftrag nicht erfüllt.

Grundschule heute muß deshalb die Integration von Behinderten als humane Aufgabe einlösen.

5 **Kinder heute** wachsen in veränderten Familienstrukturen auf. Die »Einelternfamilie« hat zugenommen; viele Kinder wachsen nicht in den Familien auf, in die sie hineingeboren wurden; nur ein Drittel der Kinder hat andersgeschlechtliche Geschwister, und 40 % sind Einzelkinder. Vielfach fehlen Grunderfahrungen der gemeinsamen Freude, des Trostes und des Glücks mit Schwester und Bruder, aber auch des Teilens, der Eifersucht und des gelungenen Streitens.

Grundschule heute muß in stärkerem Maße als bisher die Aufgabe erfüllen, Stätte sozialer Begegnung und gemeinsamer Grunderfahrungen zu sein.

Individuell fördern – gemeinsam lernen!

- Eine offene Gesellschaft ist darauf angewiesen, daß sich Kinder unterschiedlicher Sprache und Kultur so früh wie möglich begegnen. Dazu muß **interkulturelles Lernen** in der Grundschule weiterentwickelt werden.

- Gemeinsames und individuelles Lernen muß durch die **Richtlinien und Lehrpläne** abgesichert werden. Die Fachlehrpläne müssen z. B. in ihrem Umfang und im Grad ihrer Verbindlichkeit offen für differenziertes Arbeiten sein, das die Lernmöglichkeiten der Kinder berücksichtigt.

- Gemeinsames Leben und Lernen ist für behinderte und nichtbehinderte Kinder gleichermaßen eine Chance. Möglichkeiten **integrativer Erziehung** sind daher zügig auszuweiten; das Aufnahmerecht ist gesetzlich zu sichern.

Landesgruppenaktion 1992

(ausgehend von NRW)

Der Arbeitskreis Grundschule – Der Grundschulverband e. V. fordert:

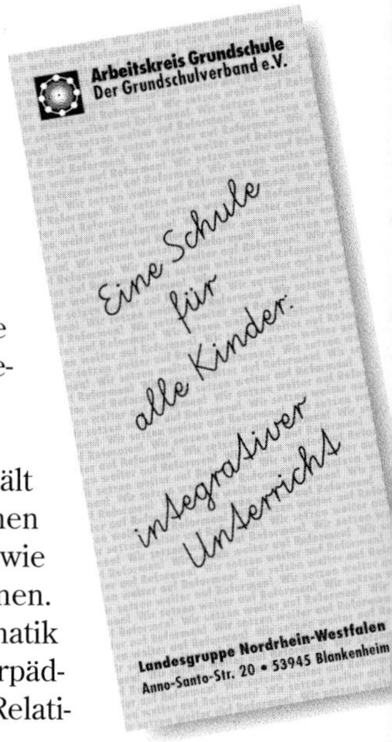

Die Schulträger entwickeln konkrete Konzepte für ein wohnortnahes integratives Schulangebot.

Schulaufsicht und Schulträger unterstützen die Initiativen von Grundschulen zur Einführung integrativer Unterrichtspraxis.

Jede integrativ arbeitende Grundschule erhält pro »Zug« die Stelle für eine Sonderpädagogin/einen Sonderpädagogen, um lern-, sprachbehinderte sowie verhaltensauffällige Kinder besser fördern zu können. Für behinderte Kinder mit komplexerer Symptomatik erhält die Grundschule Stellenanteile für Sonderpädagogen/innen entsprechend der Schüler-Lehrer-Relation der jeweiligen Sonderschule.

Das Sonderschulaufnahmeverfahren wird durch ein Verfahren zur Feststellung des Förderbedarfs (und des geeigneten Förderortes) ersetzt. An diesem Verfahren werden auch die Grundschule und die betroffenen Eltern beteiligt.

Behinderte Kinder, die in der Grundschule gemeinsam mit nichtbehinderten Kindern unterrichtet wurden, erhalten auch in der Sekundarstufe I integrativen Unterricht.

In Studium und Vorbereitungsdienst werden zukünftig Grundschullehrer/innen für das gemeinsame Unterrichten von behinderten und nichtbehinderten Kindern qualifiziert.

Lehrer/innen an integrativ arbeitenden Schulen erhalten ein gezieltes **Fortbildungs- und Beratungsangebot**.

Fünf gute Gründe für den gemeinsamen Unterricht mit behinderten und nichtbehinderten Kindern

1. Die Grenzen zwischen Behinderung und Nichtbehinderung sind fließend. Jeder Mensch hat ein spezifisches Begabungsprofil. Dazu gehören individuelle Stärken, aber auch Schwächen. Auch die Gliederung des Sonderschulwesens nach isolierten Behinderungsarten ist heute pädagogisch umstritten; denn es gibt Wechselbeziehungen zwischen geistigen und körperlichen Behinderungen, und es gibt Sekundärbehinderungen, etwa im Bereich des sozialen Verhaltens.

2. Die frühzeitige schulische Trennung behinderter Kinder von den nichtbehinderten läßt sich mit unserem Wissen nicht vereinbaren, daß Fähigkeiten sich in Schüben entwickeln. Wird ein Kind als behindert etikettiert, dann wird ihm eine Rolle zugeschrieben. aus der es nur schwer herauskommt; es bleibt oft ein Leben lang stigmatisiert.

3. Lernfortschritte und Persönlichkeitsentwicklung sind auch bei behinderten Kindern weniger von der Institution als von der Qualität des Unterrichts, der Zuwendung durch die Lehrerin/den Lehrer, von den Impulsen der Mitschüler/innen sowie vom Anregungsreichtum der Lernumgebung abhängig.
   Wichtige Bedingungen sind vor allem
   - die Verläßlichkeit einer vertrauten Umgebung
   - Lebens- und Erfahrungsnähe der Inhalte und Formen schulischen Lernens
   - Gemeinschaftlichkeit des Lernens, vor allem Kommunikation, wechselseitiges Verstehen und Helfen, soziale Mitverantwortung in der Lerngruppe.

   Die wohnortnahe Grundschule erfüllt diese Bedingungen, wenn sie als kindorientierter Lern- und Lebensort gestaltet ist und sich um einen differenzierten, handlungs- und erfahrungsorientierten Unterricht bemüht.

4. Die Unterrichtung behinderter Kinder in gesonderten Einrichtungen macht das Zurechtfinden der Heranwachsenden im »normalen« Lebensalltag nach der Schulzeit schwerer, als wenn schon im Grundschulalter vielfältige Erfahrungen mit alltäglichen Lebenssituationen gesammelt worden wären.

5. Die Qualität einer demokratischen und humanen Gesellschaft bemißt sich an ihrer Fähigkeit zur ungeteilten Anerkennung menschlicher Grundrechte, zu der auch die volle Teilhabe am gesellschaftlichen Leben durch Minderheiten gehört. Ein staatliches Schulsystem, das Kinder vom Besuch der allgemeinen Schulen ausschließen kann, schmälert die Gültigkeit dieses Grundrechts.

Band 88/89

Zehn Jahre wohnortnahe Integration

Behinderte und nichtbehinderte Kinder gemeinsam an ihrer Grundschule

Peter Heyer/ Edelgard Korfmacher / Wolfgang Podlesch/ Ulf Preuss-Lausitz/ Lydia Sebold (Hrsg.)

Aus dem Vorwort (S. 7)

…

In den vergangenen zehn Jahren haben sich die schulpraktischen Erfahrungen und die wissenschaftlich abgesicherten Ergebnisse des gemeinsamen Lernens Behinderter und Nichtbehinderter derart erweitert, daß es nun auch für noch zögerliche Bundesländer an der Zeit ist, umzudenken. Es gibt heute einfach keinen überzeugenden Grund mehr, sich dieser Reform der allgemeinen Schule zu verschließen. Nichtaussonderung trägt dazu bei, Verständnis und Toleranz im Umgang mit anderen Menschen zu entwickeln; sie muß daher – gerade in Zeiten zunehmender Gewalt – auf breiter Basis verwirklicht werden.

Wir wollen mit der Darstellung der Integrationsentwicklung und einiger neuralgischer Punkte, vor allem aber mit den Beiträgen aus der Praxis wohnortnaher Integration und den mit ihr verbundenen Veränderungen von Schule und Unterricht, alle diejenigen zum Handeln ermutigen, die für die Weiterentwicklung der Schule Verantwortung tragen. Die Vielfalt der Kinder, die Vielfalt der Formen ihrer Zusammenarbeit und ihrer Gemeinsamkeit muß in der heutigen Schule zur Geltung kommen, damit die für das Zusammenleben von Menschen notwendigen sozialen Erfahrungen schon frühzeitig gemacht werden können. »Es muß bald zur Selbstverständlichkeit werden, daß alle Kinder so akzeptiert werden, wie sie zur Welt kommen, daß ihre Mitmenschen lernen, neben ihren Schwächen auch ihre Stärken zu sehen, und daß sie gefördert werden, ohne ausgesondert zu sein. Denn nur ein tolerantes Miteinander von Anfang an verhindert Vorurteile gegenüber anders denkenden oder anders aussehenden Menschen. Und dies darf in einem so reichen Staat wie der Bundesrepublik Deutschland nicht am angeblich fehlenden Geld scheitern«, schreibt MANFRED ROSENBERGER in diesem Buch aus Elternsicht.

Wir widmen dieses Buch allen, die sich darum bemühen, Schule zum Lebensraum für Kinder werden zu lassen, in dem alle, wie verschieden auch immer sie sind, individuell und gemeinsam lernen können.

Band 90

MädchenStärken

Probleme der Koedukation in der Grundschule

GERTRUD PFISTER/RENATE VALTIN (Hrsg.)

Aus dem Vorwort (S. 7):

1985 erschien im Arbeitskreis Grundschule das Buch »Frauen machen Schule – Probleme von Mädchen und Frauen in der Grundschule«. Acht Jahre sind seitdem vergangen, Jahre, in denen die Wissenschaft, vor allem die feministische Schulforschung, sowohl in theoretischer als auch in empirischer Hinsicht große Erkenntnisfortschritte gebracht hat. An den Problemen hat sich aber wenig geändert. Schon damals wurde darauf verwiesen, daß Mädchen trotz formal gleicher Bildungschancen im Unterricht durch den heimlichen Lehrplan benachteiligt werden, der hierarchische Geschlechterverhältnisse verfestigt, u. a. weil er Schülerinnen und Schülern eine Höherbewertung »männlicher« und eine geringere Bewertung, wenn nicht Geringschätzung, »weiblicher« Merkmale und Verhaltensmuster vermittelt. Besser als damals sind aber die Faktoren und Mechanismen, die zur Reproduktion von Ungleichheit beitragen, erforscht. Inzwischen liegen auch zahlreiche Lösungsvorschläge vor. …

Der vorliegende Band greift einige der zentralen Themen der Schulforschung auf: Einstellungen zu den Geschlechterrollen, Meinungen zur Koedukation, Berufswünsche und Zukunftsvorstellungen, interaktive

Strukturen im Unterricht, Mädchen und Naturwissenschaften, Probleme türkischer Mädchen und Gewalt gegen Mädchen. Zudem werden konkrete Projekte vorgestellt und Anregungen gegeben, wie Mädchen und Jungen ihre Stärken bewahren und ihre Schwächen ausgleichen können.

Wir haben uns bemüht, vielfältige Ansätze und Positionen in diesem Band vorzustellen. Nicht immer stimmen wir mit den Interpretationen und Schlußfolgerungen der Autorinnen überein – meinen aber, daß sie des Nachdenkens wert sind.

Aus der Einleitung (S. 10f., Renate Valtin):

Der heimliche Lehrplan

Soziologen und Erziehungswissenschaftler haben erkannt, daß neben dem offiziellen Lehrplan, in dem die Bildungs- und Erziehungsziele der Schule festgeschrieben sind, ein heimlicher Lehrplan besteht. Dieser Begriff bezeichnet die nichtbeabsichtigten Folgen und Funktionen der Institution Schule, die sich quasi hinter dem Rücken der Beteiligten und zumeist unbemerkt von ihnen auswirken. Während offiziell der Auftrag der Schule auf eine Gleichbehandlung aller Kinder, ungeachtet ihrer Herkunft und ihres Geschlechts, zielt, existiert ein heimlicher Lehrplan, der zu einer Reproduktion der gesellschaftlichen Verhältnisse und damit zur Aufrechterhaltung der Ungleichheit der Geschlechter und der Schichten führt. Der heimliche Lehrplan transportiert Geschlechtsrollenstereotype, die die gesellschaftliche Zweitrangigkeit der Frau und den Überlegenheitsanspruch des Mannes beinhalten und unerwünschte Auswirkungen auf die Persönlichkeitsentwicklung haben. Langfristig führt dies bei Mädchen zu Selbstwertproblemen und bei Jungen zu verstärktem Druck und Stress sowie bei beiden Gruppen zu einer Ausprägung geschlechtskonformer Interessenausprägungen und Lebensentwürfe, die eine autonome Entfaltung und Selbstverwirklichung behindern. Verschiedene Mechanismen und Faktoren wirken beim heimlichen Lehrplan mit:

- Die hierarchischen Strukturen in der Schule und die Unterrichtsmaterialien bieten Mädchen jenseits traditioneller Weiblichkeitsentwürfe wenig attraktive Identifikationsmöglichkeiten.
- Geschlechtsstereotype (unbewußte) Einstellungen und Verhaltensweisen von Lehrerinnen und Lehrern führen zu unterschiedlichen Erwartungen an Schülerinnen und Schüler und zu unterschiedlichen Beurteilungen und Rückmeldungen.
- Die schulischen Interaktionsstrukturen sichern Jungen ein Mehr an Aufmerksamkeit, Beachtung und Wertschätzung.

- Die Stärken der Mädchen, ihre sozialen Kompetenzen in bezug auf Kooperationsfähigkeit, Rücksichtnahme und Anpassungsbereitschaft, werden nicht erkannt und nicht honoriert.
- Durch die Internalisierung traditioneller Weiblichkeitsentwürfe wirken Frauen – Lehrerinnen, Mütter und Mädchen – als Mittäterinnen an der Verwirklichung des heimlichen Lehrplans mit.

Diese Faktoren wirken sich auch in reinen Mädchen- und Jungenschulen aus, jedoch in verstärktem Maße in koedukativen Schulen.

Wie Forschungen zeigen, sind die Auswirkungen des heimlichen Lehrplans erst in der Sekundarstufe deutlich sichtbar und zeigen sich dort in einem – trotz besserer Schulleistungen – verminderten Selbstbewußtsein der Mädchen, geschlechtskonformen Interessenausprägungen und Berufswahlentscheidungen. Die Forscherinnen und Forscher sind sich jedoch darin einig, daß die Auswirkungen des heimlichen Lehrplans schon in der Grundschule zu berücksichtigen sind.

In diesen Zusammenhang gehört auch der Band 74 aus dem Jahr 1988:

»Und im Ausland sind die Deutschen auch Fremde«

– Interkulturelles Lernen in der Grundschule

Gabriele Pommerin (Hrsg.)

Aus dem Vorwort (S. 7):

...

Es geht in diesem Buch um ein wichtiges gesellschaftspolitisches Problem unser Zeit, das noch keineswegs gelöst ist und in Zukunft auch nur dann eine Lösung erfahren kann, wenn sich – über die Schule hinaus – breite Bevölkerungsschichten für ein friedliches Zusammenleben verschiedener Nationalitäten und ethnischer Gruppen in unserer Gesellschaft verantwortlich fühlen und einsetzen.

Es geht um interkulturelles Lernen, bei dem der Grundschule eine besondere Verantwortung, aber auch Chance für eine gemeinsame Erziehung aller Kinder – gleich welcher Nationalität und sozialer Herkunft – zufällt.

In den grundlegenden Beiträgen legen die Autorinnen und Autoren dieses Buches überzeugend dar, daß ein pädagogisches Konzept der Zukunft weder auf eine Assimilation ausländischer Kinder abzielen darf noch auf deren Separierung in nationale Klassen. Notwendig ist eine gemeinsame Erziehung von klein auf, die sowohl auf die jeweiligen Besonderheiten aller Kinder – und das betrifft die Grundschule in besonderer Weise – Rücksicht nimmt als auch gemeinsame Daseinsformen des Kindseins im Auge behält.

Ein wichtiges Anliegen dieses Buches ist zu zeigen, daß Mehrsprachigkeit und kulturelle Vielfalt dann keine Überforderung für die Kinder oder Überlastung für Lehrer und Lehrerin darstellen, sofern sich der Unterricht an den wirklichen Erfahrungen und Bedürfnissen der Kinder orientiert. So verstanden bieten multikulturelle Klassen eine »gegenseitige Lernchance«.

…

Ich wünsche dem Buch viele aufgeschlossene Leserinnen und Leser sowie eine weite Verbreitung. Der Dialog um eine Interkulturelle Verständigung in unserer Gesellschaft muß weitergehen!

Damalige Ausländerbeauftragte
der Bundesregierung

Empfehlungen zur sonderpädagogischen Förderung in den Schulen in der Bundesrepublik Deutschland

Beschluß der Kultusministerkonferenz vom 6. Mai 1994

In Ausschnitten:

(unter besonderer Berücksichtigung der Aussagen zur gemeinsamen Unterrichtung behinderter und nichtbehinderter Kinder und Jugendlichen)

...

Die wachsende Vielfalt der Organisationsformen und der Vorgehensweisen in der pädagogischen Förderung, die Erfahrungen mit gemeinsamem Unterricht behinderter und nichtbehinderter Kinder, erziehungswissenschaftliche Denkanstöße und schulpolitische Schwerpunktsetzungen in den einzelnen Ländern lassen heute vielfältige Übereinstimmungen erkennen; sie sind Zeichen für eine eher personenbezogene, individualisierende und nicht mehr vorrangig institutionenbezogene Sichtweise sonderpädagogischer Förderung. In diesem Prozeß ist neben den Begriff der Sonderschulbedürftigkeit in zunehmendem Maße der Begriff des Sonderpädagogischen Förderbedarfs getreten. Die Erfüllung Sonderpädagogischen Förderbedarfs ist nicht an Sonderschulen gebunden; ihm kann auch in allgemeinen Schulen, zu denen auch berufliche Schulen zählen, vermehrt entsprochen werden.

Die Bildung behinderter junger Menschen ist verstärkt als gemeinsame Aufgabe für grundsätzlich alle Schulen anzustreben. Die Sonderpädagogik versteht sich dabei immer mehr als eine notwendige Ergänzung und Schwerpunktsetzung der allgemeinen Pädagogik.

...

Die Empfehlungen haben zum Ziel, ausgehend vom heute erreichten Standard in der Behindertenförderung die Weiterentwicklung der schulischen Förderung aller behinderten und von Behinderung bedrohten Kinder und Jugendlichen abzusichern und die Bemühungen um gemeinsame Erziehung und gemeinsamen Unterricht für Behinderte und Nichtbehinderte zu unterstützen. Es gilt, Bewährtes zu erhalten, Verbesserungen zu erreichen und Ziele zu beschreiben und zu verfolgen. Diese Bestrebungen stehen in Verbindung mit der Weiterentwicklung der allgemeinen Schule.

Bei allen geplanten Veränderungen ist darauf zu achten,

- daß die notwendige Qualität und der erforderliche Umfang der Fördermaßnahmen gesichert wird,
- daß die Flexibilität der Förderangebote in einem System gestufter und miteinander verbundener Hilfen gewährleistet ist,
- daß Kinder und Jugendliche mit Sonderpädagogischem Förderbedarf unabhängig von Ort und Form der Förderung möglichst gleiche Bildungschancen erhalten,
- daß Behinderte und Nichtbehinderte im gemeinsamen Unterricht ihren Bedürfnissen entsprechend gefördert und gefordert werden,
- daß die Zusammenarbeit aller an der Förderung des jeweiligen Kindes bzw. Jugendlichen beteiligten Personen und Institutionen gewährleistet ist.

...

Entscheidung über den Bildungsgang und den Förderort

Auf der Grundlage der Empfehlung unter Beteiligung der Erziehungsberechtigten sowie unter Beachtung der jeweils gegebenen bzw. bereitstellbaren Rahmenbedingungen entscheidet die Schulaufsicht, ob die Schülerin oder der Schüler in die allgemeine Schule aufgenommen wird, dort verbleibt, Unterricht und Förderung in einer Sonderschule oder in kooperativen Förderformen erhält. In diese Entscheidung kann auch die Inanspruchnahme von Einrichtungen mit ergänzenden Betreuungs- oder Ganztagsangeboten einbezogen werden.

...

Erziehung und Unterricht

Sonderpädagogisch orientierte Erziehung und Unterrichtsgestaltung beruhen auf einer den Lernprozeß begleitenden Diagnostik und lassen sich von den übergeordneten Prinzipien Entwicklungsnähe, Ganzheitlichkeit, Kommunikations- und Handlungsorientierung leiten. Ziele, Methoden, Lernorganisation und Medien werden dem Förderbedarf entsprechend ausgewählt. Damit unterscheiden sich eine sonderpädagogisch ausgerichtete Erziehung und Unterrichtsgestaltung nicht prinzipiell von allgemeinpädagogischer Arbeit. Sonderpädagogik hat subsidiäre Aufgaben.

...

Formen und Orte sonderpädagogischer Förderung

Die schulische Förderung von Kindern und Jugendlichen mit Sonderpädagogischem Förderbedarf bezieht alle Schulstufen und Schularten ein; sie hat in den vergangenen Jahren zu einer Vielfalt von Förderformen und Förderorten geführt. Es entwickeln sich Formen der gemeinsamen Erziehung und Unterrichtung von Kindern und Jugendlichen mit und ohne Behinderungen an unterschiedlichen Lernorten. Vorbeugende Maßnahmen erfahren zunehmend eine höhere Bewertung.

Standpunkte zur Grundschulreform

Aus dem Grundsatzprogramm des Grundschulverbandes

STANDPUNKT 5

Gemeinsame Erziehung behinderter und nichtbehinderter Kinder

In einer demokratischen Gesellschaft sollten alle Kinder, auch solche mit einem besonderen Förderbedarf, in einer gemeinsamen Schule unterrichtet werden. Praktische Erfahrungen und wissenschaftliche Untersuchungen in vielen Ländern haben ergeben, daß Kinder aller Behinderungsarten und -grade unter bestimmten Voraussetzungen zusammen mit Nichtbehinderten erfolgreich lernen und gefördert werden können und daß sich dadurch die Schule zum Vorteil aller Kinder verändert. Die Integration von Kindern in besonderen Lebenslagen und mit besonderem Förderbedarf muß selbstverständliche Aufgabe aller allgemeinen Schulen werden. Alle dafür erforderlichen Voraussetzungen sind zu schaffen.

● **Der Grundschulverband fordert die Integration der sonderpädagogischen Förderung in die allgemeine Schule und den Ausbau eines flächendeckenden Integrationsangebots in allen Bundesländern nach dem Prinzip der wohnortnahen Integration.** Kinder mit Behinderungen haben ein Recht auf jede erforderliche sonderpädagogische Förderung und besondere Betreuung innerhalb der Grundschule ihres Wohnbereichs sowie auf geeignete Therapieangebote im Wohnumfeld. Grundsätzlich dürfen keine Behinderungsarten oder -grade von der Integration ausgenommen werden.

- Integrationsklassen sollten nicht mehr als 20 Kinder umfassen. Sie werden von zwei oder mehr Pädagoginnen und Pädagogen geleitet und im Team differenziert unterrichtet und erfordern daher zusätzliche personelle Ressourcen.

- Damit sich Lehrerinnen und Lehrer auf diese Aufgaben vorbereiten können, müssen in Aus- und Fortbildung integrationspädagogische Inhalte angeboten werden.

- Solange allgemeine Schule und Sonderschule nebeneinander bestehen, ist den Eltern das Wahlrecht zwischen beiden Schulformen einzuräumen.

- Kinder, die in der Grundschule im gemeinsamen Unterricht beschult wurden, müssen ein Recht darauf haben, auch in der Sekundarstufe I im gemeinsamen Unterricht zu verbleiben.

Standpunkt 6 *Interkulturelles Leben*

Die Bundesrepublik Deutschland wird auf absehbare Zeit ein Land mit hohen Einwanderungsraten bleiben. Daraus folgt, daß weiterhin viele Kinder die Grundschule besuchen, die in einer anderen Kultur beheimatet sind und eine andere Muttersprache sprechen.

- **Für die Grundschule bedeutet dies, daß sie eine besondere Integrationsaufgabe für die Kinder unterschiedlicher Herkunft zu leisten hat und das selbstverständliche Miteinanderleben und -lernen fördern muß. Diese Aufgabe umfaßt den Austausch zwischen den Kulturen zur wechselseitigen Bereicherung der Erfahrungswelt aller Kinder, Hilfen zur Orientierung in der deutschen Kultur und Gesellschaft sowie die Festigung der individuellen Identität. insbesondere durch Förderung der jeweiligen Muttersprache.**

- Die Grundschulen sind so auszustatten, daß sie den Herausforderungen einer multilingualen Kultur gerecht werden können. Hierzu sind unter anderem pädagogische und didaktische Konzepte einer mehrsprachigen Alphabetisierung zu entwickeln und in den Schulen einzuführen. In Aus- und Fortbildung müssen sich die Lehrerinnen und Lehrer hierauf sowie auf das Aufgabengebiet »Deutsch als Zweitsprache« vorbereiten können.

An Schulen mit größeren Gruppen von Kindern einer anderen Muttersprache als Deutsch sind zweisprachige Lehrerinnen und Lehrer einzustellen oder Lehrerteams zusammenzustellen, in denen mindestens ein Teammitglied die Muttersprache der Kinder beherrscht. Für weniger häufig vertretene Sprachen sind ggf. externe, möglichst schulnahe Fördermöglichkeiten zu organisieren und für die Kommunikation zwischen Schule und Elternhaus die nötigen Dolmetscherdienste bereitzustellen.

- Die Kenntnis fremder Sprachen stellt einen besonders wirkungsvollen Beitrag für die schon in der Grundschule anzubahnende Völkerverständigung dar. Die pädagogisch angeleitete Begegnung mit fremden Sprachen, vor allem in Formen des Sprachhandelns und der spielerischen Kommunikation, fördert die Auseinandersetzung mit fremden Kulturen und die sprachliche Entwicklung der Kinder.

Der Grundschulverband befürwortet die Begegnung der Kinder mit fremden Sprachen schon in den ersten Schulklassen. Dabei soll es sich nicht um eine Vorverlegung des Fremdspachenunterrichts der Sekundarstufe handeln. Die fächerübergreifende Begegnung mit Sprachen, die von Migrantenkindern innerhalb der Klasse oder in benachbarten Regionen gesprochen werden, sollte von besonderer Bedeutung sein. Für die Begegnung mit fremden Sprachen brauchen Kinder ausreichend Zeit.

- Alle Lehrerinnen und Lehrer sind in Aus- und Fortbildung auf diese Aufgaben vorzubereiten.

Bundesgrundschulkonferenz 1995 in Berlin
Zukunft für Kinder – Grundschule 2000

Aus dem Berliner Memorandum

Demokratisch leben

Kinder demokratisch leben lernen zu lassen gehört zu den wichtigsten Aufgaben der Grundschule. Lernen bedarf einer Form und einer Atmosphäre der schulischen Gemeinschaft, in der Offenheit und gegenseitige Anerkennung selbstverständlich sind: Lernen braucht ein demokratisches »Innenleben« in demokratischen Strukturen.

Demokratisch leben ist die anzustrebende Form des Zusammenlebens. Deshalb muß Erziehung zum demokratischen Leben im familiären und vorschulischen Bereich beginnen und in der Grundschule fortgesetzt werden.

Demokratisch leben stellt hohe Anforderungen an Ich-Identität, Toleranz und Verantwortung. Demokratisch leben ist eine schwierige Form des Zusammenlebens vor allem für Kinder, die diese Kompetenzen erst erwerben, aber auch für Erwachsene, die sich immer wieder zu demokratischen Formen durchringen und sie vorleben müssen. Für Pädagoginnen und Pädagogen bedeutet dies, ihre Rolle bewusst wahrzunehmen, indem sie stärker als bisher ihre gesamtgesellschaftliche Verantwortung nutzen. Dazu ist eine Stärkung und Erweiterung der Entscheidungsspielräume der Schule notwendig.

➢ *Demokratisch leben muss vorrangige und prägende Begegnungsform im schulischen Alltag sein. Die Kinder müssen in die Gestaltung des Unterrichts und Schullebens aktiv einbezogen werden.*

- *Demokratisch leben bedeutet, dass die Grundschule als Lern- und Lebensraum motivierende Gelegenheiten zur Mitgestaltung schafft. Als Schule mit eigenem Profil ist sie wesentlich das Ergebnis der Abstimmungsprozesse zwischen Kindern, Eltern, Kollegium, Schulleitung und allen anderen Beteiligten.*

- *Eltern müssen in der Grundschule die Möglichkeit haben, ihre Erziehungsverantwortung wahrzunehmen und gemeinsam mit allen Beteiligten zu entwickeln.*

- *Demokratisch leben in der Grundschule hat die Verantwortung für alle Kinder mit ihren unterschiedlichen Voraussetzungen und Bedürfnissen unter Beweis zu stellen. Ein schulisches Leistungsverständnis, das rivalisierendes Lernen fördert, widerspricht demokratischen Prinzipien.*

- *Demokratisch leben heißt, unterschiedliche Lebensnormen zu akzeptieren. Die Regelungen des Zusammenlebens müssen gemeinsam entwickelt und von allen anerkannt werden. Dies schließt ein, Grenzen zu erkennen, Grenzen zu setzen und Orientierungen zu geben. Demokratisch leben wird in der Grundschule in demokratischen Lebensformen ermöglicht, z. B. in Gesprächskreisen, Kinderkonferenzen und Klassenräten.*

- *Demokratisch leben heißt für Pädagoginnen und Pädagogen, Verantwortung für sich selbst zu übernehmen, vorhandene Gestaltungsspielräume zu nutzen und zu erweitern. Ein professionelles Selbstverständnis fördert das demokratische Zusammenleben.*

- *Alle in den Grundschulen tätigen Pädagoginnen und Pädagogen sind so aus- und fortzubilden, dass sie in ihrem Berufsleben demokratisches Verhalten selbstverständlich vorleben und vermitteln können.*

- *Demokratisch leben verlangt die Fähigkeit zur Kooperation. Zu kooperieren und im Team zusammen zu arbeiten muss in der Aus- und Fortbildung der Lehrerinnen und Lehrer stärker berücksichtigt werden.*

- *Demokratisch leben bedeutet, dass sich die Schule zur Gemeinde, zum Stadtteil oder zur Region öffnen muss. Das bedingt eine Kooperation mit den Mitarbeiterinnen und Mitarbeitern kommunaler und staatlicher Einrichtungen (z. B. in Form gemeinsamer Projekte) sowie mit anderen Partnern, die sich für das Gemeinwesen engagieren.*

Band 98

Die Zukunft beginnt in der Grundschule

Empfehlungen zur Neugestaltung der Primarstufe

Ein Projekt des Grundschulverbandes

Gabriele Faust-Siehl/Ariane Garlichs/Jörg Ramseger/Hermann Schwarz/Ute Warm

Grundschule als Schule der Vielfalt und Gemeinsamkeit

(S. 29-31, in Ausschnitten)

Wie in den vorangegangenen Abschnitten ausgeführt, muß die Grundschule die Individualität der Kinder achten und gleichzeitig Gemeinsinn entwickeln. Je stärker das individuelle Streben nach Entfaltung und Erfolg in einer Gesellschaft ausgeprägt ist, desto wichtiger ist es, daß die Schule darauf achtet, daß sich Individualität nicht auf Kosten der anderen entwickelt und sich letztlich zerstörerisch auswirkt.

Eine im umfassenden Sinn integrative Schule anerkennt die Besonderheit einzelner und bringt sie im Miteinander zur Geltung. Erst durch die Verschiedenheit der einzelnen erhält die Gemeinschaft ihren Reichtum. Diesen Reichtum ins Bewußtsein zu heben, zu pflegen und in gemeinsame Projekte einzubinden ist ein wichtiger gesellschaftlicher Auftrag der Grundschule.

Die traditionelle Schule versuchte stets, Verschiedenheit zu übergehen, zu minimieren oder – wo dies nicht möglich war – durch Selektion und Separierung zu lösen. So entstand das gegliederte Schulwesen einschließlich der Sonderschulen. Für die Grundschule der Zukunft wird es ein entscheidender Prüfstein sein, wieviel Heterogenität sie zulassen und produktiv ins Spiel bringen kann. In einer Pädagogik der Vielfalt können Unterschiede bewußt gelebt werden und tragen zum gemeinsamen Unterricht bei. Eine solche Pädagogik stellt Verantwortung füreinander und Gemeinsinn ins Zentrum ihrer pädagogischen Arbeit.

Was wie selbstverständlich klingt, ist keineswegs selbstverständlich. Oft genug reproduziert Schule in ihren eigenen Mauern die Gesellschaft im Kleinen, die sie zu überwinden trachtet. Lehrerinnen und Lehrer, die sich der sozialen Selektivität und kulturellen Begrenztheit einer mittelschichtorientierten, eurozentristisch geprägten Grundschule nicht bewußt sind, die unbedacht traditionelle Geschlechterrollenzuschreibungen vornehmen und selber vorleben, konstituieren eine schulische Realität, die soziale, kulturelle, ethnische und mitunter religiöse Hierarchien erzeugt und Randständigkeit von Minderheiten im schulischen Interaktionsgefüge produziert. Eine humane und gerechte Schule muß daher in besonderer Weise auf die heimlichen Sozialisations- und Lernprozesse achten und deren »Naturwüchsigkeit« durchbrechen.

Das heißt zum Beispiel

- bezüglich der Geschlechterrolle: daß Unterrichtsinhalte, die lange Zeit als geschlechtsaffin betrachtet wurden (wie Werken, Kochen, Nadelarbeit), Jungen *und* Mädchen angeboten werden; daß rollenüberschreitendes Verhalten geübt wird (zum Beispiel Mädchen in ihrem Selbstbewußtsein und Jungen in ihrer Beziehungsfähigkeit gefördert werden und anderes);
- bezüglich des Verhältnisses von Mehrheits- und Minderheitenkultur: daß die in der Klasse vertretenen ethnischen, kulturellen und religiösen Gruppierungen sich auch in den Unterrichtsinhalten wiederfinden müssen (sich zum Beispiel mit eigenen Projekten einbringen können);
- bezüglich der unterschiedlichen geistigen und leiblichen Konstitution der Kinder: daß Formen innerer Differenzierung gegenüber äußerer Separierung nach dem Grundsatz Vorrang haben müssen, so viel Gemeinsamkeit und Miteinander wie möglich, so viel äußere Differenzierung wie nötig. Gegenseitiges, auch jahrgangsübergreifendes Helfen unter Schülerinnen und Schülern kann dabei Unterstützung leisten.

Nur eine im umfassenden Sinn integrative, die Herkunft ihrer Schülerinnen und Schüler respektierende Grundschule wird eine im eigentlichen Sinn des Wortes bildende Grundschule sein. …

Kinder in besonderen Lebenslagen
(S. 128-138, in Ausschnitten)

Heterogenität und Fragwürdigkeit früher Auslese

Es ist der Normalfall, daß Grundschulklassen eine hohe Heterogenität hinsichtlich der Schülerzusammensetzung aufweisen. Darüber hinaus gibt es in jeder Grundschulklasse Kinder, die einen höheren Bedarf an Zuwendung, Ermutigung, Unterstützung und sachlicher Förderung haben als die Mehrheit der Kinder, sei es, weil sie in einer anderen Kultur aufgewachsen sind, sei es, weil sie besondere Lebensprobleme haben, sei es, weil sie leichter und schneller lernen als die meisten Kinder.

Viele Kinder wachsen heute unter so schwierigen familialen, materiellen oder psychosozialen Bedingungen auf, daß sie nur wenig Kraft für das schulische Lernen aufbringen können. Für immer mehr Kinder gilt, daß ihre außerschulischen Lebensbedingungen so erheblich von den üblichen Gegebenheiten abweichen, daß für den Erfolg der schulischen Bildungsbemühungen besondere Maßnahmen erforderlich werden. Dies betrifft Kinder, die die deutsche Sprache nicht oder nur unzulänglich beherrschen, ebenso wie Kinder mit latenten oder manifesten Behinderungen, aber auch sogenannte »hochbegabte« Kinder.

Kinder, die eine extrem gleichgültige oder eine extrem strenge Erziehung im Elternhaus erfahren haben oder gar Opfer von Mißhandlungen geworden sind, sprengen mit ihrem Verhalten oft die üblichen Normen, erregen damit in ihrer Umwelt Anstoß und sind zumeist auch in ihren Lernmöglichkeiten massiv beeinträchtigt. Daraus folgt eine besondere Verantwortung der Schule für persönliche Unterstützung, individuelle Förderung und die Erschließung angemessener Hilfen seitens des Staates oder der einschlägigen sozialen Dienste.

Kinder, die in anderen Ländern oder Kulturen geboren wurden oder im Elternhaus eine andere Muttersprache als die deutsche gelernt haben, leben trotz ihrer großen Zahl in Deutschland in einer besonderen Situation. Soweit sie als Flüchtlinge in unser Land kamen, sind sie häufig aufgrund der Umstände der Flucht oder der Gründe für ihre Flucht besonders belastet. Viele haben auch schon die Auswirkungen von Diskriminierung und Fremdenfeindlichkeit in Deutschland erfahren oder erleben die Furcht ihrer Eltern vor Diskriminierung, Fremdenfeindlichkeit oder Abschiebung. Auch die Grundschule kann – wie alle anderen Schulen – durch unreflektierte Gestaltung von Unterricht und Schulleben und ungeprüfte Fortsetzung überkommener Traditionen und Umgangsformen zur Diskriminierung von Migrantenkindern beitragen.

In der Vergangenheit hat die Schule immer wieder versucht, dadurch »einfache Verhältnisse« herzustellen, daß Kinder in besonderen Lebenslagen aus der Gruppe ihrer Nachbarschaftskameradinnen und -kameraden ausgegrenzt und in Spezialgruppen zusammengefaßt wurden, in denen sie eine spezielle Behandlung erfuhren. Zurückstellung von der Einschulung, frühe Anwendung von Ziffernbenotung und Nichtversetzung, Überweisung an Sonderschulen oder Einrichtungen der Erziehungshilfe, aber auch die Bildung von Spezialklassen für Kinder fremder Muttersprache sind typische Segregationsstrategien, die darauf abzielen, Kinder zu Gruppen von Gleichartigen zusammenzufassen, die dann jeweils möglichst gleichartig beschult werden sollen.

Wir halten eine solche Praxis der Aussonderung im Grundschulalter trotz der Erfolge, die beispielsweise das Sonderschulwesen mit der Beschulung einstmals für »nicht-bildbar« erklärter Kinder und Jugendlicher erzielt hat, für pädagogisch und politisch falsch, und zwar nicht nur im Hinblick auf die Kinder mit Beeinträchtigungen, sondern im Hinblick auf alle Kinder:

- Für Kinder mit Behinderungen wiegt der Vorteil einer gezielten Förderung in Lerngemeinschaften von gleichartig Behinderten in der Regel den gravierenden Nachteil *nicht* auf, daß sie durch diese Sonderbehandlung aus ihren Nachbarschaftsbezügen herausgerissen werden und auf das Anregungspotential der nichtbehinderten Kinder verzichten müssen. Insbesondere die Zusammenlegung von sogenannten lern- und »verhaltensgestörten« Kindern in Sonderschulen oder Sondergruppen muß als pädagogisch geradezu kontraproduktiv betrachtet werden, weil diesen Kindern dort unter den Mitschülern jedes positive Vorbild fehlt und sie durch die besonderen Schwierigkeiten und Probleme ihrer Mitschüler in ihren Entfaltungsmöglichkeiten eher noch weiter beeinträchtigt werden.

- Die Zusammenfassung von Kindern aus anderen Herkunftsländern in sogenannten »Nationalitätenklassen« hat ähnlich separierende Effekte.

- Für *alle* Kinder gilt, daß zu einer reifen Persönlichkeit nicht nur das Wissen um, sondern auch die persönliche Erfahrung mit der Andersartigkeit von Mitmenschen aus anderen Lebenslagen gehört und die Fähigkeit, mit solcher Andersartigkeit positiv umgehen zu können. Hierzu muß Schule erziehen, hierfür muß schon die Grundschule allen Kindern Übungsmöglichkeiten bereitstellen.

…

Gleiche Ziele für alle

Die Lebens- und Entwicklungsfähigkeit eines Gemeinwesens erfordern, daß möglichst alle seine Mitglieder über ein Mindestmaß an gemeinsamen Fähigkeiten, Kenntnissen und Verständigungsmöglichkeiten verfügen. Im Gegensatz zu einem Schulsystem, das auf Auslese beruht und verschiedene Formen der Trennung praktiziert, betont die integrative Schule gemeinsame Bildungsziele für alle Kinder.

Zur integrativen Erziehung gehört es, für die dem einzelnen Kind erreichbaren Möglichkeiten offen zu sein und nicht im vornhinein festzulegen, welche Ziele und Inhalte dem Kind erreichbar sein werden und welche nicht. Die gemeinsame Schule will gerade nicht die einen Kinder zu diesen Zielen und die anderen zu jenen Zielen auf den Weg bringen, sondern strebt Chancengerechtigkeit und Gemeinschaftlichkeit durch *ein möglichst hohes Maß gemeinsamer* Lerninhalte und Unterrichtsziele an.

Zieldifferentes Lernen

Bei Anerkennung des grundlegenden Prinzips der gleichen Ziele für alle praktiziert die integrative Schule Methoden zieldifferenten Lernens. »Zieldifferentes Lernen« bedeutet nicht, Kindern in besonderen Lebenslagen andere, das heißt von den für alle übrigen Grundschulkinder geltenden Vorgaben abweichende (differente) Ziele zu setzen. Es bedeutet auch nicht, der Ungleichheit der Kinder lediglich durch eine Differenzierung der Lernabläufe zu entsprechen.

Zieldifferentes Lernen heißt vielmehr, die Möglichkeiten und die Grenzen der Leistungsfähigkeit jedes einzelnen Kindes im Unterrichtsprozeß immer wieder neu auszuloten und ihm im Unterricht selbst immer wieder individuell angemessene Förderung und Unterstützung zukommen zu lassen. Zieldifferentes Lernen geht dabei von einem unterschiedlichen und eventuell höchst ungleichen Grad der Annäherung an die gemeinsamen Ziele als Normalität aus.

...

Die Grundsätze der integrativen Pädagogik und des zieldifferenten Lernens gelten grundsätzlich für alle Kinder. Für manche Kinder sind darüber hinaus zusätzliche Maßnahmen erforderlich.

Interkulturelle Bildung und Erziehung in der Schule

Empfehlung der Kultusministerkonferenz vom 25. Oktober 1996

(in Auszügen)

…

2. Ziele

Die Achtung der Würde des Menschen und die Wahrung der Grundrechte sind Verfassungsnormen, die in den Schulgesetzen der Länder konkretisiert sind. Der dort formulierte Bildungsauftrag geht davon aus, daß alle Menschen gleichwertig und daß ihre Wertvorstellungen und kulturellen Orientierungen zu achten sind.

Interkulturelle Bildung wird also zunächst in der gewissenhaften Wahrnehmung des allgemeinen Erziehungsauftrags der Schule verwirklicht. Er fordert bei allen Schülerinnen und Schülern die Entwicklung von Einstellungen und Verhaltensweisen, die dem ethischen Grundsatz der Humanität und den Prinzipien von Freiheit und Verantwortung, von Solidarität und Völkerverständigung, von Demokratie und Toleranz verpflichtet sind. Aufgrund dieser Grundlage sollen die Schülerinnen und Schüler

- sich ihrer jeweiligen kulturellen Sozialisation und Lebenszusammenhänge bewußt werden;
- über andere Kulturen Kenntnisse erwerben;
- Neugier, Offenheit und Verständnis für andere kulturelle Prägungen entwickeln;
- anderen kulturellen Lebensformen und -orientierungen begegnen und sich mit ihnen auseinandersetzen und dabei Ängste eingestehen und Spannungen aushalten;
- Vorteile gegenüber Fremden und Fremdem wahr- und ernstnehmen;
- das Anderssein der anderen respektieren;
- den eignen Standpunkt reflektieren, kritisch prüfen und Verständnis für andere Standpunkte entwickeln;
- Konsens über gemeinsame Grundlagen für das Zusammenleben in einer Gesellschaft bzw. in einem Staat finden;
- Konflikte, die aufgrund unterschiedlicher ethnischer, kultureller und religiöser Zugehörigkeit entstehen, friedlich austragen und durch gemeinsam vereinbarte Regeln beilegen können. …

Die Schule allein ist mit der Lösung des gesellschaftlichen Anspruchs, gleichberechtigtes Zusammenleben von Minderheiten und Mehrheit zu gewährleisten, überfordert. Sie kann allerdings dazu beitragen, daß Minderheiten vor Ausgrenzungen geschützt werden und kulturelle Vielfalt als Bereicherung und wünschenswerte Herausforderung empfunden wird.

Eine so verstandene interkulturelle Kompetenz ist eine Schlüsselqualifikation für alle Kinder und Jugendlichen, für Minderheiten und Mehrheiten; sie trägt zur privaten und beruflichen Lebensplanung bei und hilft, die Lebenschancen der nachfolgenden Generationen zu sichern.

3. Umsetzung

Wie alle Ziele der allgemeinen Persönlichkeitsbildung in der Schule ist auch die interkulturelle Bildung und Erziehung auf die Entwicklung von Einstellungen und Verhaltensweisen gerichtet. Die Schule vermittelt dazu Kenntnisse, entwickelt Einsichten, trägt zur Urteilsbildung bei und fördert wertorientiertes Handeln, indem sie die ihr zugänglichen Lern-, Lebens- und Erfahrungsräume aktiviert und durch erzieherische Bemühungen zur Persönlichkeitsbildung beiträgt. Der interkulturelle Aspekt ist dabei nicht in einzelnen Themen, Fächern oder Projekten zu isolieren, sondern eine Querschnittsaufgabe in der Schule.

Zur interkulturellen Erziehung müssen Lehrerinnen und Lehrer befähigt werden, damit sie in ihrer pädagogischen Arbeit Raum für unterschiedliche Sichtweisen und Sichtwechsel geben können. Dies ist umso wichtiger, als die Unterrichtenden zum größten Teil der Mehrheitsgesellschaft angehören und aufgrund ihrer Sozialisation und Ausbildung in der Gefahr stehen, ihre Sichtweisen als die normalen, selbstverständlichen weiterzugeben.

…

3.3 Didaktische und methodische Hinweise

Wie andere übergreifende Erziehungsanliegen erfordert auch interkulturelle Bildung und Erziehung Lernformen, die die Komplexität der zur Diskussion stehenden Sachverhalte und Empfindungen verdeutlichen und die Wahrnehmung von Zusammenhängen, Wechselwirkungen und eigener Verantwortung fordern. Eine besondere Bedeutung kommt dabei der Selbstreflexion, der kritischen Beobachtung des eigenen Standpunktes und des eigenen Handelns zu.

Interkulturelle Bildung und Erziehung folgt daher den didaktischen Prinzipien des fächervernetzenden, problemorientierten und handelnden Lernens. Projektunterricht, die Öffnung der Schule, die Einbeziehung der Lebenswirklichkeit und der Erfahrungen der Schülerinnen und Schüler sind unverzichtbare Vorgehensweisen, um Eigeninitiative, Eigenaktivität und Eigenverantwortung anzuregen und zu fördern.

...

Möglichen Vorurteilen und Ängsten wird am wirkungsvollsten zum Beispiel in Gemeinschaftsarbeiten und Projekten, in Simulationen und Rollenspielen begegnet; in ihnen können Erkenntnisse praktisch erprobt und Erfahrungen beispielhaft gewonnen und aufgearbeitet werden, lassen sich interkulturelle Konflikte im gemeinsamen Handlungsfeld bewältigen. Das sozial- und praxisorientierte Lernen bedarf einer besonders sorgfältigen didaktisch-methodischen Vorbereitung und sensiblen Umsetzung: Zu berücksichtigen sind insbesondere die entwicklungspsychologischen Voraussetzungen der Schülerinnen und Schüler, zu vermeiden sind punktueller Aktionismus oder die Erzeugung von Mitleidseffekten.

Auch außerschulische Kontakte und persönliche Begegnungen zwischen Menschen aus verschiedenen lebensweltlichen Bezügen können zur Verringerung von Vorurteilen, zu offenen Haltungen und gegenseitigem Respekt beitragen:

- Im Umfeld jeder Schule finden sich Institutionen, Gruppen oder Einzelpersonen fremder Herkunft, denen sich die Schule öffnen kann.
- Für Schüleraustausch und Schulpartnerschaften, für Klassen- und Studienfahrten sowie internationale Betriebspraktika bietet die interkulturelle Perspektive fruchtbare didaktische Orientierungen; als notwendige Voraussetzungen gelten gemeinsame Zielsetzungen und kooperative Tätigkeiten, Raum und Zeit für individuelles Erleben und persönliche Bekanntschaften.

Bei interkulturellen Projekten und Begegnungen kann eine nachhaltige Wirkung aber nur erwartet werden, wenn sie in das übrige didaktisch-methodische Konzept der Schule integriert sind und keine Ausnahme darstellen.

...

Schulgesetze zur gemeinsamen Erziehung Behinderter und Nichtbehinderter

Auszüge aus »Grundschulverband aktuell«, September 1998, S. 8-14 und November 1998, S. 13-15, zusammengestellt von Peter Heyer

Jakob Muth postulierte die gemeinsame Erziehung als Grundrecht, auf das jedes behinderte Kind ein Anrecht hat. Nach mehr als 25 Jahren wissenschaftlich abgesicherter positiver Praxiserfahrungen werden im Bundesdurchschnitt noch immer fast 95 % der behinderten Kinder in Sondereinrichtungen unterrichtet. Was verursacht diese zögerliche Integrationsentwicklung? Auffällig sind die großen Unterschiede zwischen den Bundesländern, die sich auch in den nachfolgend dokumentierten Auszügen aus den Schulgesetzen spiegeln.

Der Grundschulverband fordert in seinen *Standpunkten zur Grundschulreform*, »die Integration der sonderpädagogischen Förderung in die allgemeine Schule und den Ausbau eines flächendeckenden Integrationsangebots in allen Bundesländern nach dem Prinzip der wohnortnahen Integration«. Davon ist die Mehrzahl der Bundesländer noch weit entfernt.

In den Schulgesetzen sollte zunächst einmal der gemeinsamen Erziehung, wie z. B. in Brandenburg, Vorrang gegenüber der Erziehung in Sondereinrichtungen eingeräumt werden: der gemeinsame Unterricht als Regelfall, der Besuch einer Sonderschule oder Spezialklasse als Ausnahme, die extra zu beantragen ist. Außerdem sollte künftig in den Schulgesetzen auf die Formulierung eines integrationsspezifischen Haushaltsvorbehaltes verzichtet werden. Die Ausstattung des staatlichen Schulwesens steht generell unter Haushaltsvorbehalt. Auf die zusätzliche Festlegung eines speziellen Vorbehalts für Kinder und Jugendliche mit sonderpädagogischem Bedarf kann deshalb schon aus Gründen der Gleichbehandlung verzichtet werden. Damit könnte auch der Eindruck beseitigt werden, der Gesetzgeber diskriminiere Behinderte finanziell.

Baden-Württemberg: Gemeinsame Erziehung – Fehlanzeige

Schulgesetz (16.12.1996)

§ 15 Sonderschule
(1) Die Sonderschule dient der Erziehung und Ausbildung von Kindern und Jugendlichen, die schulfähig sind, aber infolge körperlicher, geistiger oder seelischer Besonderheiten in den allgemeinen Schulen nicht die ihnen zukommende Erziehung und Ausbildung erfahren können. Sie gliedert sich in Schulen oder Klassen, die der besonderen Förderbedürftigkeit der Schüler entsprechen und nach sonderpädagogischen Grundsätzen arbeiten; sie führt je nach Förderungsfähigkeit der Schüler zu den Bildungszielen der übrigen Schularten, soweit die besondere Förderungsbedürftigkeit der Schüler nicht eigene Bildungsgänge erfordert.
(3) Wenn die besondere Aufgabe der Sonderschule erfüllt ist, sind die Schüler in die allgemeinen Schulen einzugliedern.

Bayern: Zielgleiche Integration möglich

Bayerisches Gesetz über das Erziehungs- und Unterrichtswesen (23.12.1995)

Art. 19 Aufgaben der Förderschulen
(1) Die Förderschulen erziehen, unterrichten, beraten und fördern Kinder und Jugendliche, die behindert oder von Behinderung bedroht, krank oder vorübergehend in ähnlicher Weise in ihrem Leistungsvermögen beeinträchtigt sind und deshalb sonderpädagogischer Förderung bedürfen.
(2) Die Förderschulen erfüllen diese Aufgaben
1. in eigenen Schulen für Behinderte,
2. in Schulen für Kranke,
3. in schulvorbereitenden Einrichtungen der entsprechenden Schulen für Behinderte nach Maßgabe des Art. 22, ferner im Rahmen der verfügbaren Stellen und Mittel,
4. durch Mobile Sonderpädagogische Dienste zur Unterstützung der förderbedürftigen Schüler in den Schulen anderer Schularten (allgemeine Schulen),
5. durch mobile sonderpädagogische Hilfe im Kindergarten,
6. durch Zusammenarbeit im Rahmen der interdisziplinären Frühförderung.

Art. 20 Schulen für Behinderte
(1) Die Schulen für Behinderte sind bestimmt für Schüler, die in ihrer Entwicklung oder in ihrem Lernen so beeinträchtigt sind, dass sie in den allgemeinen Schulen auch mit sonderpädagogischen Fördermaßnahmen nicht mit hinreichender Aussicht auf Erfolg erzogen und unterrichtet werden können.

Art. 21 Mobile Sonderpädagogische Dienste
(1) Die allgemeinen Schulen können Schüler mit sonderpädagogischem Förderbedarf unterrichten, wenn zu erwarten ist, dass die Schüler die Lernziele dieser Schulen erreichen und wenn der sonderpädagogische Förderbedarf in Zusammenarbeit mit den Mobilen Sonderpädagogischen Diensten erfüllt werden kann. Die Mobilen Sonderpädagogischen Dienste beraten im Rahmen der Aufgaben nach Satz 1 die Lehrkräfte, Erziehungsberechtigten und Schüler und unterrichten und fördern die Schüler. Mobile Sonderpädagogische Dienste werden von den Schulen für die entsprechenden Behindertengruppen geleistet.

Berlin: Eingeschränktes Elternwahlrecht

Schulgesetz (15.4.1996)

§ 10a Integration von Schülern mit sonderpädagogischem Förderbedarf
(1) Der Unterrichts- und Erziehungsauftrag der allgemeinen Schule umfasst auch Schüler mit sonderpädagogischem Förderbedarf. Diese besuchen nach Maßgabe der Absätze 2 bis 7 die allgemeine Schule oder die ihrem Förderbedarf entsprechende Sonderschule.
(2) Das gemeinsame Ziel der allgemeinen Schulen einschließlich der berufsbildendenden und der Sonderschulen muss es sein, an der Integration von Kindern und Jugendlichen mit sonderpädagogischem Förderbedarf in die Gesellschaft mitzuwirken.
(3) Der sonderpädagogische Förderbedarf wird von der Schulaufsicht auf der Grundlage der Empfehlung des Förderausschusses festgestellt. Er orientiert sich an Art, Grad und Umfang der Behinderung.
(4) Die Wahl zwischen der allgemeinen Schule und der Sonderschule obliegt in der Grundschule und in der Oberschule den Erziehungsberechtigten, mit Ausnahme geistig- und schwermehrfachbehinderter Schüler und Schülerinnen in der Oberschule. Die Schulaufsicht darf nur dann dieser Wahl nicht entsprechen, wenn sie nach eingehender Bera-

tung mit dem Förderausschuss zu der Auffassung gelangt, dass der Schüler oder die Schülerin in der allgemeinen Schule nicht hinreichend gefördert werden kann. Entsprechendes gilt nach der Aufnahme in die allgemeine Schule, insbesondere für den Übergang in den Sekundarbereich I.
(7) Das Wahlrecht der Erziehungsberechtigten in der Sekundarstufe I nach Absatz 4 wird schrittweise verwirklicht. Die Beschulung von Schülern und Schülerinnen mit sonderpädagogischem Förderbedarf in der allgemeinen Schule erfordert eine entsprechende personelle, räumliche und sachliche Ausstattung und steht unter dem Vorbehalt, dass der Haushaltsplan dafür entsprechende Stellen und Mittel vorsieht.

Brandenburg: Vorrang gemeinsamer Erziehung

Schulgesetz (12.4.1996)

Abschnitt 2 Auftrag der Schule
§ 3 Recht auf Bildung
(4) Menschen mit Behinderungen sollen gemäß § 29 Abs. 2 vorrangig im gemeinsamen Unterricht mit Schülerinnen und Schülern ohne sonderpädagogischen Förderbedarf oder in Schulen und Klassen mit einem entsprechenden Förderschwerpunkt gemäß § 30 Abs. 4 und 5, durch Ganztagsangebote oder Ganztagsschulen gemäß § 18 Abs. 4, durch die Berücksichtigung des besonderen Unterrichtsbedarfs gemäß § 109 Abs. 1 Satz 2 Nr. 7 und durch individuelle Hilfen gemäß § 115 Satz 3 Nr. 2 besonders gefördert werden.

Abschnitt 6 Sonderpädagogische Förderung
§ 29 Grundsätze, gemeinsamer Unterricht
(1) Schülerinnen und Schüler mit Lern-, Leistungs- und Entwicklungsbeeinträchtigungen verschiedener Ursachen, die in der Schule individueller, sonderpädagogischer Hilfe bedürfen, haben ein Recht auf sonderpädagogische Förderung. Diese Förderung hat das Ziel, ihnen einen ihren Fähigkeiten, Leistungen und Neigungen entsprechenden Platz in der Gesellschaft zu sichern.
(2) Sonderpädagogische Förderung sollen Grundschulen, weiterführende allgemeinbildende Schulen und Oberstufenzentren durch gemeinsamen Unterricht mit Schülerinnen und Schülern ohne sonderpädagogischen Förderbedarf erfüllen, wenn eine angemessene personelle, räumliche und sächliche Ausstattung vorhanden ist oder nach Maßgabe gegebener Finanzierungsmöglichkeiten geschaffen werden kann.

Bremen: Gemeinsame Erziehung als Regelfall

Schulgesetz (20.12.1994)

§ 4 Allgemeine Gestaltung des Schullebens
(5) Der Unterricht und das weitere Schulleben sollen für behinderte und nichtbehinderte Schülerinnen und Schüler soweit wie möglich gemeinsam gestaltet werden. Die Schule hat der Ausgrenzung von Behinderten entgegenzuwirken. Sie soll Beeinträchtigungen in der Entwicklung der Kinder durch geeignete Maßnahmen vorbeugen sowie Auswirkungen von Behinderungen ausgleichen und mindern.

§ 35 Sonderpädagogische Förderung
(1) Sonderpädagogische Förderung einschließlich erforderlicher individueller Hilfen soll das Recht der behinderten und von Behinderung bedrohten Schülerinnen und Schüler auf eine ihren Möglichkeiten entsprechende schulische Bildung und Erziehung verwirklichen. Sie unterstützt und begleitet diese Kinder und Jugendlichen durch individuelle Hilfen.
(3) Die Feststellung sonderpädagogischen Förderbedarfs umfasst die Ermittlung der individuellen Förderbedürfnisse auf der Grundlage einer Kind-Umfeld-Analyse.
(4) Kinder und Jugendliche mit sonderpädagogischem Förderbedarf haben im Rahmen der Schulpflicht das Recht, allgemeine Schulen zu besuchen und dort die erforderlichen Hilfen für die Teilnahme am Unterricht, der so weit wie möglich gemeinsam durchzuführen ist, zu erhalten, soweit nicht ausnahmsweise eine gesonderte Förderung in einer Sonderschule erforderlich oder zweckmäßig ist. Die Entscheidung über den Förderort und über den Bildungsgang des Kindes oder des oder der Jugendlichen, die nach Möglichkeit im Einvernehmen mit den Erziehungsberechtigten zu treffen ist, bedarf der Zustimmung durch den Senator für Bildung und Wissenschaft.

Hamburg:
Gemeinsame Erziehung als Regelfall

Schulgesetz (16.4.1997)

§ 3 Grundsätze für die Verwirklichung
Das Schulwesen ist so zu gestalten, dass die gemeinsame Erziehung und das gemeinsame Lernen von Kindern und Jugendlichen in größtmöglichem Ausmaß verwirklicht werden können. Diesem Grundsatz der Integration entsprechend sollen Formen äußerer Differenzierung ausschließlich der besseren Förderung der einzelnen Schülerin oder des einzelnen Schülers dienen.

§ 12 Integration von Schülerinnen und Schülern mit sonderpädagogischem Förderbedarf
Mit der Einrichtung von Integrationsklassen, Integrativen Regelklassen und individuellen Integrationsmaßnahmen werden die organisatorischen und pädagogischen Rahmenbedingungen für eine integrative Förderung und Erziehung von Schülerinnen und Schülern mit sonderpädagogischem Förderbedarf geschaffen.
Die zuständige Behörde richtet auf Antrag der Schulkonferenz einer Grundschule Integrationsklassen zur Aufnahme von Schülerinnen und Schülern mit sonderpädagogischem Förderbedarf als Regelangebot ein, wenn dafür örtlich die räumlichen, organisatorischen und personellen Voraussetzungen gegeben sind. Das Nähere über diese Voraussetzungen und über das Aufnahmeverfahren regelt der Senat durch Rechtsverordnung.

Hessen:
Elternwahlrecht als Antragsrecht

Schulgesetz (15.5.1997)

Siebter Abschnitt: Sonderpädagogische Förderung
§ 49 Anspruch auf sonderpädagogische Förderung
(1) Kinder und Jugendliche, die zur Gewährleistung ihrer körperlichen, sozialen und emotionalen sowie kognitiven Entwicklung in der Schule sonderpädagogischer Hilfen bedürfen, haben einen Anspruch auf sonderpädagogische Förderung.

(2) Den sich aus diesem Anspruch ergebenden sonderpädagogischen Förderbedarf erfüllen die Sonderschulen in ihren verschiedenen Formen oder die allgemeinbildenden und beruflichen Schulen (allgemeine Schulen), an denen eine angemessene personelle, räumliche und sächliche Ausstattung vorhanden ist oder geschaffen werden kann.

§ 54 Entscheidungsverfahren
(1) Auf Antrag der Eltern oder der allgemeinen Schule stellt das Staatliche Schulamt den sonderpädagogischen Förderbedarf fest. Der Antrag der allgemeinen Schule muss den Förderbedarf begründen und die bisherigen vorbeugenden Maßnahmen darstellen; er kann ohne sonderpädagogische Überprüfung zurückgewiesen werden, wenn weitere vorbeugende Maßnahmen ausreichend und der allgemeinen Schule möglich sind.
(3) Die Eltern entscheiden darüber, ob ihr Kind die allgemeine Schule oder die Sonderschule besucht. Ihr Wahlrecht umfasst für Schülerinnen und Schüler mit praktischer Bildbarkeit oder Lernhilfebedarf (§ 53 Abs. 4) auch die Wahl zwischen integrativen, teilintegrativen oder kooperativen Angeboten im Rahmen des regionalen Schulangebots (§ 51 Abs. 2 und § 53 Abs. 3). Bei Schülerinnen und Schülern, die nach dem festgestellten sonderpädagogischen Förderbedarf für den Besuch einer Sonderschule mit einer der allgemeinen Schule entsprechenden Zielsetzung (§ 53 Abs. 3 Satz 2) in Frage kommen, ist von einer Entscheidung für die allgemeine Schule auszugehen, sofern die Eltern nicht einen Antrag auf Besuch der Förderschule stellen. Der Wahl einer allgemeinen Schule muss das Staatliche Schulamt widersprechen, wenn an ihr die räumlichen und personellen Voraussetzungen für die notwendige sonderpädagogische Förderung nicht gegeben sind oder die erforderlichen apparativen Hilfsmittel oder die besonderen Lehr- und Lernmittel nicht zur Verfügung stehen. Es kann der Entscheidung widersprechen, wenn auf Grund der allgemeinen pädagogischen Rahmenbedingungen erhebliche Zweifel bestehen, ob die Schülerin oder der Schüler in der allgemeinen Schule angemessen gefördert werden kann. Halten die Eltern an ihrer Wahl fest, entscheidet das Staatliche Schulamt unter Abwägung der von den Eltern dargelegten Gründe und auf der Grundlage einer Empfehlung des Förderausschusses, sofern dessen Einrichtung nach Abs. 5 beantragt worden ist, endgültig.

Mecklenburg-Vorpommern: Elternwahlrecht als Antragsrecht

Schulgesetz (24.1.1997)

§ 4 Grundsätze für die Verwirklichung des Auftrags der Schulen
(2) ... Unterricht ist so zu gestalten, dass gemeinsames Lernen und Erziehen von Schülern in größtmöglichem Ausmaß verwirklicht werden kann. Jede Form äußerer Differenzierung dient ausschließlich der Förderung der einzelnen Schüler.

§ 34 Anspruch auf sonderpädagogische Förderung
(4) Auf Antrag der Erziehungsberechtigten, der allgemeinen oder der beruflichen Schule stellt die zuständige Schulaufsichtsbehörde den sonderpädagogischen Förderbedarf fest. Grundlage der Entscheidung über Art, Umfang und Dauer und über die Voraussetzungen für einen angemessenen Unterricht ist ein sonderpädagogisches Gutachten, das von der zuständigen Schulaufsichtsbehörde eingeholt wird. Die Erziehungsberechtigten haben einen Anspruch auf umfassende Beratung.
(5) Die Erziehungsberechtigten entscheiden darüber, ob ihr Kind eine allgemeine Schule oder eine Förderschule besucht. Die zuständige Schulaufsichtsbehörde muss der Entscheidung widersprechen, wenn an der gewählten allgemeinen Schule die sächlichen oder personellen Voraussetzungen für die notwendigen sonderpädagogischen Maßnahmen nicht gegeben sind oder wenn aufgrund der allgemeinen pädagogischen Bedingungen erhebliche Zweifel bestehen, ob der Schüler in der allgemeinen Schule angemessen gefördert werden kann. Halten die Erziehungsberechtigten ihre Entscheidung aufrecht, entscheidet das Kultusministerium.

Niedersachsen: Vorrang gemeinsamer Erziehung

Schulgesetz (5.7.1997)

§ 4 Integration
Schülerinnen und Schüler, die einer sonderpädagogischen Förderung bedürfen (§ 14 Abs. 2 Satz 1), sollen an allen Schulen gemeinsam mit anderen Schülerinnen und Schülern erzogen und unterrichtet werden, wenn auf diese Weise dem individuellen Förderbedarf der Schülerinnen

und Schüler entsprochen werden kann und soweit es die organisatorischen, personellen und sächlichen Gegebenheiten erlauben.

§ 14 Sonderschule
(2) In der Sonderschule werden Schülerinnen und Schüler unterrichtet, die wegen körperlicher, geistiger oder psychischer Beeinträchtigungen oder einer Beeinträchtigung ihres sozialen Verhaltens einer sonderpädagogischen Förderung bedürfen und diese Förderung nicht in einer Schule einer anderen Schulform erfahren können. An der Sonderschule können Abschlüsse der allgemeinbildenden Schulen erworben werden.
(4) Die Sonderschule ist zugleich Förderzentrum für Unterricht und Erziehung von Schülerinnen und Schülern mit sonderpädagogischem Förderbedarf, die andere Schulen besuchen. Das Förderzentrum unterstützt die schulische Integration förderungsbedürftiger Schülerinnen und Schüler.

§ 23 Besondere Organisation allgemeinbildender Schulen
(4) Im 1. bis 10. Schuljahrgang der allgemeinbildenden Schulen können Integrationsklassen eingerichtet werden, in denen Schülerinnen und Schüler, die einer sonderpädagogischen Förderung bedürfen (§ 14 Abs. 2 Satz 1), gemeinsam mit anderen Schülerinnen und Schülern unterrichtet werden und in denen die Leistungsanforderungen der unterschiedlichen Lernfähigkeit der Schülerinnen und Schüler entsprechen.

Nordrhein-Westfalen: Gemeinsame Erziehung mit Vorbehalten

Schulpflichtgesetz (24.4.1995)

§ 7 Sonderpädagogische Förderung Schulpflichtiger
(1) Schulpflichtige, die wegen körperlicher, seelischer oder geistiger Behinderung oder wegen erheblicher Beeinträchtigung des Lernvermögens im Unterricht einer Grundschule oder einer weiterführenden allgemeinen Schule nicht hinreichend gefördert werden können, werden ihrem individuellen Förderbedarf entsprechend sonderpädagogisch gefördert. Sie erfüllen die Schulpflicht nach Maßgabe der Absätze 2 bis 10 durch den Besuch einer allgemeinen Schule oder durch den Besuch einer Sonderschule.
(2) In der Primarstufe kann mit Zustimmung des Schulträgers die sonderpädagogische Förderung auch in der Grundschule erfolgen, soweit

die Grundschule hierfür über die erforderliche personelle und sächliche Ausstattung verfügt. Die sonderpädagogische Förderung in Grundschulen kann auch nach den besonderen Lernzielen einer Sonderschule erfolgen.
(3) In der Sekundarstufe I und II kann mit Zustimmung des Schulträgers die sonderpädagogische Förderung auch in weiterführenden allgemeinen Schulen erfolgen, wenn die Schulaufsichtsbehörde in dem Verfahren nach Abs. 5 feststellt, daß das Bildungsziel der jeweiligen weiterführenden Schule erreicht werden kann und die erforderlichen personellen und sächlichen Voraussetzungen vorliegen. Im übrigen wird die Unterrichtung Schulpflichtiger mit sonderpädagogischem Förderbedarf, die voraussichtlich das Bildungsziel der allgemeinen Schulen nicht erreichen können, in weiterführenden allgemeinen Schulen in Schulversuchen erprobt.
(4) Auf Antrag der Erziehungsberechtigten oder der Schule entscheidet die Schulaufsichtsbehörde über den sonderpädagogischen Förderbedarf und den Förderort. Vor der Entscheidung sind die Zustimmung des Schulträgers (Abs. 2 und 3) sowie ein sonderpädagogisches Gutachten und ein Gutachten des Gesundheitsamtes einzuholen und die Erziehungsberechtigten zu beteiligen.

Rheinland-Pfalz: Gemeinsame Erziehung – Fehlanzeige

Schulgesetz (12.2.1997)

§ 7 Aufgaben und Zuordnung der Schularten
(10) Die Sonderschule vermittelt Schülern, die wegen ihrer Behinderung auf dem Bildungsweg der anderen Schularten auch durch besondere Hilfen nicht oder nicht ausreichend gefördert werden können, für diese Schularten vorgesehene oder sonstige ihren Fähigkeiten entsprechende Schulabschlüsse. … Im Sonderschulkindergarten werden behinderte Kinder, die vom Schulbesuch zurückgestellt sind, gefördert.

Saarland:
Gemeinsame Erziehung als Auftrag der allgemeinen Schulen

Schulordnungsgesetz (27.1.1996)

§ 4 Gemeinsame Unterrichtung von Behinderten und Nichtbehinderten, Sonderformen der Schulen, Hausunterricht

(1) Der Unterrichts- und Erziehungsauftrag der Schulen der Regelform umfasst grundsätzlich auch die Schüler mit sonderpädagogischem Förderbedarf. Daher sind im Rahmen der vorhandenen schulorganisatorischen, personellen und sächlichen Möglichkeiten geeignete Formen der gemeinsamen Unterrichtung von Behinderten und Nichtbehinderten zu entwickeln; das Nähere regelt das Ministerium für Bildung und Sport durch Rechtsverordnung.

(2) Sonderpädagogischer Förderbedarf ist bei Kindern und Jugendlichen anzunehmen, die in ihren Bildungs-, Entwicklungs- und Lernmöglichkeiten so beeinträchtigt sind, daß sie im Unterricht der allgemeinbildenden Schule nicht hinreichend gefördert werden können.

(3) Der Unterrichtung und Erziehung von Schülern mit sonderpädagogischem Förderbedarf dienen die Formen gemeinsamer Unterrichtung von Behinderten und Nichtbehinderten, besondere Schulen für Behinderte (Sonderschulen) oder Klassen (Unterrichtsgruppen), die nach sonderpädagogischen Grundsätzen arbeiten, sowie der Sonderunterricht für Schüler, deren Förderung auch in Schulen für Behinderte nicht möglich ist. Zur Förderung der gemeinsamen Unterrichtung von Behinderten und Nichtbehinderten kann die oberste Schulaufsichtsbehörde Sonderpädagogische Förderzentren einrichten.

Sachsen:
Gemeinsame Erziehung – Fehlanzeige

Schulgesetz (12.2.1995)

§ 13 Förderschule

(1) Die Förderschule wird von Schülern besucht, die wegen der Beeinträchtigung einer oder mehrerer Funktionen auch durch besondere Hilfen in den allgemeinen Schulen nicht oder nicht hinreichend integriert werden können und deshalb für längere Zeit einer besonderen pädagogischen Förderung bedürfen. An der Förderschule können Abschlüsse der übrigen Schularten erworben werden.

(3) Wenn die besondere Aufgabe der Förderschule erfüllt ist, sind die Schüler in die allgemeinen Schulen einzugliedern.

Sachsen-Anhalt:
»Integrative Beschulungsvarianten«

Schulgesetz (12.8.1997)

§ 1 Erziehungs- und Bildungsauftrag der Schule
(3) Die Schule soll im Rahmen ihrer Möglichkeiten die individuellen Lernvoraussetzungen und Lernbedürfnisse der Schülerinnen und Schüler berücksichtigen, die Integration behinderter Schülerinnen und Schüler in allen Schulformen fördern und auf diese Weise zur Verbesserung der Chancengerechtigkeit beitragen.

§ 8 Sonderschule
(2) Die Sonderschule wird von Schülern besucht, die wegen der Beeinträchtigung einer oder mehrerer Funktionen auch durch besondere Hilfen in den anderen Schulformen nicht ausreichend gefördert werden können und deshalb für längere Zeit einer besonderen pädagogischen Förderung bedürfen. Den individuellen Voraussetzungen entsprechend können an der Sonderschule alle Abschlüsse der allgemeinbildenden Schulen erworben werden.
(6) Die Sonderschule kann mit den anderen allgemeinbildenden und berufsbildenden Schulen zusammenarbeiten. Dies gilt insbesondere für die Unterstützung von integrativen Beschulungsvarianten.
(7) An Sonderschulen können sonderpädagogische Beratungsstellen eingerichtet werden. Diese übernehmen Aufgaben in der Frühförderung, in mobilen, sozialpädagogischen Diensten und im Rahmen des gemeinsamen Unterrichts nichtbehinderter und behinderter Schüler.

Schleswig-Holstein:
Gemeinsamer Unterricht mit Vorbehalten

Schulgesetz (25.6.1997)

§ 5 Formen des Unterrichts
(2) Behinderte und nichtbehinderte Schülerinnen und Schüler sollen gemeinsam unterrichtet werden, soweit es die organisatorischen, personellen und sächlichen Möglichkeiten erlauben und es der individuellen Förderung behinderter Schülerinnen und Schüler entspricht.

§ 25 Sonderschulen
(2) Als Förderzentren unterstützen die Sonderschulen Unterricht und Erziehung von Schülerinnen und Schülern mit sonderpädagogischem Förderbedarf in anderen Schularten und geben Sonderunterricht für Kinder und Jugendliche, die keine Schule besuchen. Die Sonderschulen nehmen Schülerinnen und Schüler auf, die in anderen Schularten auch mit besonderen Hilfen dauernd oder vorübergehend nicht ausreichend gefördert werden können.

Thüringen: Gemeinsame Erziehung soweit möglich

Gesetz über die Förderschulen (16.12.1996)

§ 1 Grundlagen
(2) Schüler mit sonderpädagogischem Förderbedarf werden soweit möglich in der Grundschule, in den zum Haupt- und Realschulabschluss, zum Abitur oder zum allgemeinen Berufsschulabschluss führenden Schularten integriert unterrichtet. Können sie dort auch mit Unterstützung durch die Mobilen Sonderpädagogischen Dienste nicht oder nicht ausreichend gefördert werden, sind sie in Schulen für Behinderte (Förderschulen) zu unterrichten, damit sie ihren Fähigkeiten und Neigungen entsprechende Schulabschlüsse erreichen können.

§ 8 Aufnahme in Förderschulen
(1) Schüler mit sonderpädagogischem Förderbedarf, die auch mit Unterstützung durch die Mobilen Sonderpädagogischen Dienste in der Grundschule sowie in den zum Haupt- und Realschulabschluss, zum Abitur oder zum allgemeinen Berufsschulabschluss führenden Schularten nicht oder nicht ausreichend gefördert werden können, haben in ihrem Schulbezirk eine für sie geeignete staatliche Förderschule zu besuchen, soweit sie nicht bei einer entsprechenden Förderschule in freier Trägerschaft angemeldet sind.
(8) Kinder ohne sonderpädagogischen Förderbedarf können auf Antrag der Erziehungsberechtigten vom Schulleiter nach Maßgabe der räumlichen und sächlichen Voraussetzungen zur integrierten Beschulung in einer Förderschule zugelassen werden.

Zur aktuellen Diskussion

Zusammenleben lernen – Verschiedenheit respektieren Integration statt Selektion

Marlies Hergarten, Peter Heyer, Andreas Hinz

Die Grundschule ist die grundlegende gemeinsame Schule für alle!

Kinder im Grundschulalter brauchen eine Schule in der alle Kinder in ihrer Individualität respektiert und im gemeinsamen Lernen individuell gefördert werden. Sie brauchen Lehrerinnen und Lehrer, die die große, natürliche Heterogenität der Lerngruppe als Chance sehen und nicht als Anlass zur Selektion. Da die Grundschule die gemeinsame Schule für alle Kinder ist, würde sie sonst ihrem Anspruch und Auftrag nicht gerecht. Mit »Kindern im Grundschulalter« sind alle Kinder gemeint, die im Rahmen ihrer Schulpflicht eine Grundschule bzw. eine Sonderschule in den entsprechenden Klassenstufen besuchen; der Grundschulverband tritt grundsätzlich für die sechsjährige Grundschule ein.

Die Grundschule ist geprägt von *integrationspädagogischen Prinzipien*; d. h. von Prinzipien, die die Verschiedenheit der Kinder als Grundlage ihrer individuellen schulischen Förderung respektieren und jedem Kind die eigene Entwicklung und eigene Lernwege nicht nur zubilligen, sondern abverlangen (zum Stand der Integrationspädagogik vgl. Hildeschmidt/Schnell 1998). Schule hat die Aufgabe, alle jungen Menschen in ihrer Gesamtentwicklung zu fördern; d. h. ihre individuellen Bildungserfahrungen zu erweitern und zu vertiefen, sie für ein produktives Arbeitsleben und ein freundliches Zusammenleben in der demokratischen und zunehmend globalen Informations- und Leistungsgesellschaft zu qualifizieren und zur politischen und kulturellen Teilhabe in der Demokratie zu motivieren und zu befähigen. Sie sollte nicht von *gleichschrittiger und selektiver Vermittlungspädagogik* bestimmt sein, nach der alle Kinder zur gleichen Zeit das Gleiche zu lernen haben.

Die Grundschule ist die einzige staatliche Einrichtung, die (fast) alle Menschen einer bestimmten Altersgruppe unter einer für alle gemeinsamen Aufgabe zusammenfasst, der Aufgabe der Erziehung der nachwachsenden Generation. Damit kommt ihr für die Zukunft unseres Gemeinwesens hohe Bedeutung zu. Die pädagogische Arbeit an dieser Aufgabe erfolgt nicht als »Prinzenerziehung«, bei der jedes Kind für die eigene Bildung und Erziehung einen Erwachsenen ganz für sich allein hat, sondern grundsätzlich in Gruppen. Hierfür werden bei der Einschulung Schulklassen gebildet, die in der Grundschule im Großen und Ganzen so heterogen sind, wie es der gesellschaftlichen Heterogenität des Wohnumfeldes der jeweiligen Schule entspricht. Manchmal werden jedoch bestimmte Teilgruppen von Kindern, z. B. Kinder mit Behinderungen oder Kinder mit anderen Herkunftssprachen, von vornherein in spezielle Schulen oder Klassen ausgesondert.

Kinder im Grundschulalter unterscheiden sich auf vielfältige Weise. Sie sind Mädchen oder Jungen, Einzelkinder oder Kinder mit Geschwistern, Kinder aus verschiedenen Familienformen, von arbeitslosen oder gut verdienenden Eltern, Kinder mit verschiedenen Muttersprachen – in den Schulen größerer Städte werden mehr als hundert verschiedene Muttersprachen gesprochen – und mit gesellschaftlich-kulturell voneinander abweichenden vor- und außerschulischen Bildungserfahrungen, Kinder mit unterschiedlicher körperlicher und geistiger Vitalität, mit oder ohne spezielle Beeinträchtigungen, mehr oder weniger kreative Kinder, sportliche oder unsportliche, langsam oder schnell lernende. Unstrittig ist, dass diese und weitere Unterschiede beim gemeinsamen Lernen Auswirkungen auf die individuellen Erziehungs- und Bildungsprozesse haben. Strittig ist, welche Auswirkungen das im einzelnen sind und welche Konsequenzen daraus für die Schulstruktur insgesamt und für die konkrete pädagogische Arbeit in der einzelnen Grundschule gezogen werden.

Kinder im Grundschulalter sind jedoch unter vielen Aspekten auch gleich. Sie haben die gleichen Grundbedürfnisse, z. B. das Bedürfnis nach sozialer Anerkennung als Teil der Gemeinschaft, sie haben prinzipiell die gleichen Ansprüche auf eine individuelle Unterstützung ihrer Entwicklung in der Schule für alle. Ohne die Basis der Anerkennung der Gleichheit aller Kinder – im Sinne der Kinder- wie der Menschenrechte – gerät die Betonung von Verschiedenheit in hierarchische Bahnen der Selektion, denn dann machte es wenig Sinn, die so sehr Ungleichen gemeinsam unterrichten und erziehen zu wollen. Für eine integrationspädagogische Orientierung ist ein Menschenbild notwendig, das geprägt ist von der *Dialektik von Gleichheit und Verschiedenheit* aller Menschen (vgl. Reiser 1991, Hinz 1993) und sich von einer *Theorie der Andersartigkeit* der Anderen verabschiedet, seien es Menschen mit Behinderungen, Menschen anderer Muttersprache, anderer religiöser oder auch nur konfessioneller Orientierung, anderer kultureller Herkunft, anderer sexueller Orientierung, anderer Lebens- und Lernerfahrungen usw.

Integration und Selektion als gegenläufige Tendenzen

Es gibt keine empirischen Belege dafür, dass in relativ leistungshomogenen Schulklassen besser gelernt wird als in Lerngruppen, die entsprechend der normalen gesellschaftlichen Heterogenität zusammengesetzt sind. Trotzdem denken nach wie vor viele Lehrerinnen, Lehrer und viele Eltern, eine größere Heterogenität innerhalb der Lerngruppe behindere besonders die individuelle Lern- und Leistungsentwicklung der sogenannten besonders befähigten Kinder.

Alle diejenigen, die als Pädagoginnen und Pädagogen, als Eltern aber auch als für das Schulwesen insgesamt mitverantwortliche Politikerinnen und Politiker dieser Meinung sind, tragen bewusst und unbewusst, gezielt und ungezielt dazu bei, dass die Entwicklung einzelner Schulen und des Schulsystems insgesamt immer noch stark von selektiven Tendenzen geprägt ist. Wer sich allerdings dafür entschieden hat, die Verschiedenheit der Kinder nicht nur notgedrungen zu akzeptieren, sondern wirklich jedes einzelne Kind in seiner Individualität zu respektieren und die Verschiedenheit der Kinder als Teil der pädagogischen Aufgabe anzunehmen, als Herausforderung, als Chance für die Intensivierung individueller Lern- und Bildungsprozesse beim gemeinsamen Lernen, trägt mit dazu bei, dass sich integrative Prinzipien der Schulentwicklung Schritt für Schritt verbreiten.

Integration und *Selektion* sind in der deutschen Schulentwicklung wirksame gegenläufige pädagogische Tendenzen. Welche Gewichtung sie erfahren, hängt auch vom Bild ab, das Beteiligte wie Entscheidende in Bezug auf die Frage von Gleichheit und Verschiedenheit haben. Diese Frage war implizit schon die Basis bei der Diskussion um die Einführung der Grundschule, ebenso bei der Debatte um die Gesamtschule – einerseits die Kritik an der Überbewertung der Verschiedenheit der Kinder durch Selektion in verschiedene Schulformen, andererseits die Kritik an einer nivellierenden Überbewertung der Gleichheit in einer Gesamtschule für alle. Beide Richtungen der Kritik unterstellten jeweils Homogenität und Homogenisierung – einerseits durch Aussonderung, andererseits durch Anpassung –, sie bekommen damit das angestrebte Miteinander der Verschiedenen nicht in den Blick.

Die Frage nach Gleichheit und Verschiedenheit steht auch hinter den wichtigen pädagogischen wie bildungspolitischen Debatten um Integration, Interkulturelle Erziehung und um Koedukation; bei diesen getrennt geführten Diskussionen gibt es nicht nur parallele Argumentationen für verschiedene Standpunkte, die Beantwortung der Frage nach Gleichheit und Verschiedenheit hat auch gleichsinnige pädagogische, didaktische und schulorganisatorische Konsequenzen. Daher werden sie auch unter dem Begriff der Pädagogik der Vielfalt subsummiert (vgl. HINZ 1993, PRENGEL 1993, PREUSS-LAUSITZ 1993).

Das gegeneinander Wirken von Integration und Selektion bestimmt die bisherige wie heutige Schulpolitik, es bestimmt aber genauso die alltägliche konkrete Schularbeit vor Ort und behindert gesellschaftlich notwendige innovative Schulentwicklungsprozesse zur Verbesserung der pädagogischen Qualität.

Selektive Tendenzen in der Grundschule

Solange es in Deutschland ab Klasse 5 (oder in einigen Bundesländern ab Klasse 7) ein mehrgliedriges Schulsystem gibt, auf das die Kinder gemäß ihrer vermuteten späteren Lern- und Leistungsfähigkeit zu verteilen sind, hat jede Grundschule auch eine grundsätzlich selektive Funktion. Ihre mögliche Integrationsfähigkeit ist dadurch zumindest eingeschränkt. Trotzdem unterscheiden sich die Grundschulen nicht nur der verschiedenen Bundesländer, sondern auch von Schule zu Schule innerhalb eines Landes hinsichtlich des Ausmaßes der an ihnen wirksamen selektiven und integrativen Tendenzen (vgl. HEYER/PREUSS-LAUSITZ/SCHÖLER 1997, zum Überblick über den deutschsprachigen Raum vgl. ROSENBERGER 1998). Es gibt *hoch selektive Grundschulen*, deren integrative Wirkungskomponenten eher rudimentären Charakter haben, und es gibt *integrative Grundschulen*, deren selektive Funktion auf das unvermeidbare Maß reduziert ist.

In Grundschulen mit besonders ausgeprägter selektiver Funktion entscheidet die Schule mit Hilfe vorgegebener Qualitätsnormen schulischer Leistung, wer in einer Lerngruppe bleiben darf und wer nicht, wer vom Schulbesuch zurückzustellen ist, wer eine Jahrgangsklasse zu wiederholen und eine Sonderschule oder eine andere Sondereinrichtung, z. B. eine spezielle Ausländerklasse zu besuchen hat. Hierbei spielt die Anschlussfähigkeit an das Gymnasium eine besonders hervorgehobene Rolle. Denjenigen Kindern, die für ihre Gesamtentwicklung innerhalb der Schule die verlässliche Bezugsgruppe besonders nötig brauchen, wird die Sicherheit des Dazugehörens ebenso vorenthalten wie den Kindern mit einer besonders guten Begabung die individuelle Förderung und Weiterentwicklung dieser Begabung und der damit verbundenen großen Leistungsfähigkeit vorenthalten wird.

Der individuellen Entwicklung des einzelnen Kindes wird eine geringere Bedeutung zuerkannt als das Erreichen oder Nichterreichen festgelegter vergleichbarer Leistungsnormen mit der Orientierung auf das Phantom des Durchschnittskindes.

Selektive Pädagogik ist eine Pädagogik, in der das Sortieren der Lernenden an die Stelle ihrer differenzierenden individuellen Förderung beim gemeinsamen Lernen in heterogenen Lerngruppen tritt. Sie suggeriert, dass die Lernenden nur richtig sortiert werden müssen, um bei allen Kindern und Jugendlichen optimale Lern- und Entwicklungsprozesse bewirken zu können. *Selektive Pädagogik* versteht sich als *gleichschrittige Vermittlungspädagogik*, die allerdings nur dann funktionieren würde, wenn die Bildungs- und Lernprozesse aller Kinder zeitgleich parallel und linear gleich verlaufen könnten. Unterschiede in den Lern- und Leistungsentwicklungen werden als gut oder schlecht bewertet und nicht als Qualitätsmerkmale individueller Entwicklungen und mögliche Anlässe für deren spezifische Förderung wahrgenommen. *Selektive Pädagogik* wertet die einen Kinder kontinuierlich auf und trägt so zu Selbstgenügsamkeit bei, andere wertet sie ab und frustriert sie. Sie ersetzt pädagogische Arbeit durch bürokratisches Management. *Selektive Pädagogik* hat die Bildung relativ homogener Lerngruppen zum Ziel und will, weil dies nicht erreichbar ist, die Heterogenität der Lerngruppen wenigstens vermindern. Dabei ignoriert sie, dass weder die Leistungsstärksten noch die Leistungsschwächsten durch diese Pädagogik zu ihrer wirklichen Leistungsfähigkeit gelangen können. *Selektive Pädagogik* baut Hürden auf. Wer die Hürden überspringt, kann bleiben und wird weitergefördert. Dabei definiert sie ihren pädagogischen Auftrag in Voraussetzungen bei den Kindern um: Die Lücken bestimmter Kinder sind dann zu groß, als dass sie angemessen gefördert werden könnten; dafür gibt es anderswo bessere, andere Möglichkeiten. Leider, finden diejenigen, die für eine selektive Pädagogik von Anfang an sind, ist die Bildung möglichst homogener Gruppen in den ersten vier Jahren der «für alle gemeinsamen Grundschule» erschwert. Aber auf jeden Fall soll die für alle gemeinsame Lernzeit, in der eine gewisse Heterogenität selbst in ausgewählten Wohnvierteln nie ganz vermeidbar ist, möglichst kurz gehalten werden, allerhöchstens vier Jahre, nicht wie in fast allen anderen Industrieländern üblich, sechs, acht, neun Jahre oder noch länger – und gerade diesen Ländern bescheinigt die TIMSS-Studie gute Lernerfolge.

Pädagogisch-didaktische Prinzipien für die integrationsfähige Grundschule

Wodurch ist eine *integrative Grundschule* bestimmt, die sich darum bemüht, allen Kindern in ihrer vielfältigen Unterschiedlichkeit gerecht zu werden, der es darum geht, entstehende Probleme nicht einfach »wegzusortieren«, sondern pädagogisch zu bearbeiten? Welches Schulklima und welche Qualitätsmerkmale bestimmen ihren Unterricht und ihr Schulleben? Was ist notwendig, damit in heterogenen Lerngruppen, die die ganze Bandbreite möglicher Verschiedenheit von Kindern repräsentieren, alle Kinder beim gemeinsamen Lernen in ihrer individuellen Gesamtentwicklung gut gefördert werden können? Was macht eine Grundschule integrationsfähig?

In der Praxis des gemeinsamen Unterrichts behinderter und nichtbehinderter Kinder und in der wissenschaftlichen Auseinandersetzung mit dieser Praxis haben sich die im folgenden genannten zehn pädagogisch-didaktischen Prinzipien als besonders integrationsfördernd herausgestellt (vgl. hierzu Heyer 1998). Ihre integrationsunterstützende Funktion ist nicht auf die gemeinsame Erziehung von Kindern mit und ohne Behinderungen begrenzt, sondern kann für die gemeinsame Erziehung und für den gemeinsamen Unterricht von Kindern, die sich hinsichtlich vielfältiger Merkmale unterscheiden, verallgemeinert werden.

1. Prinzip der integrativen Grundhaltung aller Beteiligten

Die wichtigste Voraussetzung einer integrativ arbeitenden Schule besteht u. E. darin, dass die an Unterricht und Schulleben Beteiligten, die Lehrerinnen und Lehrer, die Kinder und ihre Eltern, der Hausmeister, die Reinigungskräfte, Schulräte, Schulärzte und -psychologen und wer sonst noch in der und für die Grundschule tätig ist, verstanden haben, warum es für alle Kinder wichtig ist, mit allen Unterschieden in ein und derselben Schule gemeinsam leben und lernen zu können, ohne drohende Trennung bei Lernschwierigkeiten, und dass es pädagogisch keinen Sinn macht, Kinder nur deshalb voneinander zu trennen, weil sie unterschiedlich gut lernen, auf unterschiedliche Weise in ihrem Lernen zu unterstützen sind oder auch nur deshalb, weil sie unterschiedlichen Konfessionen oder Religionen angehören oder eine andere Muttersprache sprechen.

Nur wenn das ganze Kollegium einer Schule für dieses Prinzip relativ geschlossen eintritt und bei seiner Umsetzung in der Alltagspraxis auch gegenüber den Kindern und ihren Eltern sowie im Umfeld der Schule an einem Strang zieht, hat die Integrationsentwicklung eine Chance. Integrative Pädagogik gegen den Willen der Mehrzahl der Beteiligten schnell durchzusetzen, bringt den Kindern wenig und blockiert die integrative Weiterentwicklung der Schule oft auf Jahre.

2. Prinzip der Individualisierung des Unterrichts

Eine gute Förderung der individuellen Entwicklung aller Kinder beim gemeinsamen Lernen ist nur möglich, wenn die Verschiedenheit der Kinder, ihre bisherige Entwicklung und ihre vor- und außerschulischen Bildungserfahrungen von allen am Prozess der gemeinsamen Erziehung Beteiligten wahrgenommen, respektiert und zur Grundlage des gemeinsamen Lernens gemacht werden. Je heterogener eine Lerngruppe ist, um so vielfältiger sind die grundlegenden vor- und außerschulischen Bildungserfahrungen, auf die sich die Grundschule in ihrer pädagogischen Arbeit zu beziehen hat, um sie zu vertiefen und zu erweitern. Ein sinnvoller und förderlicher gemeinsamer Unterricht mit Kindern, die sich in ihrer Lernentwicklung teilweise sehr voneinander unterscheiden, ist nur möglich, wenn als Normalität akzeptiert wird, dass die Kinder einer Lerngruppe beim Erreichen von für alle wichtigen Zielen unterschiedlich weit kommen und dass für die Kinder einer Klasse zur gleichen Zeit unterschiedliche Lernziele gelten können. Wichtig ist dabei, dass nicht versucht wird, die Unterschiede in den individuellen Lern- und Leistungsentwicklungen möglichst klein zu halten, sondern dass sie ausdrücklich bejaht werden.

Für die Unterstützung der unterschiedlichen Lern- und Leistungsentwicklungen der Kinder müssen zweckmäßige in den Schulalltag integrierte Unterrichtsformen entwickelt werden, z. B. klassenübergreifende Projektarbeit und altersheterogene Arbeitsgruppen zur Interessenförderung. Formen der »äußeren Differenzierung« stehen dabei keineswegs von vornherein im Widerspruch zu den Prinzipien der Binnendifferenzierung: Für alle Kinder einer Lerngruppe ist es wichtig, auch mit anderen Kindern außerhalb der eigenen »Stammgruppe« zusammenzuarbeiten. Formen »äußerer Differenzierung« schaden nur dann der Gemeinsamkeit des Lernens und dem sozialen Klima einer Schulklasse, wenn innerhalb dieser Gruppe kein gegenseitiger Austausch mehr stattfindet über die Inhalte, Arbeitsweisen, Ergebnisse und Erfahrungen in der Arbeit außerhalb der Klasse. Darüberhinaus hängt ihre pädagogische Qualität auch davon ab, ob Kinder sich für ein klassen- und ggf. jahrgangsübergreifendes Angebot entscheiden können oder Lehrerinnen und Lehrer sie in pädagogisch aggressiver Weise einem Förderangebot zuweisen.

Die Beziehungsqualität einer Kindergruppe besteht nicht darin, dass immer alle alles zusammen machen. Jedes Kind braucht für seine Entwicklung genau wie in der Familie auch in der Schule genügend Freiräume, z. B. Möglichkeiten, sich zurückzuziehen und Erfahrungen außerhalb der eigenen Bezugsgruppe machen zu können. Für die soziale Entwicklung der Kinder ist es wichtig, für die Dauer der Grundschulzeit Teil einer verlässlichen Bezugsgruppe zu sein. Ein selbstverständliches Zusammengehörigkeitsgefühl der Kinder innerhalb dieser Gruppe entsteht nur, wenn die Mitglieder der Gruppe aneinander interessiert sind, ihre Erfahrungen austauschen und sich füreinander verantwortlich fühlen.

3. Prinzip der differenzierenden Förderung und Betreuung von Kindern mit Behinderungen und mit speziellen Lernproblemen

Auch Kinder mit Behinderungen und mit speziellen Lernproblemen sind in erster Linie Kinder mit ganz normalen Bedürfnissen und mit vielen normalen Fähigkeiten. Ihre Defizite betreffen meist Teilaspekte ihrer Entwicklung. Wenn sie zusammen mit Nichtbehinderten zur Schule gehen, brauchen sie keineswegs ständig spezielle sonderpädagogische, methodische und didaktische Vorgehensweisen oder besondere technische Hilfsmittel. Das, was Kinder mit speziellen Behinderungen an individueller Zuwendung brauchen, deckt zum großen Teil ein guter kindorientierter binnendifferenzierender Grundschulunterricht ab. Die wichtigste Hilfe für das Kind mit Behinderungen ist in einer integrativen Grundschulklasse die Normalität der Situation, das Zusammenleben mit nichtbehinderten Kindern, das miteinander und voneinander Lernen und die daraus entstehenden vielfältigen Anregungen für die eigene Entwicklung.

Es gibt allerdings darüber hinaus spezielle behinderungsspezifische und problemorientierte sonderpädagogische Hilfen, die Kindern mit Behinderungen und speziellen Lernproblemen nicht vorenthalten werden dürfen, wenn sie gemeinsam mit Nichtbehinderten unterrichtet werden. Solche ggf. für einzelne Kinder zusätzlich erforderliche spezifische Förderung und/oder Betreuung darf keine Sondermaßnahme sein; sie muss in Unterricht und Schulleben integrativ einbezogen werden. Darüberhinaus kann sie auch eine qualitative Chance für die ganze Klasse sein, wenn etwa als »klasseninterne Geheimsprache« entwickelt wird oder bei einem Kind die Dominanz der Wahrnehmung im Fühlen liegt und so für alle Kinder hilfreich sein kann (vgl. Hinz 1996).

Die Leitidee der gemeinsamen schulischen Förderung behinderter und nichtbehinderter Kinder besteht in Folgendem: Nicht das Kind mit der sein Lernen behindernden Beeinträchtigung wird dahin transportiert, wo die entsprechenden Ressourcen üblicherweise gesammelt werden, damit aus seiner normalen Lebenswelt heraus genommen und zusätzlich behindert, sondern die Ressourcen werden da bereit gestellt bzw. dorthin verlagert, wo sie gebraucht werden, um eine Aussonderung in Spezialeinrichtungen unnötig zu machen. Entgegen weit verbreiteter Meinung ist, wenn alle Kostenaspekte berücksichtigt werden, die gemeinsame Beschulung nicht teurer als die Sonderbeschulung (vgl. Preuss-Lausitz 1996).

4. Prinzip der Gemeinsamkeit in der Vielfalt

Eine sehr wichtige Aufgabe der heutigen Schule besteht darin, die Kinder zum Zusammenleben mit anderen Menschen und zur Mitgestaltung der gemeinsamen Angelegenheiten zu befähigen. Dadurch, dass Kinder zunehmend in Kleinfamilien und als Einzelkinder aufwachsen, wird insbesondere die Grundschule mit ihren vielfältigen Erfahrungs- und Handlungsmöglichkeiten für viele Kinder zum wichtigsten Lebensraum. Hier finden sie unter den Kindern, mit denen sie tagtäglich zusammen sind, ihre Freunde, lernen sich durchzusetzen, anzupassen und Konflikte sozialverträglich auszutragen.

Die große Heterogenität von Grundschulklassen, aus denen keine Kinder in Sondereinrichtungen ausgesondert wurden, spiegelt die gesellschaftliche Vielfalt und ermöglicht gegenseitig bereichernde Erfahrungen und Beziehungen auch zwischen Kindern, die sich zunächst fremd sind. Wichtig ist, dass in Unterricht und Schulleben der Gemeinschaftsförderung genügend Raum gegeben wird und die Kinder lernen können, für sich und für die Gruppe Verantwortung zu übernehmen. Wichtig ist auch, dass gerade solche Kinder, die sich in ihrer Entwicklung sehr unterscheiden, Gelegenheit zum gemeinsamen Tun finden. Die Entfaltung der Sozialkompetenz ist ein wichtiger Teilaspekt schulischer Leistungsförderung. Zu den Voraussetzungen der Integrationsfähigkeit einer Grundschule gehört es, dass auch die Eltern verstanden haben, dass die schulische Förderung der sozialen Entwicklung der Kinder für ihre Zukunft zumindest ebenso bedeutsam ist wie die Erweiterung ihres fachlichen und methodischen Wissens und Könnens.

5. Prinzip der Nähe zwischen schulischer und außerschulischer Lebenswelt

Für die Entwicklung der sozialen Erfahrungen und Beziehungen der Kinder ist es zweckmäßig, wenn ihr schulischer und ihr außerschulischer Erfahrungsraum räumlich nicht voneinander getrennt sind, sondern zu einem ganzheitlichen Lebensbereich werden, in dem die Kinder selbständig agieren und schulische und außerschulische Erfahrungen aufeinander beziehen können. Kinder im Grundschulalter brauchen eine wohnungsnahe Schule (vgl. Heyer u. a. 1993). Schulisches Lernen gelingt generell besser, wenn es auf den außerschulischen Erfahrungen der Kinder aufbaut bzw. diese mit einbezieht. Dies gilt besonders für sozial randständige Kinder, deren außerschulische Lebens- und Lernbedingungen sich oft in besonderem Maße von den üblichen Normen schulischer Lern- und Leistungserwartungen unterscheiden (vgl. hierzu Hinz u. a. 1998). Gemeinsamer Unterricht, der *allen* Kindern Entwicklungs- und Lernanregungen bieten will, muss sich gegenüber der außerschulischen Lebenswelt *aller* Kinder öffnen und ihre Alltagserfahrungen und -erlebnisse, ihre Ängste und Wünsche in das Unterrichtsgeschehen einbeziehen. Ohne konstruktive Zusammenarbeit mit den Eltern ist dies nicht möglich.

6. Prinzip der lernanregenden und behindertengerechten Gestaltung von Schulraum und Schulgelände

Vorgegebene Raumstrukturen können den pädagogischen Absichten förderlich sein oder sie beeinträchtigen. Die heute üblichen schulischen Raumstrukturen sind immer noch zu sehr die der alten »Vermittlungsschule«, in die Lehrerinnen und Lehrer mit vorbereiteten Unterrichtsstunden kommen und in der sie sich ebenso wie die Kinder nur stundenweise aufhalten. Schulräume und Schulgelände orientieren sich bisher zu wenig an den notwendigen Voraussetzungen einer kindorientierten integrativen Grundschularbeit. Sie vernachlässigen z. B. meist fast völlig die speziellen Erfordernisse von Kindern mit Behinderungen im gemeinsamen Unterricht.

Eine integrativ arbeitende Schule, die für alle, die in ihr tätig sind, für Kinder wie für Erwachsene, eine Lebens- und Lernstätte sein will, keine Unterrichtsanstalt, muss auch baulich so angelegt sein, dass sich arbeitende Menschen in ihren Räumen wohl fühlen können und in ihr tatsächlich forschendes, aktives Lernen stattfinden kann. Die Schulräume und das Schulgelände einer Grundschule, die den Kindern eigenaktives Lernen ermöglichen will, haben in erster Linie Werkstattfunktionen und sollten so angelegt sein, dass sie den Kindern vielfältige Handlungsmöglichkeiten und eine lernanregende Umwelt bieten. Grundsätzlich gilt, dass Kinder im Grundschulalter weitaus größere Bewegungsbedürfnisse haben als ältere Schülerinnen und Schüler. Schon deshalb brauchen sie mehr Platz als die Grundschulen in der Regel zur Verfügung haben. Grundschulen brauchen vor allem genügend Raum für die differenzierende Arbeit in größeren und kleineren Gruppen, für das Sich-zurückziehen-Können des Einzelnen, für behinderungsspezifische Erfordernisse, für das über den Unterricht hinausgehende Schulleben und für die vielfältigen Kommunikations- und Kooperationsaufgaben der Lehrerinnen und Lehrer.

Bei Grundschulneubauten sollten von vornherein integrationspädagogische Prinzipien zum Tragen kommen und auch spezielle behinderungsspezifische Erfordernisse berücksichtigt werden. Die derzeit geltenden Grundschul-Bauprogramme sind zu überarbeiten, die vorgesehenen Flächenrichtwerte zu erweitern. Außerdem ist dafür zu sorgen, dass bei Grundschulneu- und -erweiterungsbauten behinderungsspezifische Erfordernisse berücksichtigt werden.

Im Übrigen gilt, dass auch bei unzureichenden baulichen Voraussetzungen gute integrative Grundschularbeit geleistet werden kann, sofern alle Beteiligten an einem Strang ziehen und gemeinsam nach wenig kostenaufwendigen Möglichkeiten für eine pädagogisch zweckmäßigere Nutzung des vorhandenen Schulbaus und Schulgeländes suchen. Die Erfahrung zeigt, dass z. B. wiederholte »Begehungen« des Schulgeländes und Schulgebäudes hierzu wichtige Anregungen geben, vor allem, wenn kompetente Fachleute unter den Eltern hinzugezogen werden.

7. Prinzip der Anerkennung des Fehlers als einer Lernchance

Die Diffamierung des Fehlers ist eine pädagogische Erbsünde. Ganzen Schülergenerationen, die neugierig, wissensdurstig und lernbereit in die Schule kamen, wurden binnen kürzester Zeit die Schule, das Lernen in der Schule, ja das Lernen generell dadurch vergällt, dass sie immer wieder Abwertung und Ablehnung erfuhren, wenn sie etwas falsch gemacht hatten. Fehler gehören zum Lernen. Fehler sind eine unverzichtbare Voraussetzung jeglichen Lernfortschritts. Fehler vermeiden zu wollen, drängt den Lernenden in eine lernhemmende Passivität. In einer Schule, in der das Lernen der Kinder als ihre Aktivität verstanden wird, brauchen die Kinder einen Unterricht, in dem sie ohne Angst vor Sanktionen und negativen Bewertungen Fehler machen und sich mit ihren Fehlern auseinandersetzen können. Jeder Fehler ist eine Lernchance, wenn der Lernende ihn wahrnimmt, zu ihm steht und als Lernanlass nutzt. Fehler dürfen nicht dazu missbraucht werden, Kinder hinsichtlich ihrer Lern- und Leistungsfähigkeit zu bewerten. Fehler können helfen zu erkennen, was richtig bzw. richtiger ist, und wie etwas besser gemacht werden kann.

8. Prinzip der zunehmenden Eigenverantwortung des Lernenden

Wer will, dass Kinder selbständig denkende, Verantwortung für sich, für andere und für die Gestaltung der gemeinsamen Angelegenheiten übernehmende, aktive und kooperative Erwachsene werden, muss ihnen in der Schule von Anfang an die Gelegenheit geben, dies handelnd Schritt für Schritt zu lernen. Ein Belehrungsunterricht, der die Kinder durch einengende Lenkung überwiegend in die Objektrolle drängt, behindert diesen Prozess. Dies gilt für lernstarke Kinder ebenso wie für Kinder mit Lernschwierigkeiten. Auch Kinder mit Lernentwicklungsverzögerungen dürfen nicht in die passive Rolle derjenigen gedrängt werden, denen ständig geholfen werden muss. Kinder müssen lernen, sich selbst Hilfe zu holen, wenn sie Hilfe brauchen. Lernstarke wie lernschwache Kinder brauchen einen Unterricht, der sie von Anfang an in die Verantwortung nimmt. Jedes Kind braucht die seinem Entwicklungsstand entsprechenden Herausforderungen, um lernstärker zu werden. Eine grundlegende Voraussetzung für die Realisierung eines Unterrichts, in dem die Kinder

Subjekt ihrer Lernentwicklung sind, nicht Objekt der Belehrung, besteht darin, dass die Lehrerinnen und Lehrer ihre Lehrerrolle reflektieren und wenn nötig ändern. Dadurch, dass die Lehrerinnen und Lehrer in der integrationsfähigen Grundschule nicht mehr »lehren«, sondern das Lernen der Lernenden unterstützen, verlieren sie weitgehend ihre Mittelpunktsrolle.

Sie werden zum

- Begleiter der kindlichen Gesamtentwicklung;
- Berater des Kindes bei der Entscheidung für seine eigenen vorrangigen Lernziele;
- Erwachsenen, der das Lernen jedes einzelnen Kindes als seine Aktivität ernst nimmt, der die Anstrengungen des Kindes und seine Lernfortschritte würdigt, der das Kind beim Lernen unterstützt und bei Misserfolgen ermutigt, der hilft, wenn das Kind nicht weiter weiß oder wenn »Sand im Getriebe« ist, der einfach da ist, wenn das Kind ihn braucht;
- Lotsen, der dafür sorgt, dass das Kind beim Lernen nicht in Untiefen gerät und Kurs behält.

Integrationspädagogische Grundschularbeit führt zwangsläufig dazu, dass Kontrollfunktionen zunehmend durch die Kinder selbst wahrgenommen werden. Vielen Lehrerinnen und Lehrern fällt es schwer, auf ihre Mittelpunktsrolle zu verzichten und ein überhöhtes Kontrollbedürfnis zu reduzieren.

9. Prinzip der differenzierenden Bewertung

Die Fragen der Form schulischer Leistungsbeurteilung werden nach wie vor kontrovers diskutiert. Unstrittig ist, dass einerseits die Kinder selbst die kontinuierliche wertende Auseinandersetzung mit ihrer Lernentwicklung und mit ihren Leistungen durch andere brauchen, um zu lernen, sich selbst besser einzuschätzen, andererseits die Eltern ein Recht darauf haben, kontinuierlich über die Lern- und Leistungsentwicklung ihrer Kinder informiert zu werden. Das Verfahren, die Lernentwicklung der Kinder und ihre Leistungen in den verschiedenen Lernbereichen durch Ziffern zu bewerten, ist für eine integrative pädagogische Arbeit nicht geeignet. Wenn es im Unterricht nicht mehr darum geht, dass alle Kinder das Gleiche lernen, sondern darum, dass jedes Kind eine individuell möglichst gute Lernentwicklung hat, dann sind Ziffernzensuren schon allein deshalb ungeeignet, weil eine Zahl nicht gleichzeitig zwei verschiedene Informationen vermitteln kann: eine über die individuelle Lernentwicklung und eine andere zum Vergleich der individuellen Lernentwicklung mit bestimmten schulischen Anforderungen bzw. Leistungserwartungen.

Kinder und Eltern brauchen aber beide Informationen zu ihrer Orientierung über den Stand der individuellen Lernentwicklung aus Sicht der Schule. Für eine integrative Grundschularbeit muss deshalb die übliche Ziffernzensierung durch andere Formen einer differenzierenden Bewertung der individuellen Lern- und Leistungsentwicklung ersetzt werden, und zwar nicht nur auf den Zeugnissen, sondern auch im Schulalltag. Brauchen wir wirklich noch schriftliche Zeugnisse am Ende eines Schuljahres oder Halbjahres? Es gibt längst bessere und lernförderndere Formen der gegenseitigen Verständigung über die individuelle Lernentwicklung der Kinder (vgl. z. B. das richtungweisende Buch von H. Bambach 1994).

10. Prinzip der Kooperation in Unterricht und Schulleben

Den oft sehr unterschiedlichen Kindern einer Grundschulklasse gerecht zu werden, ihnen allen gemeinsames Lernen und individuelle Förderung zu ermöglichen, ohne Kinder auszusondern, die in ihrer Lernentwicklung oder in ihrem Verhalten sehr vom Üblichen abweichen, verlangt meist mehr individuelle Zuwendung, als eine einzelne Lehrerin oder ein einzelner Lehrer zu leisten imstande ist. Integrativer, grundsätzlich nicht mehr aussondernder Grundschulunterricht kann u. E. nur im Zwei-Pädagogen-System realisiert werden. Ob in allen Unterrichtsstunden zwei Lehrer in der Klasse notwendig sind oder nur für einen Teil oder für bestimmte Lernbereiche kann allein in Kenntnis des Einzelfalls entschieden werden und hängt von der Zusammensetzung der jeweiligen Lerngruppe ab. Grundsätzlich brauchen Kinder in den ersten Schuljahren mehr individuelle Lehrerzuwendung als später. Wichtig ist, dass die Lehrerinnen und Lehrer im integrativen Unterricht nicht als »Einzelkämpfer« agieren müssen und in Krisensituationen einen Gesprächspartner haben, der die Zusammenhänge aus eigener Erfahrung kennt.

Die Tatsache, dass Lehrerinnen und Lehrer in ihrer Ausbildung bisher meist noch nicht gelernt haben, kooperativ zu unterrichten, hat sich in der Integrationspraxis oft als großes Problem herausgestellt. Es bedeutet für viele Lehrerinnen und Lehrer eine mit großen Ängsten verbundene Umstellung, nicht mehr mit »ihren« Kindern allein in der Klasse zu sein, Verantwortung und Zuwendung teilen zu müssen, sich ständig kollegial beobachtet und bewertet zu fühlen und sich der direkten professionellen Auseinandersetzung mit Kolleginnen und Kollegen nicht mehr entziehen zu können. Wenn die Kooperation allerdings durch Rollenfindungs- und Kompetenzklärungsprozesse gelingt, bedeutet sie eine große Qualitätsverbesserung des Unterrichts, nicht nur für die Kinder, sondern auch für die Lehrer. Die Möglichkeit, nicht mehr ständig allein auf alles aufpassen zu müssen, Verantwortung zu teilen und Probleme mit einzelnen Kindern oder mit dem Unterricht insgesamt gemeinsam reflektieren zu können, bietet Entlastung und stärkt die Berufszufriedenheit der Lehrer. Für die Kinder ist es darüber hinaus auch wichtig, konkret wahrzunehmen, wie Erwachsene zusammen arbeiten. Vielen fehlt dies als Modellverhalten außerhalb der Schule.

Integrationspädagogischer Entwicklungsbedarf der Grundschule

Kinder können das Zusammenleben leichter lernen, wenn Verschiedenheit von allen am Erziehungsprozess Beteiligten respektiert wird und die Erwachsenen Beispiel sind durch Vorleben. Realität ist, dass es für die gemeinsame schulische Förderung von Jungen und Mädchen, von Kindern mit und ohne Behinderungen, von Kindern unterschiedlicher sprachlicher, kultureller und sozialer Herkunft, und von Kindern unterschiedlicher Religions- bzw. Konfessionszugehörigkeit, in den einzelnen Bundesländern sehr unterschiedliche Rechtsvorschriften gibt, die die Integrationsentwicklung der Schulen mehr oder weniger fördernd nachhaltig beeinflussen. Realität ist darüber hinaus, dass sich die Praxis des gemeinsamen Unterrichts von Schule zu Schule sehr unterscheidet, aus welchen Gründen auch immer.

Wo liegen die Defizite der Grundschule beim gemeinsamen Unterricht aller Kinder in ihrer Verschiedenheit?

Die Koedukation z. B., die gemeinsame Erziehung von Mädchen und Jungen muss überhaupt erst als Aufgabe der Grundschule wahrgenommen werden. Schule hat zur Verwirklichung der Gleichberechtigung der Geschlechter beizutragen. Die Grundschule muss Mädchen und Jungen Gelegenheit geben, ihre Fähigkeit zum gleichberechtigten Umgang mit dem eigenen wie dem anderen Geschlecht zu verstärken. Für die Förderung von Selbstwahrnehmung und Selbstwertgefühl, von sprachlicher Handlungskompetenz – etwa bei der Bearbeitung von Konflikten – und von kooperativen Fähigkeiten bringen Mädchen und Jungen aufgrund rollenspezifischer Zuweisung unterschiedliche Lernvoraussetzungen mit, die es zu berücksichtigen gilt. Ein großes Problem besteht außerdem darin, dass über 90% der an Grundschulen unterrichtenden Lehrerinnen und Lehrer Frauen sind und den Jungen deshalb oft das männliche Vorbild fehlt, besonders den Söhnen alleinerziehender Mütter. Eine Grundschule, die sich als geschlechtsneutral versteht, kann Koedukation nicht realisieren.

Die Grundschule hat die Aufgabe, die Gesamtentwicklung aller Kinder zu fördern; sie kann dieser Aufgabe nur gerecht werden, wenn sie die vor-

und außerschulischen Bildungserfahrungen *aller* Kinder als Grundlage für schulisches Lernen respektiert, als Basis, auf der es aufzubauen gilt.

Wird dieser Satz als bildungspolitischer Leitsatz akzeptiert, sollte dies weitreichende Folgen für die Weiterentwicklung der Grundschule in Deutschland haben, Konsequenzen, die hier nur angedeutet werden können und am Beispiel der gemeinsamen Erziehung behinderter und nicht behinderter Kinder verdeutlicht werden sollen. Die Grundschule müsste Abschied nehmen von der Vorstellung, sich bei der Festlegung von Inhalten und Anforderungen und in der alltäglichen Unterrichtspraxis am Leitbild des Mainstream- Schülers orientieren zu können. Kinder nichtdeutscher Herkunftssprache müssten dann beispielsweise nicht irgendwie nebenher, sondern in der Grundschule Gelegenheit finden, auch in der eigenen Muttersprache gefördert zu werden usw. Für die gemeinsame Erziehung und den gemeinsamen Unterricht von Kindern mit und ohne Behinderungen hat eine Arbeitsgruppe des Grundschulverbandes versucht, beispielhaft den Entwicklungsbedarf der Grundschule zusammenzufassen. Dieses aktuelle Positionspapier wird im Folgenden dokumentiert.

Gemeinsamer Unterricht für alle Kinder von Anfang an

Forderungen des Grundschulverbandes zur Integration der Kinder mit Behinderungen

Erarbeitet von: Marlies Hergarten, Peter Heyer, Andreas Hinz, Olga Jauman-Graumann, Michael Lorbeer-Andresen, Beatrix Lumer, Rosemarie Portmann, Sylvia Reinisch.

Von der Delegiertenversammlung des GSV beschlossen am 31.10.1998

Vor 25 Jahren haben die *Empfehlungen der Bildungskommission des Deutschen Bildungsrates zur pädagogischen Förderung behinderter und von Behinderung bedrohter Kinder und Jugendlicher* der Schulentwicklung grundsätzlich neue Wege gewiesen: An die Stelle schulischer Separierung soll die »weitmögliche gemeinsame Unterrichtung von Behinderten und Nichtbehinderten« treten (Deutscher Bildungsrat, Bonn 1973). Die Bildung behinderter junger Menschen ist verstärkt als gemeinsame Aufgabe für grundsätzlich alle Schulen anzustreben. Die Sonderpädagogik versteht sich dabei immer mehr als eine notwendige Ergänzung und

Schwerpunktsetzung der allgemeinen Pädagogik (KMK-Empfehlungen zur sonderpädagogischen Förderung, 5/94). Heute gilt als wissenschaftlich gesichert, dass die gemeinsame Erziehung und der gemeinsame Unterricht unabhängig von Form und Grad einer Behinderung grundsätzlich möglich und für alle gleichermaßen pädagogisch sinnvoll und zweckmäßig ist. Dies gilt jedoch nur, wenn die Verschiedenheit der Kinder respektiert und gleichermaßen zur Grundlage der Förderung von Individualität und Gemeinschaft wird. Außerdem müssen die hierfür erforderlichen integrationspädagogischen Rahmenbedingungen gesichert sein und der Unterricht muss binnendifferenzierend und – soweit erforderlich – zieldifferent erfolgen. Der Grundschulverband teilt die Auffassung von Jakob Muth, dass die gemeinsame Erziehung ein Grundrecht ist, auf das jedes behinderte Kind ein Anrecht hat.

Dennoch stagniert die Weiterentwicklung der gemeinsamen Erziehung bzw. sie kommt nur sehr langsam voran. Ein Vierteljahrhundert nach der Veröffentlichung der Empfehlungen des Bildungsrates gehen noch immer die weitaus meisten Kinder mit sonderpädagogischem Förderbedarf auf Sonderschulen. Bei großen Unterschieden zwischen den Ländern werden im Bundesdurchschnitt noch immer nur ca. 5 % dieser Kinder und Jugendlichen zusammen mit Nichtbehinderten auf allgemeinen Schulen unterrichtet.

Der Grundschulverband setzt sich dafür ein, dass sich dies schnell ändert.

Was sind die Ursachen der bundesweit zögerlichen Integrationsentwicklung? Es wirken u. E. verschiedene Faktoren zusammen, insbesondere divergierende Werte-Vorstellungen, unzureichende integrationspädagogische Aus- und Fortbildung, finanzielle Kürzungen im Bildungsbereich, berufsständische Interessen und ein grundsätzliches Verharrungsbedürfnis bestehender Institutionen.

Der Grundschulverband unterstützt alle Reformbestrebungen innerhalb der Schule, die das gemeinsame individuelle Lernen in heterogenen Lerngruppen fördern. Er tritt für die konsequente Weiterentwicklung der gemeinsamen Erziehung Behinderter und Nichtbehinderter in der Grundschule und in den Schulen des Sekundarbereichs ein. Für die Grundschule hält der Grundschulverband folgende Maßnahmen für vordringlich:

Sieben-Punkte-Programm zur Weiterentwicklung der gemeinsamen Erziehung und des gemeinsamen Unterrichts aller Kinder

1. Schulgesetzlicher Vorrang des gemeinsamen Unterrichts und Verzicht auf einen integrationsspezifischen Haushaltsvorbehalt

Der gemeinsame Unterricht muss in allen Bundesländern Vorrang vor dem Besuch der Sonderschule haben. Die Grundschule ist die allgemeine Schule für alle Kinder. Die gemeinsame Erziehung und der gemeinsame Unterricht sollen schulgesetzlich als Regelfall verankert werden, der Besuch einer Sondereinrichtung als zu beantragende Ausnahme. Auf die Formulierung eines integrationsspezifischen Haushaltsvorbehalts ist zu verzichten, da die Ausstattung des staatlichen Schulwesens grundsätzlich unter Haushaltsvorbehalt steht. Auf die zusätzliche Festlegung eines speziellen Vorbehalts für Kinder und Jugendliche mit sonderpädagogischem Bedarf im gemeinsamen Unterricht muss schon aus Gründen der Gleichbehandlung verzichtet werden.

2. Sicherung der erforderlichen Bedingungen für das gemeinsame Lernen in heterogenen Gruppen

Jede Grundschule, die sich der Aufgabe stellt, Kinder in ihrer sozialen und individuellen Gesamtentwicklung zu fördern, braucht für eine erfolgreiche pädagogische Arbeit zureichende Bedingungen. Dies gilt in besonderem Maße, wenn Kinder mit zusätzlichem, besonderen Förderbedarf in die gemeinsame Erziehung und den gemeinsamen Unterricht der Grundschule einbezogen sind.

Zu den wichtigsten Voraussetzungen des gemeinsamen Lernens in heterogenen Gruppen gehören:

- integrationspädagogisch arbeitende Lehrerinnen und Lehrer, d. h. Lehrerinnen und Lehrer, die bereit sind, sich den vielfältigen Unterschieden zwischen allen in einer Lerngruppe zusammen Lernenden zu stellen, sie als pädagogische Herausforderung anzunehmen, und sie nicht als Anlass für spezielle Maßnahmen des Sortierens zu missbrauchen,
- die Akzeptanz der Ziele des gemeinsamen Unterrichts durch die beteiligten Menschen und Institutionen,
- genügend Raum, Zeit, Bildungsanregung und persönliche Zuwendung für die grundlegenden Prozesse der individuellen Lern- und

Leistungsentwicklung, sowie die Sicherstellung der erforderlichen Ressourcen,

- die Einrichtung von multiprofessionellen Teams und die systematische Unterstützung der Lehrerinnen und Lehrer bei ihrer Arbeit,
- eine differenzierende, kindorientierte Bewertungspraxis ohne einseitigen Bezug zu Durchschnittsnormen.

In einer Grundschule, in der diese Bedingungen erfüllt sind, kann auf spezielle Gutachten zur Feststellung des sonderpädagogischen Förderbedarfs einzelner Kinder verzichtet werden, wenn die Lernentwicklung aller Kinder prozessdiagnostisch begleitet wird.

3. Neustrukturierung der sonderpädagogischen Förderung

Ab dem Schuljahr 2000/01 sollen keine Sonderklassen für Kinder mit Lernproblemen, Sprachproblemen und Verhaltensproblemen innerhalb und außerhalb der Grundschule neu eingerichtet werden. Die Sonderschulen für Lernbehinderte und Sprachbehinderte werden jahrgangsweise abgebaut bzw. in allgemeine Schulen umgewandelt. Ressourcen, die bisher für die Sonderschulen zur Verfügung standen, sind in die allgemeine Schule zu transferieren. Sonderschulen für Kinder mit Lern-, Sprach- und Verhaltensproblemen werden in integrationsunterstützende Beratungs- und Koordinationszentren umgewandelt.

Im Hinblick auf die Weiterentwicklung der weiteren Sonderschulformen sollen in den einzelnen Ländern wissenschaftliche Gutachten eingeholt werden, die zur Aufgabe haben, pädagogisch begründete Schritte hin zu integrationsunterstützenden Beratungs- und Koordinationszentren aufzuzeigen. Bereits vorliegende Erfahrungen einzelner Bundesländer sowie Erfahrungen aus anderen Ländern sind einzubeziehen. Auf umfangreiche Investitionen für diese weiteren Sonderschulen (Neubau/Umbau) sollte ab sofort verzichtet werden.

Es gibt keine pädagogischen Argumente, Schülerinnen und Schüler mit Behinderungen und Auffälligkeiten weiterhin in Sondereinrichtungen zu erziehen und zu unterrichten. Für alle Kinder gilt der Anspruch, besondere Förderung mit Normalisierung im sozialen Feld zu verbinden.

4. Initiativen und Modellversuche zur Verbesserung der schulischen Situation für Kinder mit nicht deutscher Herkunftssprache

In den westdeutschen Bundesländern werden seit vielen Jahren unverhältnismäßig viele ausländische Kinder, vor allem Jungen, auf Sonderschulen für Lernbehinderte überwiesen.

Über die bereits bestehenden Maßnahmen zur interkulturellen Erziehung hinaus muss der besondere pädagogische Bedarf von Kindern mit nicht deutscher Herkunftssprache stärker berücksichtigt, und die systematische Kooperation mit ihren Eltern gefördert werden, damit diese Kinder nicht mehr zu Schulversagern werden.

Im Rahmen von wissenschaftlich begleiteten Modellversuchen sollten daher Maßnahmen zur frühen Förderung ausländischer Kinder, zur Arbeit mit Eltern ausländischer Herkunft und zur (Nach-)Qualifizierung von Lehrkräften entwickelt und erprobt werden.

5. Integrationspädagogische Grundqualifikation für alle Lehrämter

In allen Bundesländern muss sichergestellt werden, dass integrationspädagogische Grundqualifikationen, die generell in heterogenen Lerngruppen erforderlich sind, zum Pflichtkanon beider Phasen der Lehrerbildung erhoben werden.

Zu diesen Grundqualifikationen gehören vor allem:

- Kenntnisse und Fähigkeiten im Bereich der Förderdiagnostik und individuellen Förderplanung,
- die Fähigkeit, Unterrichtsinhalte so auszudifferenzieren, dass individuelles und, falls erforderlich, auch zieldifferentes Lernen im gemeinsamen Unterricht möglich ist,
- die Arbeit im Team.

Die Vermittlung dieser Grundqualifikationen ist eine gemeinsame Aufgabe von Erziehungswissenschaft und Fachdidaktiken.

6. Sicherung integrationspädagogischer Fortbildung

Gemeinsame Erziehung und der gemeinsame Unterricht sind Pflichtaufgaben, denen sich jede Schule und jeder Pädagoge zu stellen hat, keine Wahlaufgaben, für oder gegen die sie sich entscheiden können.

Deshalb sollten in allen Bundesländern integrationspädagogische Fortbildungsprogramme als Schwerpunktaufgabe im Rahmen einer *verbindlichen Lehrerfortbildung* eingerichtet werden. Diese Fortbildung sollte Lehrerinnen und Lehrer befähigen, in heterogenen Lerngruppen zieldifferent zu unterrichten und die eigene Praxis der individuellen Förderung jedes einzelnen Kindes im gemeinsamen Unterricht weiterzuentwickeln.

Schulleiter, Schulaufsichtsbeamte, Schulpsychologen, Schulärzte sowie in der zweiten und dritten Phase der Lehrerbildung Tätige sollten in diese Fortbildungsprogramme gezielt mit einbezogen werden.

7. Qualitätssicherung und Qualitätsentwicklung des gemeinsamen Unterrichts

Angesichts des inflationären Gebrauchs des Integrationsbegriffs für unterschiedlichste Konzepte, Organisationsformen und Maßnahmen sind unter

Einbeziehung der Universitäten in den Bundesländern Evaluationsstudien zum gemeinsamen Unterricht durchzuführen, um die Tragfähigkeit und Reichweite von Konzepten und die Wirksamkeit von Organisationsformen und Rahmenbedingungen zu prüfen. Dies gilt um so mehr, als häufig mit zunehmender Ausweitung des gemeinsamen Unterrichts die Gefahr einer qualitativen Verflachung besteht und die Individualisierung des Unterrichts bzw. die für die Sozialentwicklung aller Kinder notwendige Gemeinschaftsförderung, oder auch beides, auf einem geringen Niveau stagnieren. Diese Evaluationsstudien auf Landesebene sind eine wirksame Unterstützung zur qualitativen Verbesserung der pädagogischen Arbeit, zu der – in einigen Bundesländern schulgesetzlich fixiert – jede Schule verpflichtet ist. Die Ergebnisse dieser Studien sind mit den für die drei Phasen der Lehrerbildung zuständigen Institutionen rückzukoppeln.

Literatur

Bambach, H.: Ermutigung, nicht Zensuren. Lengwies 1994

Heyer, P.: Die integrationsfähige Grundschule. In: Hildeschmidt, A./Schnell, I. (Hrsg.): Integrationspädagogik. Auf dem Weg zu einer Schule für alle. Weinheim/München: Juventa, 1998, S. 207-221

Heyer, P. u. a.: Zehn Jahre wohnortnahe Integration. Behinderte und nichtbehinderte Kinder gemeinsam an ihrer Grundschule, Bd. 88/89 der Beiträge zur Reform der Grundschule, Frankfurt a. M.: Grundschulverband, 1993

Heyer, P./Preuss-Lausitz, U./Schöler, J.: »Behinderte sind doch Kinder wie wir!« Gemeinsame Erziehung in einem neuen Bundesland. Berlin: Wissenschaft und Technik, 1997

Hildeschmidt, A./Schnell, I. (Hrsg.): Integrationspädagogik. Auf dem Weg zu einer Schule für alle. Weinheim/München: Juventa, 1998

Hinz, A.: Heterogenität in der Schule. Integration – Interkulturelle Erziehung – Koedukation. Hamburg: Curio, 1993

Hinz, A.: Zieldifferentes Lernen in der Schule. Überlegungen zu einem integrativen Umgang mit Heterogenität. In: Die Deutsche Schule 88 (1996), S. 263-279

Hinz, A. u. a.: Integrative Grundschule im sozialen Brennpunkt. Ergebnisse eines Hamburger Schulversuchs. Hamburg: Buchwerkstatt, 1998

Prengel, A.: Pädagogik der Vielfalt. Verschiedenheit und Gleichberechtigung in Interkultureller, Feministischer und Integrativer Pädagogik. Opladen: Leske + Budrich, 1993

Preuss-Lausitz, U.: Die Kinder des Jahrhunderts. Zur Pädagogik der Vielfalt im Jahr 2000. Weinheim: Beltz, 1993

Preuss-Lausitz, U.: Integration Behinderter zwischen Humanität und Ökonomie. Zu finanziellen Aspekten sonderpädagogischer Unterrichtung. In: Pädagogik und Schulalltag 51 (1996), S. 17-30

Reiser, H.: Wege und Irrwege zur Integration. In: Sander, A./Raidt, P. (Hrsg.): Integration und Sonderpädagogik. Referate der 27. Dozententagung für Sonderpädagogik in deutschsprachigen Ländern im Oktober 1990 in Saarbrücken. St. Ingbert: Röhrig, 1991, S. 13-33

Rosenberger, M. (Hrsg.): Schule ohne Aussonderung – Idee, Konzepte, Zukunftschancen. Neuwied: Luchterhand, 1998

BundesGrundschul Kongress 1999

Forum II

Lernzeit ist - Lebenszeit

Schule als Lebensraum
Ganze und/oder
Verlässliche Halbtagsschule
– Arbeitszeit – Autonomie
– eigenes Profil –
sechsjährige Grundschule ...

Frankfurter Manifest zum Bundesgrundschulkongreß 1989

Kinder heute – Herausforderung für die Schule

6 **Kinder heute** kommen häufiger aus Familien, in denen beide Eltern oder der alleinerziehende Elternteil berufstätig sind. Ein später Unterrichtsbeginn am Morgen, ein früher Schulschluß mittags, häufig wechselnde Unterrichtszeiten und ein plötzlicher Unterrichtsausfall können dazu führen, daß Kinder auf sich allein gestellt sind.

Grundschule heute muß mit ihrem Zeitplan familienfreundlich werden, so daß ein regelmäßiger Schulbeginn und Schulschluß garantiert sind. Es müssen Aufenthaltsmöglichkeiten unter Aufsicht geboten werden.

7 **Kinder heute** finden in ihrer Umgebung zu wenig freie Räume zum Spielen, Herumstreifen, Entdecken und Erkunden. Statt dessen besuchen sie immer häufiger Stätten organisierten Lebens und Lernens. Viele Kinder kommen in die Schule aus einem »verplanten« Alltagsleben.

Grundschule heute muß stärker als bisher Raum und Zeit zu spontanen, selbstgeplanten Aktivitäten lassen, damit die Kinder eigene Schwerpunkte setzen können.

Mehr Zeit für Kinder!

- Kleine Kinder lernen am besten in kleinen Gruppen. Kein Bundesland sollte daher den **Richtwert von 20 Schülern** je Grundschulklasse überschreiten.
- Für ihre umfassenden Aufgaben braucht die Grundschule ausreichend Zeit. Daher muß die Grundschule bundesweit zu einer **ganzen Halbtagsschule** von 8 – 13 Uhr ausgebaut werden. Das Angebot von Ganztagsschulen ist zu erhöhen.
- Bewährte Grundschulprinzipien gelten auch für die weiterführenden Schulen. Anzustreben ist die **sechsjährige Grundschule** nach dem Berliner Vorbild in allen Bundesländern.

Sonderband S 52

Die Ganze Halbtagsschule

Grundschule mit festen Öffnungszeiten

Karlheinz Burk (Hrsg.)

Aus dem Einführungsbeitrag (S. 17-22):

II. Stundenschule mit Betreuung oder Ganze Halbtagsschule?

Rasch, häufig allzu rasch werden der Schule die Aufgaben aufgebürdet, für die sich sonst niemand findet, der verantwortlich ist, oder es werden der Schule mangelnde Flexibilität oder Versagen vorgeworfen, wenn (neue) Probleme mit Kindern und Jugendlichen auftreten.

Die Betreuung der Kinder ist heute als ungelöstes Problem in der öffentlichen Diskussion. Rasche Lösungsmöglichkeiten versprechen sich Politiker von »arbeitnehmerfreundlichen Öffnungszeiten« der Grundschule: »Die Grundschulen könnten innerhalb von 3 Wochen umgerüstet werden, und die Betreuung von erfahrenen Mütter übernommen werden« (Kultusminister Schwier, Nordrhein-Westfalen); »Die Grundschulen im Lande können künftig feste Betreuungszeiten von 7.30 Uhr bis 13.00 Uhr anbieten. Die Landesregierung ist bereit, Anträgen der Kommunen schon im nächsten Schuljahr zu entsprechen.« (Kultusminister Meyer-Vorfelder, Baden-Württemberg).

Ein familienpolitisches und pädagogische Gesamtkonzept, in dem nach den Möglichkeiten und Aufgaben der unterschiedlichen Institutionen und Einrichtungen gefragt wird, fehlt weitgehend. Meist wird eine rasche, kostengünstige Lösung gesucht – notwendig jedoch wäre ein Gesamtkonzept, das Eltern die Möglichkeit gibt, unter Kenntnis der Hilfen der Kindererziehung und -betreuung ihre Lebensplanung vornehmen zu können. Soweit es die Schule angeht, kann es nicht ausreichen, der familien- und sozialpolitisch dringend gebotenen Forderung nachzukommen, in Grundschulen feste Öffnungszeiten einzuführen, sondern es gilt, den pädagogischen Auftrag der Schule den veränderten Rahmenbedingungen entsprechend neu zu definieren.

Das pädagogische Konzept und die Organisation einer Grundschule, die z. B. von 7.45 Uhr bis 13.00 Uhr geöffnet hat, können sehr verschieden sein. Es zeichnen sich zwei Grundmodelle ab:
1. Grundschule als Stundenschule mit zusätzlichem Betreuungsangebot,
2. Grundschule als Ganze Halbtagsschule.

Zu 1: Grundschule als Stundenschule mit zusätzlichem Betreuungsangebot

zielt darauf ab, bei Bedarf eine Betreuung der Kinder außerhalb der Unterrichtszeit zu gewährleisten; dies impliziert: Die Teilnahme an den Betreuungsmaßnahmen ist freiwillig (ggf. anmeldepflichtig).

Der zusätzliche personelle Bedarf für eine Betreuung außerhalb der Unterrichtszeit ergibt sich aus der Anzahl der Kinder, deren Eltern eine Betreuung beantragen bzw. sich für eine Betreuungsmaßnahme der Schule anmelden und aus der Betreuungszeit (= Differenz von Wochenstunden nach Stundentafel und Öffnungszeit der Schule).

Modellrechnungen ergeben für eine einzügige oder zweizügige Grundschule mit 5-Tage-Woche bei einer Beteiligung von ca. 50 % der Schülerschaft einen Mehrbedarf von 30 bis 40 Stunden, für drei- und vierzügige Grundschulen etwa 60 bis 70 Stunden.

Bei einer strengen Trennung von Unterrichtszeit und Betreuungszeit liegt es nahe, für die Betreuung der Schüler keine Lehrer/innen einzusetzen, sondern Erzieher/innen, Honorarkräfte, Zivildienstleistende, Eltern. Diese Lösung ist zum einen kostengünstiger, zum anderen können die Kosten ggf. auch den Kommunen und Eltern aufgebürdet werden (Ersatz für Hortplätze). In der Mehrzahl der Bundesländer wird diese Lösung favorisiert. Der Kultusminister von Baden-Württemberg kündigte im April 1989 an, Möglichkeiten der außerschulischen Betreuung von Schülern erproben zu wollen. Bei der Einführung von festen Öffnungszeiten an Grundschulen sollen vor allem vormittags Lücken im außerschulischen Betreuungsangebot geschlossen werden

Der Kultusminister von Nordrhein-Westfalen will die Benutzerfreundlichkeit der Schulen erhöhen und eine geregelte Anwesenheit der Kinder durch Schulbesuch sicherstellen. Er regt an, daß Eltern, Schulen und Kommunen ein Konzept entwickeln, dessen zusätzliche Kosten nicht vom Land, sondern von den Kommunen oder auch von den Eltern bezahlt werden.

Zu 2: Grundschule als Ganze Halbtagsschule

erhebt den Anspruch, für alle Schülerinnen und Schüler im Rahmen der Öffnungszeiten, Unterrichtszeiten, Pausenzeiten, freie Zeiten, Betreuungszeiten so miteinander zu verbinden, daß Schule kindgerechter und kinderfreundlicher wird. Mit der über die Stundentafel hinausgehenden Zeit wird die Forderung nach mehr Zeit für Kinder zunächst quantitativ erfüllt. Sie ist für eine innere Reform der Grundschule qualitativ zu nutzen.

Die Ganze Halbtagsschule ist eine pädagogische Gestaltungsaufgabe für das gesamte Kollegium und die Schulgemeinde. Das Wörtchen »Ganze« weist auf Ganztagsschule hin, die von ihrem Anspruch her auch nicht Stundenschule plus Mittagessen plus Hausaufgabenbetreuung plus Freizeitangebot sein möchte, sondern Lern-, Lebens- und Erfahrungsraum für Schüler.

Im Unterschied zu Modell 1 ist der zusätzliche personelle Bedarf bei Ganzen Halbtagsschulen in erster Linie durch zusätzliche Lehrerstunden abzudecken. Bei einer 5-Tage-Woche, die grundsätzlich eingeführt werden sollte, ist ein Mehrbedarf von ca. 10 bis 20 % erforderlich.
Bausteine einer Ganzen Halbtagsschule sind:

➢ *Schulwochenplan*

Der meist gefächerte Stundenplan, in dem die Stunden nach Stundentafel verteilt sind, wird ersetzt durch einen Schulwochenplan, der über die reine Stundenplanung hinaus klassen-, jahrgangs- und fächerübergreifende Aktivitäten vorsieht, z. B:

- gleitender Schulanfang von 7.30 Uhr bis 8.15 Uhr: Die Schüler/innen wählen Beschäftigungen (Spiele, Lesen, Bauen, Basteln) im Klassen-, Gruppen- oder Mehrzweckraum; es ist auch eine günstige Zeit für Gespräche zwischen Lehrerin, einzelnen Schülern und Eltern, die ihr Kind in die Klasse bringen;
- aktive Spielpause: Statt Pausen von jeweils 15 Minuten werden nach der 2. und 4. Stunde zwei längere Spielpausen mit Ausgabe von Spielgeräten durchgeführt;
- gemeinsames Frühstück: Nach der Spielpause tut eine Stärkung und Beruhigung gut;
- lerngruppenübergreifende, projektorientierte Arbeitsgemeinschaften, freie Tätigkeiten und Freizeitangebote sowie Hausaufgabenbetreuung (wenn auf Hausaufgaben nicht völlig verzichtet wird!) und Fördermaßnahmen;

- Schulkonferenzen mit Schülern und Lehrern sowie klassen- oder jahrgangsübergreifende Wochenabschlußkreise.

➢ *Pädagogisch gestaltete Schulanlage*

Klassenraum, Schulgebäude, Schulhof und Schulanlage müssen Möglichkeiten zur Selbsttätigkeit und zum freien Arbeiten sowie für Spielen und Kommunikation bieten:

- Jeder Klassenraum sollte »Lernecken« enthalten.
- Schulhof und Schulanlage dienen der Pause, der Erholung, dem Sport und dem Spiel sowie dem Unterricht. Es sollte auf dem Schulgelände möglich sein, zu säen, zu pflegen, zu ernten, Natur- und Wetterbeobachtungen durchzuführen.
- Mehrzweckraum, Mediothek und Hobbyräume sind erforderlich für freie Zeiten und Arbeitsgemeinschaften.

➢ *Öffnung der Schule gegenüber Umwelt und Gemeinwesen*

Dies impliziert u. a:

- Lernorte außerhalb des Klassenzimmers aufzusuchen,
- an Aktivitäten außerhalb der Schule teilzunehmen,
- außerschulische Aktivitäten und Angebote außerschulischer Träger mit der Arbeit in der Schule zu verbinden (Hausaufgabenhilfe, sportliche Veranstaltungen, Freizeitangebote),
- die Eltern und Experten für eine zeitweilige Mitarbeit in der Schule zu gewinnen.

➢ *Mehr Zeit für Kinder*

In der Ganzen Halbtagsschule geht es nicht um eine Ausweitung der Unterrichtszeit und einer damitverbundenen erhöhten Belastung der Kinder, sondern die zusätzliche Schulzeit erleichtert die Rhythmisierung des Unterrichtsvormittags, indem der 45-Minuten-Takt abgelöst und durch einen kindgerechten Arbeitsrhythmus mit Belastungs- und Entlastungsphasen ersetzt wird. Die über die Stundentafel hinaus zur Verfügung stehende Zeit

- regt die Kooperation zwischen Lehrern, Schülern und Eltern an,
- erleichtert innere Differenzierung und freie Arbeit,
- fördert Selbständigkeit und Selbstverantwortung der Schüler,
- hilft Kinder ausländischer Herkunft zu integrieren, da die Kommunikations- und Erfahrungsmöglichkeiten erweitert werden.

Ganze Halbtagsschule als Lern- und Lebensraum für Kinder

oder

Zeichnung: Ute Winter

Stundenschule mit Betreuung als Schülerbewahranstalt («Bikini-Modell»)?

Band 82

Die sechsjährige Grundschule in Berlin

PETER HEYER/RENATE VALTIN (Hrsg.)

Aus dem Vorwort (S.8-11):

Der Arbeitskreis Grundschule e. V. gratuliert der sechsjährigen Westberliner Grundschule zu ihrem 40jährigen Bestehen. Wir schließen uns dem von DIETER WUNDER in diesem Buch geäußerten Glückwunsch an: Möge die bisherige Ausnahme in Deutschland zur Regel werden! Der Arbeitskreis plädiert für die sechsjährige Grundschule in allen Bundesländern. Er hält die vierjährige Grundschule, die es innerhalb der EG außer in der Bundesrepublik nur noch in Portugal gibt, außerdem in unserem Nachbarland Österreich und in einigen Kantonen der Schweiz, für bildungspolitisch und pädagogisch überholt und fordert dazu auf, in allen Bundesländern eine Verlängerung der gemeinsamen Schulzeit für alle Kinder bis zumindest zum Ende des 6. Schuljahrs zu verwirklichen.

Berlin-West in seiner politischen Sonderrolle war lange das einzige Bundesland mit einer sechsjährigen Grundschule; künftig werden es zunächst einmal zwei Länder sein: Berlin (Ost + West) und Brandenburg. Wann werden weitere Bundesländer folgen?

...

Wir denken, es lohnt, sich erneut damit zu beschäftigen, ob denn nun wirklich die heilige Kuh der vierjährigen Grundschule mit ihrer frühen Auslese, eine Schultradition aus den Anfängen der deutschen Demokratie, ins dritte Jahrtausend gerettet werden soll.

Was spricht gegen die frühe Auslese nach der 4. Klasse?

– Wir leben nicht mehr in einer ständisch gegliederten Gesellschaft mit spezifischen und quasi festgeschriebenen Bildungsansprüchen bestimmter Teile der Gesellschaft. Vorschulen für das sogenannte höhere Schulwesen sind nach dem Grundgesetz ausdrücklich untersagt. Die Grundschule ist nicht Vorschule für das Gymnasium.

- Die Dreifaltigkeitslehre der Begabung, die unserem dreigliedrigen Schulsystem mit den sogenannten weiterführenden Schulen zugrunde liegt, ist wissenschaftlich längst überholt.
- Die prognostische Zuverlässigkeit einer frühen Auslese nach vier Jahren ist unzureichend.
- Der Auslesedruck führt zu einem Leistungsdruck im vierten Schuljahr, der nach unten durchschlägt und einen schädlichen Notendruck produziert, mit allen negativen Auswirkungen der Mißerfolgserlebnisse auf das noch nicht gefestigte Selbstbild jüngerer Kinder.
- Der frühe Schulwechsel führt zu unnötigen Belastungen durch z. T. längere Schulwege, neue soziale Bezugssysteme, neue Lehrer und vor allem durch den Verlust der besten Freunde. Gerade über den Verlust von Freunden klagen Kinder beim Schulwechsel nach der vierten Klasse besonders häufig, und wir wissen aus entwicklungspsychologischen Untersuchungen, wie groß die Bedeutung von Freundschaften gerade in der mittleren Kindheit für die kognitive, soziale und moralische Entwicklung des Kindes ist.

Was spricht für eine längere gemeinsame Grundschulzeit?

An dieser Stelle soll lediglich auf drei Aufgaben hingewiesen werden, die der Schule heute aufgrund einer veränderten Kindheit zuwachsen und die u. E. eine längere gemeinsame Grundschulzeit dringend erfordern:

- Kinder heute kommen weit mehr als früher aus Einelternfamilien und haben – wenn überhaupt – weniger Geschwister. Grundschule heute muß deshalb stärker als bisher – und nicht für vier Schuljahre! – die Aufgabe erfüllen, Stätte sozialer Begegnung und vielfältiger gemeinsamer sozialer Erfahrungen zu sein, auch mit Kinder des anderen Geschlechts, mit Kindern anderer Muttersprache, anderer kultureller Traditionen und mit Kindern, die behindert sind.
- Kinder heute finden in ihrer Umgebung zu wenig freie Räume zum Spielen, Herumstreifen, Entdecken, Erkunden. Grundschule heute muß stärker als bisher – und nicht nur für vier Schuljahre! – Raum und Zeit zu spontanen, selbstgeplanten Aktivitäten lassen.
- Kinder heute erfahren durch die neuen Medien einen Großteil ihres Lebens als *Wirklichkeit aus zweiter Hand.* Grundschule heute muß die Entwicklung der Sinnesempfindungen und die Eigentätigkeit der Kinder in einem erfahrungsoffenen Unterricht fördern.

Für solche und andere Aufgaben, die der Grundschule heute in der sich ändernden Gesellschaft zuwachsen, braucht die Grundschule Zeit. Sechs Jahre sind gewiß nicht zu lang. Vier Jahre und danach Verteilung an unterschiedliche Schultypen des Sekundarbereichs reichen nicht aus.

...

Dauer der gemeinsamen Schulzeit in einem Teil der europäischen Länder sowie in den USA (S. 13)

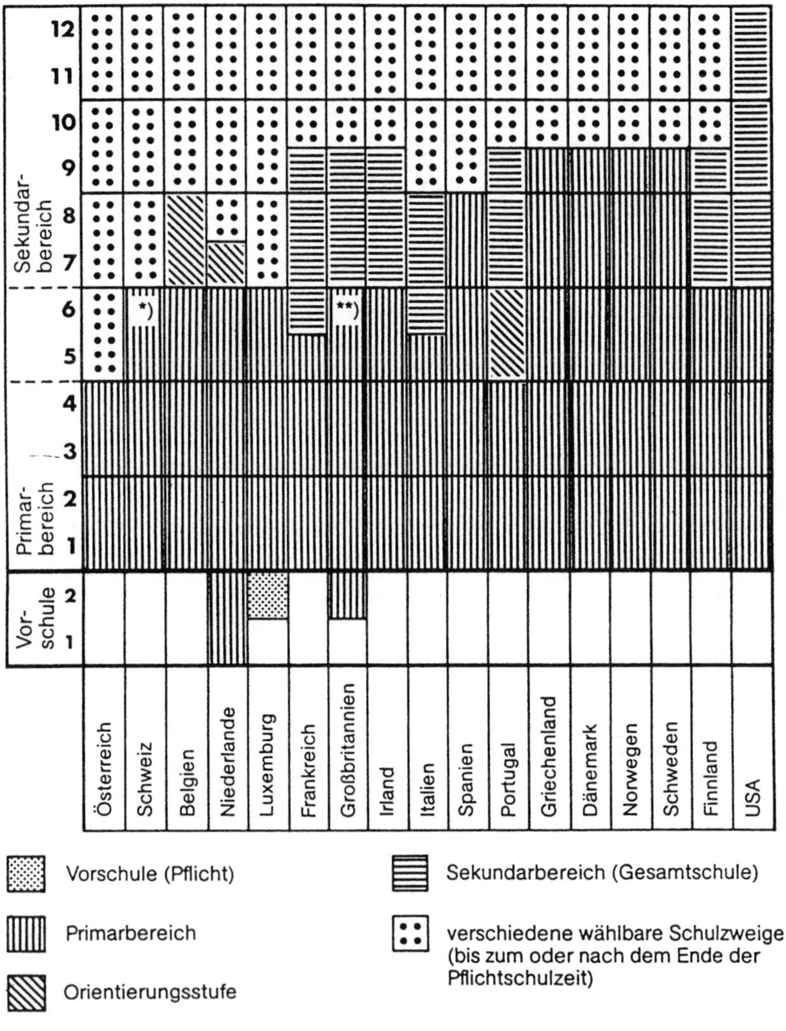

*) Primarbereich 4 oder 6 Jahre – je nach Kanton / **) Primarbereich 6 oder 7 Jahre

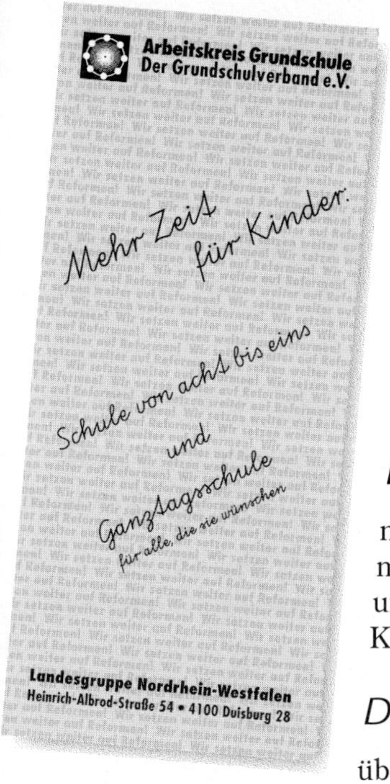

Landesgruppenaktion 1992

(ausgehend von NRW)

Der Arbeitskreis Grundschule – Der Grundschulverband e. V. fordert:

Die ganze Halbtagsschule als Regelfall

mit einem Stellenzuschlag des Landes von mindestens 20 % und einer erweiterten Ausstattung durch die Kommunen.

Die Ganztagsschule

überall dort, wo sie gewünscht wird, mit einem Stellenzuschlag des Landes von mindestens 50 %

und einer erweiterten räumlichen und sächlichen Ausstattung durch die Kommunen.

Lehrer/innen und Sozialpädagogen/innen arbeiten eng zusammen.

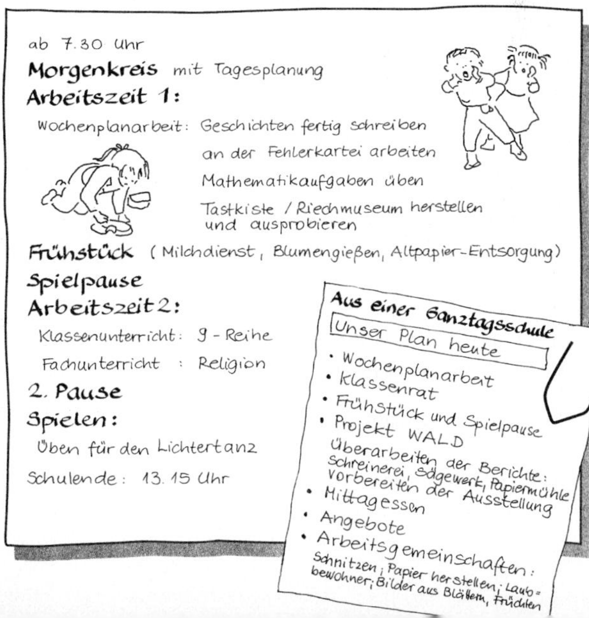

Veränderte Kindheit	*Veränderte Konzeption von Schule*
Alltag Maria steht morgens um 7.30 Uhr vor der Schultür. Tim will nach dem Unterricht nicht nach Hause gehen, denn niemand wartet auf ihn.	*Kinder brauchen* eine zeitlich verläßliche Versorgung.
Alltag Elisa hat trotz des guten Wetters den ganzen Nachmittag im Haus zugebracht. Jan ist Einzelkind. Seine Mutter verwöhnt ihn. Er versteckt sich, wenn er geärgert wird.	*Kinder brauchen* Kinder zum Streiten und Vertragen.
Alltag Rajeev kennt aus dem Fernsehen Tarzan und alle Tiere des Dschungels, aber er hat noch nie eine Katze gestreichelt.	*Kinder brauchen* Anregungen und Erfahrungsräume,
Valentin lebt schon nach einem festen Terminplan: montags Sportverein, dienstags Musikschule …	Freiräume und Impulse für eigene Entscheidungen,
Nach der Trennung der Eltern weiß Elke nicht mehr, wo sie hingehört.	Sicherheit und Geborgenheit.
Alltag Peter hat Mühe mit dem Schreiben- und Lesenlernen. Yasemin schrieb schon kleine Geschichten, als sie in die Schule kam.	*Kinder brauchen* die Chance, Erfolg zu erleben und sich anstrengen zu dürfen.

Mehr Zeit für uns Kinder	*Schulen auf dem Weg* *Lehrerinnen und Lehrer berichten:*
Maria: Die Pausenglocke hat uns nur gestört. Entweder mußten wir hetzen oder haben uns gelangweilt.	Wir haben die Pausenglocke abgeschafft.
Elisa: Wir brauchen nicht mehr vor der Tür zu frieren. In der Klasse ist es gemütlich.	Wir haben gute Erfahrungen mit der offenen Eingangsphase gemacht. Ab 7.30 Uhr öffnen wir die Schultür. Die Kinder kommen nach und nach und beschäftigen sich selbst.
Jan: Ich habe hier immer Freunde zum Spielen. Wir arbeiten auch zusammen.	In einem Spielzimmer können sich die Kinder aufhalten, die bis 13 Uhr Betreuung brauchen.
Rajeev: Das beste: Keine Hausaufgaben! Das Wochenende ist frei.	Seit zwei Jahren gibt es bei uns keine Hausaufgaben.
Valentin: Wir sind viel draußen, forschen und machen Interviews.	Bei uns bleiben alle Kinder bis 13 Uhr. Wir lassen uns bei unseren Vorhaben mehr Zeit.
Elke: Wir lernen unsere Lehrer viel besser kennen. Sie spielen und werken oft mit uns.	Wir bieten nachmittags Arbeitsgemeinschaften an. Eltern helfen mit.
Peter: Unsere Lehrerin hört zu, wenn ich ihr etwas erzählen möchte. Sie hilft mir, wenn ich Probleme habe.	In unserem Schulbezirk liegt ein Hort. Wir treffen uns mit den Erzieherinnen regelmäßig, haben auch schon ein gemeinsames Projekt durchgeführt.
Yasemin: Wir bekommen viele Ideen, was wir nach der Schule tun können.	

Der Übergang ... nach der Grundschule muß besser geregelt w

Der Übergang nach der Grundschule ...

... stellt jedes Jahr Tausende von Eltern, Lehrerinnen und Lehrern und Kindern vor eine schwere Entscheidung: Im Alter von neun oder zehn Jahren soll über die weitere Schullaufbahn eines Menschen entschieden werden.

Eltern streben höhere Bildungsabschlüsse an und wissen zu diesem Zeitpunkt nicht, ob die Kinder ihren Erwartungen entsprechen können.

Grundschullehrerinnen und -lehrer müssen Eltern beraten. Sie kennen die Kinder vier Jahre, können aber keine sicheren Prognosen über die weitere Lernentwicklung der Kinder abgeben, noch weniger die Kinder einer bestimmten weiterführenden Schulform zuordnen, da spezifische Anforderungsprofile kaum noch erkennbar sind.

Kinder dieser Altersstufe sind in der Regel damit überfordert, verantwortlich an diesem Entscheidungsprozeß teilzunehmen.

Für viele Kinder ist die Übergangsentscheidung mit Ängsten besetzt und kann zu einem Bruch in ihrem Lernweg werden, weil ...

in der Grundschule

- Klassenlehrerinnen und -lehrer Bezugspersonen sind
- der Klassenraum Lebens-, Lern- und Erfahrungsraum ist
- die Kinder häufig fächerübergreifend an Projekten aus ihrer Erfahrungswelt arbeiten.
- die Kinder selbständig mit Freier Arbeit und Wochenplan lernen
- die Kinder aus der Nachbarschaft zusammenbleiben.

in der Sekundarstufe

- die Fachlehrerinnen und -lehrer stündlich wecheln
- die Klassen- und Fachräume häufig gewechselt werden
- die Kinder spezialisierte Inhalte im Fachunterricht kennenlernen
- vorzugsweise Lehrgangsunterricht stattfindet
- Freundschaften durch die verschiedenen Schulformen auseinandergehen können.

... am besten durch: ... Die sechsjährige Grundschule

- *Kinder brauchen eine längere gemeinsame Schulzeit*
- *Kinder brauchen für ihre individuelle Entwicklung pädagogische Kontinuität über vier Jahre hinaus*
- *Kinder wollen lernen und leisten ohne frühen Auslesedruck*
- *Kinder brauchen für ihre weitere Schullaufbahn eine gesicherte Entscheidung mit ihrer eigenen Beteiligung*
- *Kinder in Deutschland sind nicht anders als Kinder in Europa. In fast allen europäischen Ländern gibt es eine längere gemeinsame Schulzeit als bei uns.*

Standpunkte zur Grundschulreform

Aus dem »Grundsatzprogramm des Grundschulverbandes«

Standpunkt 4 – *Mehr Zeit für die Kinder*

Alle Kinder benötigen heute aufgrund der erweiterten Ansprüche an Erziehung und Bildung mehr Zeit in der Schule. Die Vierteltagsschule ist eine Schule voller Hetze und verstärkt die Unrast unter den Kindern. Sie ignoriert die Bedeutung von Besinnung und Geborgenheit für die Persönlichkeitsentfaltung und kann den erweiterten Aufgaben, die der Schule zukommen, nicht gerecht werden.

Nicht nur die Kinder, auch die Eltern brauchen eine »verläßliche Grundschule«. Gesicherte Kinderbetreuung über einen längeren Zeitraum, mindestens über den gesamten Vormittag, ist eine Voraussetzung für die Vereinbarkeit von Familie und Beruf.

Eine verläßliche pädagogische Betreuung kann durch eine Verlängerung der gemeinsamen Anwesenheitszeit aller Kinder in der Grundschule und durch enge Kooperation von Grundschule und Horten bzw. Kindertagesstätten gesichert werden.

- **Der Grundschulverband fordert als Regelschule im Primarbereich die »Ganze Halbtagsschule«, d. h. eine Schule mit verläßlichen Öffnungszeiten und gesicherter pädagogischer Versorgung aller Kinder durch das hauptamtliche Personal während einer Zeitdauer von mindestens fünf Stunden am Vormittag.**

Zur Verwirklichung der »Ganzen Halbtagsschule« werden zusätzliche Lehrerstunden an den Grundschulen benötigt. Das erweiterte Zeitangebot soll zur Differenzierung der Lernformen und zur verbesserten pädagogischen Gestaltung von Erziehung, Unterricht und Schulleben genutzt werden.

Je nach örtlichem Bedarf sind vor und nach dem Unterricht zusätzliche pädagogische Angebote bereitzustellen, aus denen frei gewählt werden kann. Solche Angebote können auch von kommunalen oder privaten Trägern unterbreitet werden. Jedoch sollte auch hier ausschließlich pädagogisch ausgebildetes Fachpersonal tätig sein, wobei eine enge Kooperation und eine gemeinsame Planung mit der Grundschule anzustreben ist.

Der Grundschulverband lehnt jede Form von »Billiglösungen« – insbesondere unqualifiziertes Personal, ungeeignete Räumlichkeiten und schlechtes Material – im Bereich der institutionalisierten Kinderbetreuung ab. Kinder haben ein Recht auf Sicherheit und Geborgenheit in einer pädagogisch anregenden Atmosphäre. Eine reine Beaufsichtigung staatlicherseits ist völlig unzureichend.

- Der Hortbesuch soll ebenso wie der Besuch der Grundschule unentgeltlich sei. Die Kosten trägt die Öffentliche Hand.

Vorhandene Hortplätze (insbesondere in den neuen Ländern) sind auch in wirtschaftlich schwierigen Situationen zu halten, solange sie von den Eltern nachgefragt werden. Abmeldungen von Kindern aus wirtschaftlichen Gründen sind unter allen Umständen abzuwenden.

Soweit nicht bereits Realität, ist die Arbeit in den Horten und Kindertagesstätten dahingehend zu gestalten, daß sie nicht nur Betreuungsangebote sondern kindorientierte Bildungsangebote bereitstellen.

- Sofern im Primarbereich Ganztagsschulen eingerichtet werden, sind sie als Schulen besonderer Prägung einzurichten, die einer sozialen Segregation und der »Verschulung« der Lebenszeit der Kinder bewußt entgegenarbeiten. Ganztagsschulen und Schule-Hort-Kombinationen sind so auszustatten, daß sie für Mädchen und Jungen aus allen Bevölkerungsteilen ein attraktives pädagogisches Angebot darstellen. Nur so läßt sich soziale Segregation bei der Einführung von Ganztagsangeboten vermeiden.

Der Grundschulverband fordert, die langjährigen Erfahrungen mit ganztägiger Betreuung der Kinder in den neuen Bundesländern kritisch auszuwerten und positive Ansätze weiterzuführen.

STANDPUNKT 8

Länger gemeinsam lernen

Gemeinsamkeit im Bildungswesen ist eine wichtige Basis für mehr Gemeinsamkeit in Gesellschaft und Staat.

● Viele Grundschulen und viele Grundschullehrerinnen und -lehrer haben in den letzten Jahren bemerkenswerte Fortschritte bei der Entwicklung kindgerechter Lernformen gemacht und Differenzierungsleistungen erbracht, die in anderen Schulformen noch nicht so verbreitet sind. Die in Deutschland übliche frühe Auslese für unterschiedliche weiterführende Schulen ist pädagogisch nicht sinnvoll. Die Verlängerung der gemeinsamen Grundschule auf sechs Jahre, so zeigen die praktischen Erfahrungen, erhöht die Erziehungskontinuität, stärkt die Integrationsleistung des Schulsystems insgesamt, beteiligt die Kinder stärker an der Schulwahlentscheidung, mindert Fehlentscheidungen beim Übergang auf die weiterführenden Schulen und nimmt vermeidbaren Druck von Kindern, Eltern, Lehrerinnen und Lehrern.

● **Grundschulverband setzt sich im Rahmen einer Strukturreform des gesamten Schulwesens für die sechsjährige Grundschule mit vielfältigen Formen innerer Differenzierung ein**, was zugleich eine Angleichung der Schulstruktur in Deutschland an die der europäischen Nachbarländer bedeuten würde.

Bundesgrundschulkonferenz 1995 in Berlin
Zukunft für Kinder – Grundschule 2000

Aus dem Berliner Memorandum

Unter der Überschrift »Arbeit – Recht – Gesellschaft« hat die Bundesgrundschulkonferenz folgende Leitsätze verabschiedet:
»Der gesellschaftliche Strukturwandel hat die Lebensbedingungen der Kinder verändert und wird sie weiterhin verändern. Scharfe soziale Gegensätze, Wohlstand und ausgeprägter Konsum auf der einen, Arbeitslosigkeit und neue Armut auf der anderen Seite, gravierende familiäre, Unterschiede, Berufstätigkeit beider Elternteile, viele Alleinerziehende, zahlreiche Einzelkinder und der kulturelle Pluralismus, Aussiedler- und Ausländerfamilien, stellen hohe Anforderungen an die Intergrationskraft der Gesellschaft und ihrer Schulen. …

Lernen in neuen Rhythmen

Lernen wird als prozesshafte, zielgerichtete und bewusste Auseinandersetzung mit der natürlichen und sozialen Umwelt, mit Kulturen und Ökonomie im Mittelpunkt aller Lebensalter stehen. Lernprozesse selbstständig zu beginnen, zu steuern und auszuwerten ist für den Einzelnen eine Schlüsselqualifikation von hohem Rang.

Das Lernen zu lernen ist deshalb der Anfang aller Bemühungen, Souveränität in der eigenen Lebensführung und der beruflichen Tätigkeit zu gewinnen. Die Grundschule schafft dafür wesentliche Voraussetzungen.

Lernzeit ist Lebenszeit. Neue Lebensrhythmen erfordern neue Lernrhythmen. Individualisierung und Pluralisierung in einer demokratischen Gesellschaft bewirken eine Öffnung starrer Lern- und Bildungsstrukturen.

- *Das Lernen in der Grundschule und seine Rhythmik müssen sich an den Veränderungen der Sozialisationsbedingungen, der Sachfragen und an den natürlichen Lerninteressen der Kinder ausrichten. Eine angemessene Klassenstärke ist unabdingbare Voraussetzung für erfolgreiches Lernen.*

- *Der traditionelle Dreiviertelstundentakt soll flexiblen Lernabschnitten weichen. Phasen der Aktion und Ruhe, der Anspannung und Entspannung müssen das Lernklima bestimmen.*

- *Die neue Rhythmisierung des Lernens in der Grundschule soll äußere und innere Aspekte des Schullebens und des Unterrichts umfassen. Die »äußere« Zeitstruktur der Schulgestaltung muß sich mit »inneren« Einteilungen unterrichtlicher Differenzierung ergänzen. Dafür ist ein verlässlicher zeitlicher Rahmen von in der Regel fünf Zeitstunden für alle Kinder notwendig. Aber auch Ganztagsschulen und Ganztagsangebote, die professionell die Aktivitäten des Vormittags fortführen und ergänzen, sollten auf Wunsch der Kinder und der Eltern zur Verfügung stehen.*

- *Mit der Einführung der 6-jährigen Grundschule können die individuellen Entwicklungsmöglichkeiten der Kinder verbessert werden. Zudem wird die Integrationsaufgabe durch längeres gemeinsames Lernen gestärkt. Die Gefahr sozialer Selektion und von Fehlentscheidungen bei der Schulwahl wird abgebaut.*

- *Eine veränderte Lernrhythmik hat Folgen für die Arbeit und das Selbstverständnis der in der Grundschule Beschäftigten. Entsprechende Arbeitszeitmodelle, Teamarbeit von Pädagoginnen und Pädagogen sowie ein schuleigenes Profil sind zu entwickeln -und zu erproben. Dies ist durch eine angemessene personelle Ausstattung der Schulen sowie eine entsprechende Aus- und Fortbildung zu begleiten und zu fördern.*

Band 98

Die Zukunft beginnt in der Grundschule
Empfehlungen zur Neugestaltung der Primarstufe

Ein Projekt des Grundschulverbandes

Gabriele Faust-Siehl/Ariane Garlichs/Jörg Ramseger/Hermann Schwarz/Ute Warm

Grundschule als Lebens- und Lernstätte
(S. 26-29, in Ausschnitten)

Die Grundschule unterliegt, wie alle anderen Schulen, prinzipiell der Antinomie,

- daß die Kinder die für das Leben in unserer Zivilisation erforderlichen Einstellungen und Kompetenzen nicht mehr auf dem Wege informellen Lernens in der außerschulischen Lebenswelt erwerben können, sondern auf systematischen Unterricht in speziellen Einrichtungen angewiesen sind, die von der außerschulischen Lebenswelt gerade abgetrennt sind,
- daß schulische Bildung aber nur in dem Maße erfolgreich sein kann, in dem es diesen Einrichtungen gelingt, die Lernprozesse an die außerschulische Wirklichkeit anzubinden und die schulisch zu erbringenden Abstraktionsleistungen in den lebensweltlichen Erfahrungen der Kinder zu gründen.

Die Schule muß sich dieser Antinomie stellen, indem sie bereichernde Primarerfahrungen innerhalb und außerhalb der Schule ermöglicht und diese immer wieder zu systematisieren versucht. …

Ihrer Aufgabe als *Lernort* kann die Grundschule nur gerecht werden, wenn sie eine dem *Leben* der Kinder bekömmliche Stätte ist. Das Lernen jüngerer Kinder ist unmittelbarer Ausdruck und Vollzug ihres Lebens und daher in hohem Grade von ihrem Lebensgefühl bestimmt: Beeinträchtigungen ihres Lebens mindern, Wohlgefühl und Sicherheit steigern ihr Lernenwollen und Lernenkönnen.

Für immer mehr Kinder, insbesondere solche aus problembeladenen Familienkonstellationen oder aus benachteiligten sozialen Verhältnissen, ist die Grundschule ein Ort der Kontinuität, für manche Kinder sogar der einzige Platz, an dem sie wenigstens ein paar Stunden täglich Regelmäßigkeit und Geborgenheit erfahren können oder doch erfahren können sollten. Hieraus ergeben sich Ansprüche an die Gestaltung des Lernortes Grundschule, die nicht mehr aus ihrem Unterrichtsauftrag allein gedacht werden kann: Die sozial-pädagogische Funktion der Grundschule muß bei Schulplanung und Schulgestaltung gleichrangig mitbedacht werden. ...

Eines der umfassendsten Projekte, das man mit Kindern dieser Altersstufe realisieren kann, ist die äußere und innere Gestaltung der Grundschule selbst. Aktive Gestaltung des Lebens in der Gemeinschaft fordert und fördert alle Fähigkeiten des einzelnen: von der Selbständigkeit und Verantwortungsbereitschaft bis zu den jeweiligen Stärken und Interessen, die das einzelne Kind einbringen kann. Sie verlangt sowohl Bereitschaft zur Initiative als auch Eingehen auf andere und Beitrag zum Ausgleich der Interessen. Individuelle Förderung und Befähigung zu sozialer Bewährung sind ebenso aufeinander verwiesen wie Erkennen und Handeln bei der Aneignung der Welt. Sie können dort am besten verwirklicht werden, wo schon die Grundschule zu einem Lernort für Selbstbestimmung in Solidarität und Verantwortung für das Gemeinwohl wird.

Ganze Halbtagsschule

(S. 190-192)

Eine Schule, die ihren Kindern zu Ich-Stärke, Gemeinschaftsfähigkeit und soliden schulischen Grundfähigkeiten verhelfen will, braucht außer dem Konzept kind- und sachgerechter Ziele, Prinzipien, Formen und Inhalte vor allem genügend Zeit für Kinder. Damit die Grundschule dem Leben und Lernen von Kindern gerecht werden kann, darf sie nicht Schule mit zuwenig Stunden bleiben, sondern muß Ganztagsschule oder zumindest »Ganze Halbtagsschule« sein.

Die Ganze Halbtagsschule bietet verläßliche Öffnungszeiten und eine gesicherte, mindestens fünfstündige qualitätsvolle pädagogische Versorgung aller Kinder durch das hauptamtliche Personal am Vormittag. Die Ganze Halbtagsschule bietet folgende Vorteile:

– die Angebote einer behüteten Anlaufzeit am Morgen und einer behüteten Auslaufzeit am Mittag für diejenigen Kinder, deren häusliche Situation das erfordert; der gleitende Schulanfang am Morgen für alle Kinder; verläßliche und familienfreundliche Schulanfangs- und Schulschlußzeiten von 8 bis 13 Uhr ohne Stundenausfall;

- genug Zeit für ein Geborgenheit gebendes und anregendes Schulleben als Grundbedingung einer guten Entwicklung der Kinder; genug Zeit für gründliches Lernen; vielfältigere Möglichkeiten für Kinder als in der herkömmlichen Schule, die Lernziele zu erreichen; mehr Möglichkeiten, die Entwicklung von Selbständigkeit, Selbstverantwortung und Sozialfähigkeit der Kinder zu fördern;
- genug Zeit für die Pädagoginnen und Pädagogen, der großen Unterschiedlichkeit der Grundschulkinder gerecht zu werden und auf besondere Lebens- und Lernprobleme einzelner Kinder einzugehen; genügend Möglichkeiten, mit den Eltern als den für die Erziehung der Kinder Hauptverantwortlichen intensiv zusammenzuarbeiten.

Eine verläßliche sozial- und familienpolitische Hilfe wird die Schule jedoch durch feste Schulanfangszeiten am Morgen und feste Schulschlußzeiten am Mittag noch nicht: Verläßlich wird sie vorrangig dadurch, daß Kinder und Eltern sich in dieser Zeit auf die für jüngere Kinder unerläßliche personbezogene und beziehungsstiftende Zuwendung und Stützung stetig für sie sorgender Menschen verlassen können. Nur wenn der Schulvormittag auf das Kind stärkend wirkt, kann er auch eltern- und familiendienlich sein.

Es dient dem notwendigen Zusammenhang der Erziehung jüngerer Kinder, wenn ihre gesamte pädagogische Versorgung in der Schule innerhalb und außerhalb des Unterrichts von dem ihnen vertrauten Stammpersonal der Schule wahrgenommen wird. Es vertieft die Beziehungen und damit die Grundlagen schulischer Erziehung, wenn Lehrerinnen, Lehrer und Kinder die Chance haben, in noch anderen als unterrichtlichen Zusammenhängen miteinander umzugehen.

Additive Konzepte wie die »Betreuungsschule« oder »Hort in der Schule« ersetzen die Ganze Halbtagsschule nicht, da sie die benötigte Zeit für die Gestaltung individuumsgerechten, gründlichen und vielfältigen Lernens und guten Miteinanders der *Gesamt*schülerschaft der Schule *nicht* bringen. Es darf nicht darum gehen, jeweils isoliert hier Unterricht, da »Freies Gestalten« und dort »Betreuung« zu konkretisieren. Förderlich ist es vielmehr, die unterschiedlichen Formen pädagogischer Arbeit situationsgerecht und zeitlich flexibel in einem *Beziehungssystem* sich wechselseitig stützender Wirkungen zu *verbinden* – was nicht ausschließt, daß einige einzelne Aktivitäten – Wahlpflichtkurse zum Beispiel – auch gesondert organisiert werden.

Aufgrund der förderlichen Bedingungen für das Leben und Lernen von Kindern sollte der Ausbau der Grundschule zur Ganzen Halbtagsschule im Sinne einer »verläßlichen Grundschule« bildungspolitische Priorität erhalten.

Andere Schulräume für Kinder
(S. 195-198 in Ausschnitten)

Die für das Klassenzimmer vorgeschlagenen und begründeten Prinzipien der Raumgestaltung gelten für alle von den Kindern in der Schule benutzten Räume, Freiflächen und die Umgebung des Schulhauses: Die Kinder sollen Geborgenheit finden und sich darin wohl fühlen; schulische Räume sind Orte der Aneignung von Welt, die vielfältige Erfahrungen ermöglichen; ästhetisch durchdachte Gestaltungen regen die Wahrnehmungsfähigkeit der Kinder an. Als Orte gemeinsamen Handelns sollen die Schulräume dieses Ziel unterstützen und von den Beteiligten immer wieder neu gestaltet werden können.

Klassenzimmer sind fast immer zu klein. Die Standard-Raumprogramme schreiben in der Regel Klassenraumgrößen von 2 bis 2,5m² pro Kind vor. Diese Vorgaben sind nur haltbar, weil unterstellt wird, daß die Kinder die meiste Zeit an ihren Tischen sitzen. Aus Medizin, Physiotherapie und Pädagogik ist jedoch bekannt, daß Kinder im Grundschulalter Bewegung brauchen, daß sie immer wieder aufstehen und sich bewegen sollten, nicht nur um Haltungsschäden vorzubeugen und die häufig bewegungsarme Lebensweise außerhalb der Schule auszugleichen, sondern auch, um sich besser konzentrieren zu können. Häufig sind die Räume außerdem für geringere Schülerzahlen berechnet, als sie benutzt werden.

Kinder empfinden, wenn die Räume sie einengen. Den Beziehungen der Kinder untereinander kommt es zugute, wenn sie sich frei bewegen können. Ausreichender Platz im Klassenzimmer ist deshalb elementare Vorbedingung dafür, daß die Grundschule die Kinder zu einem offenen und verständnisvollen Umgang anleiten kann. In Verbindung mit der Helligkeit der Räume und deren Farben wirkt sich die Raumgröße unmittelbar auf das emotionale Wohlbefinden aus. Deshalb empfehlen wir eine Mindestgröße von 75m² für Grundschulklassenzimmer, die für Klasssengrößen von bis zu 25 Kindern als ausreichend zu betrachten ist.

Differenzierung und Individualisierung des Lernens werden wesentlich erleichtert, wenn mit den Klassenzimmern verbundene Gruppenräume zur Verfügung stehen, in denen Materialien ausgelegt werden und Kinder allein oder in kleinen Gruppen arbeiten können. Diese Nebenräume fehlen bisher in den Raumprogrammen der meisten Bundesländer. …

Von zentraler Bedeutung ist eine Versammlungsstätte für die ganze Schule. Dies kann die Pausenhalle sein oder ein Mehrzweckraum oder eine Aula. …

Zusätzlich zu Fachräumen wie Werkstatt und Musikzimmer, die längst nicht überall vorhanden sind, sollten alle Grundschulen über eine Bibliothek und eine Küche verfügen.

Großzügige Verkehrsflächen sorgen für Aufenthalts- und Bewegungsmöglichkeiten im Haus. Flure müssen nicht monoton sein. Geschwungene Flure zum Beispiel animieren zu disziplinierter Bewegung. Pausenhalle und Flure bieten zusätzliche Rückzugs- und Arbeitsmöglichkeiten an, wenn sie den Kindern als Bewegungs- und Aufenthaltsflächen erschlossen werden. …

Es ist anzustreben, die unmittelbare Umgebung der Schule weitgehend als Lern-, Aufenthalts- und Bewegungsmöglichkeiten zu nutzen. Asphaltierte Schulhöfe sollten renaturiert werden. Wiese, Teich und Schulgarten sowie das Zusammenspiel von Licht und Schatten regen zum Beobachten und Tätigwerden an. In geeigneten Anlagen können Tiere gehalten werden. Sitzgelegenheiten, Spielgeräte, ein Wasseranschluß, vielleicht auch ein Gartenhaus und eine Versammlungsstätte im Freien fordern Kinder und Erwachsene zu vielfältiger Nutzung auf. Fenster und Türen können vom Klassenraum aus den Blick in die Natur freigeben. Zusammen mit klasseneigenen Terrassen, die bei schönem Wetter für den Unterricht genutzt werden, dienen sie als »Brücken« zwischen drinnen und draußen.

Verkehrsflächen, Schulhöfe und Pausengelände sind vielfach nach dem Prinzip gestaltet, die Kinder ständig unter Aufsicht und Kontrolle zu halten. Allzu übersichtlich gestaltete Umgebungen scheinen jedoch Kinder dazu herauszufordern, sich der Kontrolle zu entziehen: in die Toiletten, in dunkle Ecken, hinter Pfeiler und in die Büsche des Schulgeländes, durch die hindurch heimliche Wege gelegt werden. Im Interesse des Wohlbefindens sollten offene Räume durch Nischen ergänzt werden, die den Kindern Rückzugsmöglichkeiten bieten.

Moderne Pädagogik verzichtet auf direkte Kontrolle und Kontrollierbarkeit. Statt dessen setzt sie darauf, daß Räume zu diszipliniertem Verhalten anregen und daß die Kinder lernen müssen und können, von sich aus die Regeln des kultivierten Gebrauchs und Umgangs einzuhalten. Vandalismus ist meist eher eine vorhersehbare Reaktion der Schülerinnen und Schüler auf eine architektonisch oder ästhetisch minderwertige Umgebung als Ausdruck sinnloser Zerstörungswut. Gelungene Architektur erzieht zu kultiviertem Benehmen.

Besondere Veranstaltungen im Verbund mit Stadtteilarbeit *(S. 208f.)*

Über die bisher genannten Formen der Zusammenarbeit mit Eltern hinaus sollten je nach Schulkonzept und Schuleinzugsgebiet auf Schulebene Elternseminare und Beratungsangebote eingerichtet werden, die den besonderen Problemen und Bedürfnissen der jeweiligen Elternschaft entsprechen beziehungsweise aktuelle Themen und Probleme aufgreifen. In Großbritannien bilden Schulen vielfach den Kern eines Stadtteil- oder Gemeindezentrums, das vielfältige Bildungsangebote für die Bevölkerung bereithält (zum Beispiel Beratungsangebote für Ausländer, Sprachkurse, Buchführung, handwerkliche und haushaltstechnische Angebote, Yoga und anderes mehr).

Wir empfehlen, solche Initiativen auch in Deutschland zu ergreifen und staatlicherseits zu fördern. Eine Grundschule, die sich im umfassenden Sinn der Persönlichkeitsentwicklung der Kinder verpflichtet weiß, muß um der Kinder willen daran interessiert sein, die Eltern in ihren erzieherischen Funktionen zu stärken. Alleinerziehende Elternteile, Eltern aus benachteiligten Bevölkerungsgruppen und Eltern aus fremden Kulturen leben vielfach in sozialer Isolation und sind dadurch mit ihren erzieherischen Aufgaben oft überfordert.

Um dieser Eltern willen muß die Elternarbeit neue Wege gehen und sich in ihren sozialen Formen öffnen. Eine »Teestube« zum gemeinsamen Gespräch für Mütter und Väter (bei gleichzeitigem Betreuungsangebot für jüngere, eventuell noch nicht schulpflichtige Kinder) wäre eine Möglichkeit; ein wöchentliches Beratungsangebot (unter Mitwirkung von Schulpsychologen, Sonderschullehrern, Sozialpädagogen und sozialem Dienst) eine andere. Ergänzend dazu ließen sich in Zusammenarbeit mit anderen städtischen und staatlichen Stellen (Gesundheitsamt, Sozialamt und dergleichen) Informationsabende denken, die in größeren Abständen Hilfen bei der Inanspruchnahme institutioneller Unterstützung zu geben versuchen.

Ein umfassendes Verständnis von Eltern mit Verantwortung in einer Grundschule, die sich ihrem sozialen Umfeld öffnet, ist Teil langfristig zu planender Stadtteilarbeit und kann nur in Zusammenarbeit mit den relevanten staatlichen Institutionen unter Einbeziehung eventuell existierender Selbsthilfegruppen gedeihen. Durch das Zusammenwirken der verschiedenen Instanzen kann gewährleistet werden, daß Elternarbeit über die engen schulischen Grenzen hinausreicht, den Nachmittagsbereich (Freizeiteinrichtungen, Spielplätze, Betreuungsangebote) umfaßt und auch die Situation unterprivilegierter Familien ausreichend berücksichtigt.

Zur gegenwärtigen Auseinandersetzung um die sechsjährige Grundschule in Berlin – ausgelöst durch den Umzug der Bonner Regierungsstellen in die deutsche Hauptstadt

Brief an die Berliner Schulsenatorin

Arbeitskreis Grundschule – Der Grundschulverband e. V.

Betr.: Einrichtung weiterer »grundständiger« Züge an Gymnasien

Sehr geehrte Frau Stahmer,

mit großer Anerkennung hat der Bundesvorstand des Grundschulverbandes Ihr Reformprogramm »Grundschulreform 2000 – Neue Perspektiven für die Berliner Grundschule« zur Kenntnis genommen. Wir halten dies für einen vorbildlichen Beitrag zur Weiterentwicklung der Grundschule überhaupt, gerade auch zur öffentlichen Aufwertung der sechsjährigen Berliner Grundschule in ihren oberen Klassenstufen.

Mit Bestürzung und Unverständnis haben wir nun allerdings erfahren, daß Sie als Schulsenatorin gleichzeitig die Absicht verfolgen, von 21 vorliegenden Anträgen auf Einrichtung »grundständiger« Züge an Schulen des Sekundarbereichs neun zu genehmigen. Dies wäre u. E. ein eklatanter Rückschritt in der Berliner Schulentwicklung mit weitreichenden Folgen für die bundesdeutsche Schulentwicklung insgesamt.

Der Grundschulverband setzt sich seit langem für die Einrichtung der sechsjährigen Grundschule mit vielfältigen Formen innerer Differenzierung in allen Bundesländern ein, was zugleich eine Angleichung der Schulstruktur in Deutschland an die der europäischen Nachbarländer bedeuten würde. Die von Johannes Rau als nordrhein-westfälischem Ministerpräsidenten einberufene Kommission »Zukunft der Bildung – Schule der Zukunft« hat sich in ihrer Denkschrift ebenfalls eindeutig dafür ausgesprochen, daß der Bildungsgang der Grundschule auf eine sechsjährige Dauer gemeinsamen Lernens *aller* Kinder erweitert wird. In mehreren Bundesländer sind inzwischen Initiativen zur Verlängerung des gemeinsamen Lernens aller Kinder entstanden: Hessen z. B. ermöglicht inzwischen die Einrichtung sechsjähriger Grundschulen, Hamburg hat sich in diese Richtung auf den Weg gemacht.

Wenn Sie, sehr geehrte Frau Senatorin, jetzt weitere »grundständige« Züge an Gymnasium genehmigen, zwingen Sie alle übrigen Berliner Sekundarschulen, aus Konkurrenz- und Prestigegründen über kurz oder lang ebenfalls solche Anträge zu stellen. Der großen Mehrzahl der Eltern und ihren Kindern leisten Sie auf diese Weise einen schlechten Dienst, weil die an den Grundschulen verbleibenden 5. und 6. Klassen zu »Volksschulklassen« minderer Qualität abgewertet werden. Jede weitere 5. und 6. Klasse an einer Berliner Schule des Sekundarbereichs mindert die Glaubwürdigkeit Ihres Grundschulreformprogramms und trägt zur Zerstörung der sechsjährigen Grundschule bei, die – wie bereits gesagt – aus unserer Sicht nach wie vor auch für andere Bundesländer ein zukunftsweisendes Modell ist.

Wir bitten Sie deshalb nachdrücklich, keinen einzigen weiteren Antrag auf Genehmigung »grundständiger« Züge an Gymnasien bzw. anderen Schulen des Sekundarbereichs zu genehmigen.

Mit freundlichen Grüßen

(Prof. Dr. Rudolf Schmitt
Geschäftsführender Vorsitzender
des Grundschulverbandes)

Die sechsjährige Grundschule ist besser

Sie läßt den Kindern mehr Zeit/Aber Reformen sind nötig

Peter Heyer

Unstrittig ist: Berlin braucht gute, zukunftsorientierte, leistungsfähige Schulen, und zwar nicht nur für Bonner Zuzügler, sondern für alle gegenwärtigen und zukünftigen Berliner Kinder und Jugendlichen. Die vierjährige Grundschule halte ich für ein überholtes Modell. Aus guten Gründen lernen in (fast) allen Industrieländern Kinder inzwischen mehr als nur vier Jahre zusammen, meist sechs Jahre, oft auch acht, neun Jahre oder sogar noch länger.

Auch pädagogisch ist die frühe Auslese überholt. Es gibt längst in der Praxis bewährte pädagogische Konzepte, nach denen Kinder trotz großer Entwicklungsunterschiede im gemeinsamen Lernen gut individuell gefördert werden. Dabei geht es nicht darum, daß alle das Gleiche lernen, sondern daß jedes Kind eine individuell gute Lernentwicklung hat und es normal ist, daß die Kinder einer Lerngruppe beim Erreichen von Lernzielen unterschiedlich weit kommen. Die vielbeachtete TIMSS-Studie bescheinigt den deutschen Schulen hinsichtlich fachlicher Leistungen nur Mittelmaß. Die asiatischen Spitzenreiter erbrachten ihre guten Ergebnisse in den 7. und 8. Klassen in einem Schulsystem, das die Ausgliederung ab Klasse 5 nicht kennt. Hohe Leistungen sind nicht die Folge frühen Sortierens, sondern guten Unterrichts.

Nein! Die Berliner Schule braucht keine weiteren „grundständigen" Klassen. Sie braucht eine gute, allen Kindern in ihrer Unterschiedlichkeit gerecht werdende sechsjährige Grundschule sowie eine Politik, die sich ihrer Weiterentwicklung nachhaltig annimmt. Das *Grundschulreformprogramm 2000* der Schulsenatorin weist in die richtige Richtung, nur muß es jetzt auch von Senat und Abgeordnetenhaus entschieden gefördert werden. Was gebraucht wird, ist eine Politik, die mit knappen Ressourcen sorgsam umgeht und sie nicht ungerecht zum Nachteil von Kindern im Grundschulalter verteilt. Warum wird zum Beispiel in der gymnasialen Oberstufe für zehn Heranwachsende, die inzwischen doch gelernt haben sollten, selbständig zu arbeiten, eine Studienratsstelle finanziert, in der Grundschule dagegen, in der die Kinder mehr Erwachsenenzuwendung brauchen, eine Lehrerstelle für 18 Kinder?

Das Reformprogramm bedeutet nicht, daß die sechsjährige Grundschule schlecht ist, sondern daß sie weiterentwickelt werden soll. Daß es bisher noch kein Reformprogramm für die Sekundarschulen gibt, heißt nicht, daß sie es nicht nötig hätten. Im Gegenteil!

Die sechsjährige Grundschule ist eine Schulreform, die den heutigen Anforderungen an ein demokratisches Bildungssystem besser gerecht wird als die nur vierjährige, weil sie den Kindern mehr Zeit läßt, Sozialkompetenz für das Leben in einer pluralen Gesellschaft – wie sie die Grundschule am besten spiegelt – zu erlernen. Deshalb ist es ein wesentlicher Schwerpunkt des Grundschulunterrichts, daß Kinder unterschiedlicher Herkunft und Fähigkeiten lernen, zusammenzuarbeiten, miteinander zurechtzukommen, sich mit Konflikten gewaltfrei auseinanderzusetzen und Mitverantwortung für das Gemeinwohl zu entwickeln.

Außerdem: Der schulische Bildungsweg ist auch Sache der Kinder. Es ist schließlich ihre Schullaufbahn, über die da bestimmt wird. Autonomie als Erziehungsziel verlangt für den Übergang auf weiterführende Schulen die Einbeziehung derer, um die es geht. Fällt die Entscheidung praktisch schon Mitte der 4. Klasse, sind es im Grunde allein die Eltern, die die Schulwahl festlegen. Beim Wechsel nach der 6. Klasse wirken die Kinder dagegen schon sehr viel selbständiger und selbstbewußter bei der Auswahl ihrer künftigen Schule mit.

Hat der Regierende Bürgermeister recht, gegen das geltende Schulgesetz unter Berufung auf Elternwünsche mehr „grundständige“ Gymnasien durchsetzen zu wollen? Ich denke nein! Elternwünsche sind wichtige Signale. Sie sollten Nachdenken über notwendige Veränderungen in der Schule bewirken. Aber für die Schulentwicklung insgesamt ist und bleibt der Staat verantwortlich, die vom Parlament kontrollierte Regierung. Wünsche von Eltern, die sich für ihr Kind vom Besuch einer 5. Klasse am Gymnasium letzthin bessere Startchancen in der Arbeitswelt erhoffen, dürfen genauso wenig zum Maßstab der Schulentwicklung werden, wie die Wünsche derjenigen, die wollen, daß ihre Kinder nicht gemeinsam mit ausländischen oder behinderten Kindern unterrichtet werden oder daß ihre Tochter nicht mit Jungen in derselben Klasse ist, daß ihr Kind nicht an der schulischen Sexualerziehung teilnimmt oder demnächst vielleicht sogar wieder – so wie zu Kaisers Zeiten – schon von der ersten Klasse an auf ein Gymnasium geht.

Können wir uns in Deutschland als einem Industriestaat auf dem Weg nach Europa wirklich die Sonderreform des gegliederten Schulwesens ab Klasse 5 weiterhin leisten? Wir brauchen im Hinblick auf globale Entwicklungen ein auch international möglichst kompatibles Schulsystem. Berlin hat künftig hauptstadtbedingte Vorbildfunktionen. Die durch das *Reformprogramm 2000* weiterentwickelte sechsjährige Grundschule könnte auch für andere Bundesländer eine Signalwirkung haben.

(Aus dem Berliner Tagesspiegel vom 27.6.1998, S. 30)

An den Bundesminister des Auswärtigen Herrn Joschka Fischer

Sehr geehrter Herr Fischer,

natürlich ist es unser aller Interesse, den nach Berlin hinzuziehenden Familien beim Schulwechsel ihrer Kinder keine unnötigen Schwierigkeiten zu machen, sondern sie zu unterstützen. Daran werden wir als Grundschulverband mitwirken.

Ihrer der Berliner Schulsenatorin brieflich vorgetragenen »nachdrücklichen Bitte«, für die Kinder von Mitarbeitern des Auswärtigen Dienstes und von anderen Mitarbeitern, die aus beruflichen Gründen zwischen der deutschen Hauptstadt und Auslandsposten wechseln, zusätzliche 5. und 6. neusprachliche Gymnasialklassen einzurichten, widersprechen wir allerdings sehr entschieden. Berlin hat aus guten pädagogischen, entwicklungspsychologischen und gesellschaftspolitischen Gründen eine sechsjährige Grundschule. Die mehr als nur vierjährige gemeinsame Grundschulzeit für alle Kinder ist im internationalen Vergleich längst Normalität. In vielen deutschen Bundesländern, die bisher immer noch an der vierjährigen Grundschule festhalten, sind inzwischen Entwicklungen im Gange, die auf die sechsjährige Grundschule zielen, wie sie z. B. auch von der NRW-Denkschrift »Zukunft der Bildung – Schule der Zukunft« vorgeschlagen wird. Außerdem wäre zu überlegen, ob sich im Rahmen zunehmender Globalisierung künftig nicht auch das deutsche Auslandsschulwesen an internationalen Strukturen orientieren sollte.

Mit freundlichen Grüßen

Peter Heyer
Vorstand der
Berliner Landesgruppen

Prof. Dr. Rudolf Schmitt
Geschäftsführender Vorsitzender
des Grundschulverbandes

Zur aktuellen Diskussion

Ganze Halbtagsgrundschule – gegenwärtige Situation

KARLHEINZ BURK

1. Zur Ausgangslage

Anläßlich des 75. Geburtstags der Grundschule fand im Dezember 1995 die Bundesgrundschulkonferenz statt. Veranstalter waren Arbeitskreis Grundschule, GEW, VBE – eine nicht alltägliche Liaison. Es gelang ein gemeinsames Memorandum zu verabschieden, in dem der Zusammenhang grundlegender Veränderungen in Kultur und Gesellschaft mit neuen Ansprüchen an die Schule bedacht und formuliert wurden.

»Lernen in neuen Rhythmen« ist eine der Abschnitte überschrieben; dort heißt es: »Neue Lebensrhythmen erfordern neue Lernrhythmen. Individualisierung und Pluralisierung in einer demokratischen Gesellschaft bewirken eine Öffnung starrer Lern- und Bildungsstrukturen. ... Der traditionelle Dreiviertelstundentakt soll flexiblen Lernabschnitten weichen. ... Die neue Rhythmisierung des Lernens in der Grundschule soll äußere und innere Aspekte des Schullebens und des Unterrichts umfassen. Die äußere Zeitstruktur der Schulgestaltung muss sich mit inneren Einteilungen unterrichtlicher Differenzierung ergänzen. Dafür ist ein verlässlicher zeitlicher Rahmen von in der Regel 5 Zeitstunden für alle Kinder notwendig.« Und weiter heißt es: »Eine veränderte Lernrhythmik hat Folgen für die Arbeit und das Selbstverständnis der in Grundschule Beschäftigten. Entsprechende Arbeitszeitmodelle, Teamarbeit von Pädagoginnen und Pädagogen sowie ein schuleigenes Profil sind zu entwickeln und zu erproben. Dies ist durch eine angemessene personelle Ausstattung der Schulen sowie eine entsprechende Aus- und Fortbildung zu begleiten und zu fördern« (vgl. S. 104).

Die Verbände sind sich einig, in der Grundschule soll in neuen Zeitrhythmen gelernt werden. Dies beinhaltet mehr als die Änderung des Zeitrahmens. Es handelt sich um eine strukturelle Veränderung der Grundschule mit Auswirkungen, vor allem auf die Gestaltung und Organisation des Lehrens und Lernens sowie auf Arbeitsplatz und Arbeitszeit der Lehrerinnen und Lehrer.

Abb. 1: Stundentafel für die Verlässliche Halbtagsgrundschule im Vergleich zur bisherigen Stundentafel

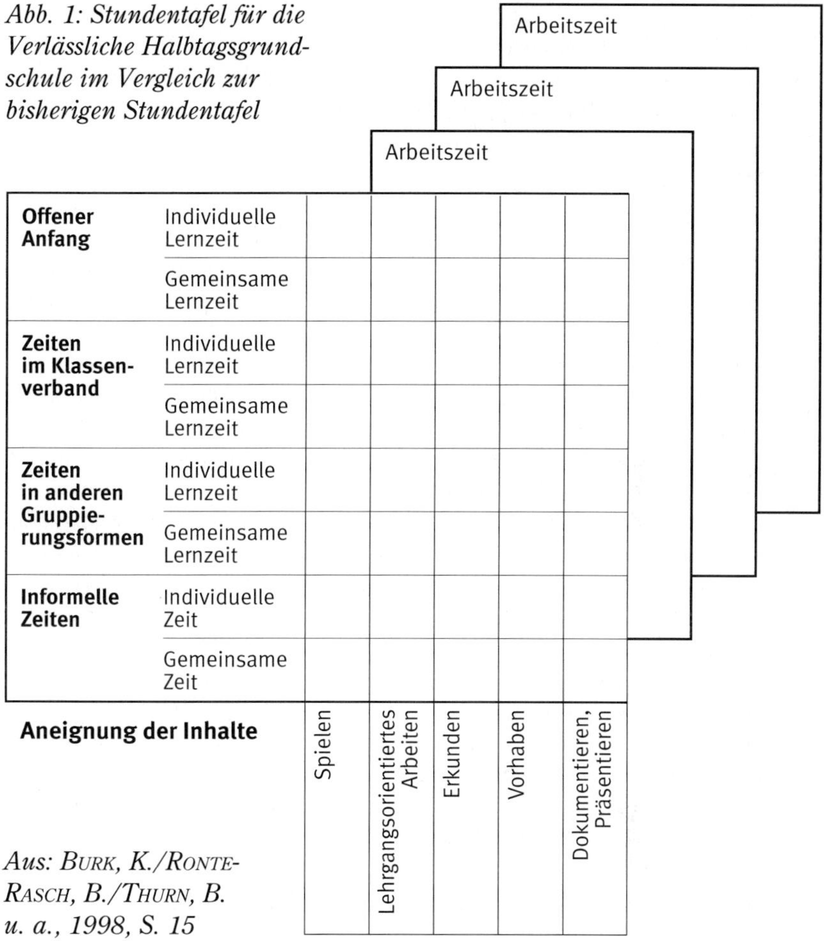

Aus: Burk, K./Ronte-Rasch, B./Thurn, B. u. a., 1998, S. 15

In einem ganzheitlichen Konzept sollen Unterricht und Erziehung, Spielen und Lernen sowie Arbeits-, Spiel- und Erholungsphasen verbunden werden (Ganze Halbtagsgrundschule). Der in 45-Minuten-Einheiten zerlegte Stundenplan mit oft täglich wechselnden Anfangs- und Schlusszeiten wird ersetzt durch einen Schulwochenplan mit täglich gleichen »Komm- und Gehzeiten« (Volle Halbtagsgrundschule; keine Löcher mehr im Stundenplan der Kinder). Innerhalb dieses Zeitrahmens wird der Unterrichtsvormittag rhythmisiert, strukturiert. So soll den Lehrerinnen und Lehrern ein größerer Handlungsspielraum gegeben werden, zeitliche Dauer von Arbeitsphasen und den Wechsel von Fächern nach der Aufnahmefähigkeit der Kinder und ihrer Belastbarkeit zu bestimmen. Aber auch die Kinder selbst sollen größere Handlungsspielräume erhalten; sie sollen im Hinblick auf die Ziele der Selbstständigkeitserziehung die Chance haben, innerhalb größerer Zeitblöcke ihre Arbeit eigenverantwortlich einzuteilen und Arbeitsrhythmus und Arbeitszeit und Binnengliederung selbst bzw. mitzubestimmen.

In dieser allgemeinen Form findet das Konzept einen breiten Konsens. Einige Bundesländer haben inzwischen Konzepte erarbeitet, um alle Grundschulen des Landes umzuwandeln: Hamburg »Verlässliche Grundschule«; Rheinland-Pfalz »Volle Halbtagsgrundschule«; Hessen »Grundschule mit festen Öffnungszeiten«; Mecklenburg-Vorpommern »Grundschule mit festen Öffnungszeiten«, Niedersachsen »Verlässliche Grundschule«, Bayern »Kind- und familiengerechte Grundschule«. Andere Länder sind dabei, neue Konzepte für alle Grundschulen des Landes zu erarbeiten, z. B.: Baden-Württemberg, Berlin.

Die Bilanz der letzten Jahre fällt daher positiv aus: Die Grundschule erfreut sich einer erhöhten Aufmerksamkeit; die Landesregierungen sind auch bereit, zusätzliche Ressourcen in die Grundschulen zu bringen – Umfang und Konzept sind naturgemäß umstritten. Denn »kein Geld ist immer da« und – so könnte man fragen – wieviel davon steht für die Grundschule bereit? Bildungsökonomische Überlegungen sind nicht sittenwidrig; Verteilungskämpfe (auch zwischen den Schulformen und Schulstufen) und Prioritätensetzungen sind dem Bildungsbereich nicht fremd.

Seit den 60er Jahren wurde nicht mehr so häufig von der Krise des öffentlichen Bildungswesens gesprochen wie dies derzeit geschieht. Wir befinden uns in einer Umbruchsituation, in der die Aufgaben und Funktionen, vor allem aber auch die Struktur des öffentlichen Schulwesens neu bestimmt werden. Auf der einen Seite steht die Notwendigkeit zu sparen, zu sparen und nochmals zu sparen. Dies führte bundesweit z. B. zu einer Kürzung der Stundentafel und zu der Forderung, die Aufgaben der Schulen einzuschränken. Auf der anderen Seite steht der gesellschaftliche Druck, die Aufgaben der Schulen zu erweitern, ihr die Bearbeitung von ungelösten Problemen anzuvertrauen – oder auch aufzubürden, was wiederum schwer mit Einsparungsauflagen zu vereinbaren ist.

Auch die Grundschule ist von dieser Funktions- und Strukturkrise betroffen. Wird die Grundschule »zurück entwickelt« zu einer Lern-Schule für Lesen, Schreiben und Rechnen oder wird die Grundschule weiter entwickelt zu einem Lebensraum und einer Lernstätte für Kinder. Es gibt inzwischen einen breiten Konsens für ein erweitertes Schulverständnis mit einem erweiterten Zeitkontingent für alle Kinder am Schulvormittag und eine Erhöhung der Schülerstunden in der Grundschule (bzw. eine Rücknahme der Kürzungen, die vor wenigen Jahren vorgenommen wurden).

2. Zur Entwicklung

Die Schule in Deutschland ist, im Gegensatz zu anderen europäischen Ländern, traditionell eine Halbtagsschule. Im 19. Jahrhundert konnte in Deutschland die allgemeine Schulpflicht nur als Halbtagsschule durchgesetzt werden. Am Nachmittag sollte es den Kindern möglich sein, auf dem Feld, im Haushalt im Betrieb mitzuarbeiten. In anderen Ländern (Frankreich, England) wurde die Ganztagsschule eingeführt, um Kinderarbeit einzudämmen. Heute wird eine Ausweitung der öffentlichen Kinderbetreuungseinrichtung gefordert, damit die Eltern ihre Erwerbsarbeit nachgehen können. Dies gilt für die alten Bundesländer, da dort gerade für 5 % der Sechs- bis Zehnjährigen Hortplätze zur Verfügung stehen. In den neuen Bundesländern, in denen 1989 mehr als 80 % der Sechs- bis Zehnjährigen in Horten betreut wurden, sank der Anteil aus unterschiedlichen Gründen rapide ab (finanzielle Beteiligung der Eltern, Arbeitslosigkeit, Begrenzung des staatlichen Einflusses zugunsten der Familienerziehung). Gefordert ist für die alten und neuen Bundesländer ein familienpolitisches und pädagogisches Gesamtkonzept, in dem die Möglichkeiten und Aufgaben der unterschiedlichen Institutionen und Einrichtungen geklärt werden. Soweit es die Grundschule angeht, geschieht dies vor allem durch die Programmatik der Ganzen Halbtagsgrundschule.

Anfang der 80er Jahre tauchte m.W. zum ersten Mal in einem SPD-Wahlprogramm für Niedersachsen der Begriff Volle Halbtagsgrundschule auf – zunächst weitgehend folgenlos. Erst der gesellschaftliche Druck aus den jungen Familien Anfang der 90er Jahre löste neue Aktivitäten aus, die zunächst jedoch nicht in Richtung Halbtagsgrundschule führten, sondern zu der Einrichtung von Betreuungsangeboten in außerschulischer Trägerschaft. Mit ihnen sollen vor allem Lücken im außerschulischen Betreuungsangebot (vor allem im Hortbereich) geschlossen und »eine geregelte Anwesenheit der Kinder durch Schulbesuch sichergestellt« werden (NRW).

Da durch diese Betreuungseinrichtungen eine spürbare Entlastung für den Hortbereich eintritt, werden Mischfinanzierungen zwischen Land und Kommune/Schulträger mit einer finanziellen Beteiligung der Eltern praktiziert. Betreuungsangebote werden so eine den Hort ersetzende Maßnahme. Es geht primär um die Lösung des Betreuungsproblems für eine begrenzte Anzahl der Kinder außerhalb der Unterrichtszeit. Die derzeitige Form der Grundschule bleibt hierbei unangetastet. Dieses Konzept (»Bikini-Modell«, vgl. S. 91 in diesem Band) wird mehr und mehr als nicht ausreichend empfunden; bundesweit (s.o.) wird die Ausweitung des Zeitrahmens für alle Kinder gefordert.

»Mehr Zeit für Kinder« lautet die Forderung des Arbeitskreises Grundschule aus den 60er Jahren. Sie hat im Zusammenhang mit der Ganzen Halbtagsgrundschule neue Aktualität und ist eine quantifizierbare Größe geworden: 5 Zeitstunden am Vormittag für alle Kinder.

Die Grundschule soll so kindgerechter *und* familienfreundlicher werden. Mit längeren und regelmäßigen Schulzeiten für alle Kinder am Vormittag soll die Grundschule sowohl den veränderten Lebensbedingungen der heranwachsenden Kindergeneration als auch den familienpolitischen Bedürfnissen besser gerecht werden. Von diesem Grundverständnis her sind die erforderlichen Reformen einzuleiten und die Lösungsansätze in den alten und den neuen Bundesländern kritisch zu hinterfragen.

3. Strukturmerkmale und ihre Umsetzung

3.1 Zeitlicher Rahmen:

Die Kinder sind täglich 5 Zeitstunden in der Schule. Lehrerinnen und Lehrer sind für die Gestaltung des gesamten Schulvormittags verantwortlich.

In dem Konzept »Volle Halbtagsgrundschule« von Niedersachsen und »Verlässliche Halbtagsgrundschule« von Hamburg sind für alle Kinder 5 Zeitstunden verbindliche Schulzeit. Diese Konzepte erfüllen somit dieses Kriterium.

Andere Länder (z. B. Hessen, Rheinland-Pfalz) unterscheiden zwischen einer verbindlichen Schulzeit für alle Kinder und Angebotszeiten (Gleitzeit am Anfang und am Ende des Schultages, Arbeitsgemeinschaften). Für dieses Konzept gibt es gute pädagogische Argumente, aber auch ressourcenbedingte Gründe.

In Hamburg z. B. können die Schulen in ihr Konzept einen offenen Anfang einbauen, ohne dass dies zu einer Reduktion der Lehrerzuweisung führt. In anderen Ländern können die Schulen »im Rahmen ihrer Möglichkeiten« die verbindliche Schulzeiten (Rheinland-Pfalz 8.00–12.00 Uhr für 1. und 2. Schuljahr: 8.00–13.00 Uhr für 3. und 4. Schuljahr; Hessen 20 Zeitstunden für 1. und 2. Schuljahr, 23 Zeitstunden für das 3. und 4. Schuljahr) erweitern, ohne dass diese Zeiten in die Bedarfsberechnungen eingehen.

In Bayern wird der Zeitrahmen erweitert: Der Schulvormittag soll verlässlich von 7.30 Uhr bis 13.00 Uhr dauern. Die einzelne Schule wird aufgefordert, in Kooperation mit Kommune, Eltern und Jugendhilfe ein schulbezogenes Konzept zu erarbeiten.

3.2 Rhythmisierter Schulvormittag:

In einer Entschlussvorlage zur Delegiertenversammlung im Grundschulverband heißt es: »Der Schulvormittag wird nicht weiterhin in 45-Minuten-Einheiten zerstückelt; Unterricht, Pausen, Spiel- und Bewegungszeiten werden altersgemäß in kleineren und größeren Zeiteinheiten rhythmisiert. Die erforderlichen Rahmenbedingungen sind zu schaffen.«

Die zentrale Begründung dafür, Zeiten und Rhythmen des Grundschulvormittages zu ändern und abweichend von der traditionellen 45-Minuten-Schule zu gestalten, liegt in der veränderten Auffassung vom Lernen der Kinder und in der Erfahrung, dass heutige Kinder mit sehr unterschiedlichen Vorerfahrungen zur Schule kommen. Die Differenziertheit der Lernprozesse stellt die Schule vor hohe Anforderungen. Sie muss auf die Unterschiedlichkeit kindlichen Lernens mit differenzierten Methoden und unterschiedlichen Organisationsformen reagieren und der Tatsache Rechnung tragen, dass Lernen ein höchst individueller, aktiver und eigenverantwortlicher Vorgang ist.

Strukturmerkmale eines rhythmisierten Schulvormittages sind (vgl. Abb. 2):

- Offener Anfang: Erfahrungen mit dem offenen Anfang zeigen, dass dies ein Schlüssel zu einer veränderten Gestaltung des Schulvormittages ist: Jedes Kind kommt im vorgegebenen Zeitrahmen von in der Regel 30 Minuten zur Schule, wählt eigenverantwortlich seine Tätigkeiten, Spiel- oder Gesprächspartner, Lehrerinnen und Lehrer beobachten, begleiten und stehen als Spiel- und Gesprächspartner zur Verfügung. Motivation und Verhalten der Kinder werden durch diesen veränderten Schulbeginn entscheidend beeinflusst. Die Kinder kommen zur Schule und wissen, was sie tun können; sie entscheiden auf dem Schulweg, was sie tun werden; sie müssen nicht warten, bis ihnen die Lehrerin sagt, was sie tun sollen. Aggressives Verhalten wird abgebaut, soziale Interaktion, Selbständigkeit und Selbstbestimmung gefordert und gefördert.

  In dem neuen niedersächsischen Konzeptentwurf »Verlässliche Grundschule« werden Betreuungsangebote als offener Anfang bezeichnet. Betreuungsangebote jedoch können nicht die pädagogische Situation des täglichen Schulbeginns mit differenzierten Tätigkeiten (freie Arbeit) schaffen, die durch den offenen Anfang angestrebt werden.

Zeit	Organisationsform auch jahrgangs- und klassenübergreifend	exemplarische Rhythmisierung
Erster Unterrichtsblock 7.50 Uhr bis 10.00 Uhr	Unterschiedliche Formen der Lehr- und Lernorganisation einschließlich Offener Anfang	7.50 – 8.20 Uhr Offener Anfang mit Gleitzeit und differenzierter Arbeit / Freiarbeit 8.20 – 8.30 Uhr Sammlung (Gespräch, Morgenkreis, gemeinsames Lied) 8.30 – 10.00 Uhr Arbeit nach dem Wochenplan und/oder fach- bzw. lehrgangsbezogene Abschnitte
Zweiter Unterrichtsblock bis 12.00 Uhr	Unterschiedliche Formen der Lehr- und Lernorganisation einschließlich Spiel und Bewegung	10.00 – 10.30 Uhr Spiel und Bewegung / Pausenzeit 10.30 – 10.40 Uhr Sammlung (gemeinsames Frühstück, Gespräch, Vorlesen, Lied, ...) 10.40 – 12.00 Uhr Arbeit nach dem Wochenplan und/ oder fach- bzw. lehrgangsbezogene Abschnitte
Dritter Unterrichtsblock bis 13.00 Uhr	Unterschiedliche Formen der Lehr- und Lernorganisation, auch jahrgangs- und klassenübergreifend, einschließlich Spiel und Bewegung und Offener Schluss	12.00 – 12.20 Uhr Spiel und Bewegung / Pausenzeit 12.20 – 13.00 Uhr fach- und lehrgangsbezogene Abschnitte oder Arbeitsgemeinschaft, Wahlpflichtangebot, Ausgleitzeit/oder zusätzliche Angebote: Hausaufgabenhilfe und außerschulische Betreuungsangebote

Abb. 2: Rhythmisierung des Unterrichtsvormittags

- Fachunterricht: Er wird in den Kontext von freier Arbeit, Wochenplan- und Projektarbeit eingebunden; auch Fachunterricht mit Fachlehrern, z. B. für Religionsunterricht oder Sport, stellt die rhythmisierte Wochenstruktur nicht prinzipiell in Frage. Spiel- und Bewegungszeit sowie gemeinsames Frühstück und aktive Spielpause sind mit »unterrichtsfreier Zeit« nicht hinreichend definiert, sie sind pädagogisch zu gestaltende Elemente des rhythmisierten Schulvormittages und tragen dazu bei, Erziehungs- und Bildungsaufgaben der Grundschule zu realisieren; sie sind Schul- bzw. Unterrichtszeit.
- Förderunterricht in der Halbtagsgrundschule findet seinen Platz vor allem in binnendifferenzierenden Arbeitsphasen. Durch offene Lernsituationen, freie Arbeitszeiten oder Wochenplanarbeit wird es den Kindern ermöglicht, ihre Fähigkeiten, Interessen und Neigungen einzubringen. Förderunterricht ist Teil des Klassenunterrichts oder zeitlich befristet in enger Bindung an den Klassenunterricht organisiert. Jeder Unterricht ist immer Förderunterricht. Daher darf es auch nicht zu einer Auslagerung des Förderunterrichts auf den Nachmittag kommen.
- Wahlangebote: Sie haben vor allem ergänzenden Charakter. Sie können schulische und außerschulische Träger haben (»Öffnung von Schule«).

3.3 Stundentafel

Die Stundentafel soll sowohl die Zeitanteile für die Fächer und Lernbereiche als auch die Zeitanteile enthalten, die der schulischen Gestaltung bedürfen wie Spiel und Bewegungszeit, offener Anfang, gemeinsames Frühstück, aktive Spielpause.

Eine Erhöhung der Schülerstunden wird von allen Ländern vorgenommen, die sich in Richtung ganze Halbtagsgrundschule bewegen.

In Hamburg werden die Schülerstunden für die Klassen 1 – 4 sukzessiv auf 27 Stunden (45 Minuten) angehoben. Hiervon sind 4 Stunden im 1./2. Schuljahr für »offene Eingangs-/und/oder Schlussphase« ausgewiesen (vgl. Abb. 3).

Rheinland-Pfalz erhöhte die Unterrichtszeit in den Klassen 1 – 4 um wöchentlich 40 Minuten. Die Dauer einer Unterrichtsstunde wird auf 50 Minuten erhöht.

In Hessen wird von der »verbindlichen Schulzeit für alle Kinder« ausgegangen. Die Zeitanteile für die Fächer/Lernbereiche und die Zeitanteile für Spiel- und Bewegungszeit, Pausenzeit, gemeinsames Frühstück werden in Zeitstunden angegeben (vgl. Abb. 4).

Die Stundentafel ist bekanntlich Grundlage für die Berechnung des Lehrerbedarfs.

	Klasse 1 bisher	Klasse 1 neu	Klasse 2 bisher	Klasse 2 neu	Klasse 3 bisher	Klasse 3 neu	Klasse 4 bisher	Klasse 4 neu
1. Pflichtfächer								
Deutsch	18	19	6	6	5	5	5	5
Mathematik			5	5	5	5	4	4
Sachunterricht			3	3	5	4	5	5
Musische Erziehung*				(5)		(4)		(4)
– Musik/Bildende Kunst			4	4	3	3	4	3
– Wahlpflicht			–	1	–	1	–	1
Religion			–	–	2	2	2	2
Englisch	–	–	–	–	–/2**	2	–***	2
Sport	2	2	3	3	3	3	3	3
Freie Gestaltung	3****	2	2	1	–	2	–	2
2. Offene Eingangs- und/oder Schlussphase	–	4	–	4	–	–	–	–
Schülergrundstunden	23	27	23	27	23/25**	27	23	27
Teilung, Differenzierung, Förderung	4	4	4	4	4	4	4	4
Lehrerstunden	**27**	**31**	**27**	**31**	**27/29****	**31**	**27**	**31**

(Klasse 1: Deutsch bis Religion zusammen 18 bisher / 19 neu)

Abb. 3: Stundentafel für die Verlässliche Halbtagsgrundschule im Vergleich zur bisherigen Stundentafel (Hamburg)

* Im Rahmen der dafür geeigneten Fächer – insbesondere im Wahlpflichtbereich »Musische Erziehung« und der »Freien Gestaltung« – ist das Darstellende Spiel zu berücksichtigen.

** Einführungszeitpunkt: Region A 1995/96, Region B 1996/97, Region C 1997/98, Region D 1998/99.

*** Einführungszeitpunkt: jeweils mit Einführung der Verlässlichen Halbtagsgrundschule.

**** Eine der drei Stunden »Freie Gestaltung« kann alternativ für den Wahlpflichtbereich »Musische Erziehung« vorgesehen werden.

Zeitanteile für die Unterrichtsfächer/Lernbereiche	Zeitstunden i. d. Jahrgangsstufen 1 und 2	3 und 4
Religion	1 Std. 30 Min.	1 Std. 30 Min.
Mathematik	4 Std.	4 Std.
Deutsch	4 Std.	5 Std.
Fremdsprachenunterricht	–	
Sachunterricht	1 Std. 30 Min.	3 Std.
Ästhetische Bildung		
Kunst Musik	2 Std. 30 Min.	3 Std.
Sport	2 Std.	2 Std.
Zeitanteile für Spiel- und Bewegungszeit, Pausenzeit, gemeinsames Frühstück	4 Std. 30 Min.	4 Std. 30 Min.
Summe	**20 Std.**	**23 Std.**
Unterricht in Herkunftssprachen	1 Std. 30 Min.	2 bis 3 Std.
Zusätzliche Stunden nach § 7 (4) bis zu	2 Std.	2 Std.

Abb. 4: Zeitanteile in Zeitstunden (Hessen)

3.4 Personal

»Die Schulzeit von 8.00 bis 13.00 Uhr für alle Kinder muss durch Lehrkräfte mit dem Lehramt Grundschule gestaltet werden; daher ist pro Schulklasse eine unterrichtswirksame Stelle als Mindestbedarf jeder Schule zur Verfügung zu stellen. Zusätzliche Aufgaben können übernommen werden, wenn weitere Lehrerstunden oder Personalzuweisungen (Sozialpädagoginnen, Erzieherinnen, Sonderpädagoginnen) bereitgestellt werden.« So steht es im Entwurf für einen Beschlusstext des Grundschulverbandes. Mit diesem Beschluss sollen auch die Empfehlungen in der Perspektivstudie »Die Zukunft beginnt in der Grundschule«, die von einer Autorengruppe im Arbeitskreis Grundschule erstellt wurde, korrigiert werden. Dort wird nämlich empfohlen, die Grundausstattung für Halbtagsgrundschulen sowohl durch Lehrkräfte als auch durch Erzieherinnen abzusichern. Dies hat auch innerhalb des Grundschulverbandes zu scharfer Kritik geführt.

Mit der Forderung, die Grundausstattung durch Lehrkräfte zu sichern, soll vor allem *einer Trennung zwischen unterrichtlichen und betreuenden Tätigkeiten entgegengewirkt* werden. Unterrichten, Erziehen, Betreuen sind Dimensionen pädagogischen Handelns in der Grundschule – keine additiv zusammenfügbare Bereiche des Schulvormittages. Betreuungsangebote durch außerschulische Träger können hinzukommen – vor allem um die zeitliche Verlässlichkeit der Grundschule zu erhöhen. Sie sollte jedoch nicht als genuine Aufgaben für die Lehrkräfte ausgewiesen werden (»teure Lehrerstunden«, Abkoppeln der Grundschullehrkräfte von anderen Stufen). Daher sollte der Schulvormittag in 3 Unterrichtsblöcke eingeteilt werden, in die auch Spiel- und Bewegungszeiten, Pausenzeiten und gemeinsames Frühstück einbezogen sind. Hamburg und Bayern erfüllen derzeit die alte Forderung des Arbeitskreises Grundschule: »Für jede Klasse einen Lehrer!«, Hamburg, weil es das Konzept

Fächer	**1. Jgst.**	**2. Jgst.**	**3. Jgst.**	**4. Jgst.**
Religionslehre	2	2	3	3
Grundlegender Unterricht:			–	–
Deutsch	15 (Deutsch bis Kunsterziehung)	16 (Deutsch bis Kunsterziehung)	7	7
Mathematik			5	5
Heimat- und Sachkunde			3	4
Musik- und Bewegungserziehung			–	–
Kunsterziehung			1	1
Musik	–	–	2	2
Textilarbeit / Werken	1	2	2	2
Sport	2	2	2 + 2	2 + 1
Förderunterricht	2	1	1	1
Gesamtstundenzahl	**22**	**23**	**26 + 2**	**27 +1**

Abb. 5: Stundentafel der Grundschule in Bayern

der Ganzen Halbtagsgrundschule nahezu idealtypisch realisiert, Bayern, weil es für die 1. – 4. Klassen 101 Unterrichtsstunden ausweist (vgl. Abb. 5). Andere Bundesländer (Hessen: 95; Rheinland-Pfalz: 100; Niedersachsen: 92 Schülerstunden) bewegen sich in diese Richtung.

3.5 Verlässlichkeit

Mit »Ganzen Halbtagsgrundschulen« verbindet sich die Erwartung der Öffentlichkeit, dass kein Kind vorzeitig nach Hause geschickt wird. Ein schulbezogenes Vertretungskonzept und eine Vertretungsreserve sind erforderlich.

Verlässlichkeit bezieht sich derzeit in Hessen vor allem auf die regelmäßigen Anfangs- und Schlusszeiten. Eine spezielle Vertretungsregelung fehlt, wenn auch in vielen Schulen die Bereitschaft besteht, an einem schulbezogenen Vertretungskonzept zu arbeiten. Der Absicherung und der Ausweitung des Zeitrahmens dienen vor allem die Betreuungsangebote des Schulträgers. Sie erfassen jedoch nur wenige Kinder, da der Besuch an Anmeldung und finanziellen Beitrag der Eltern gebunden ist. Diese Maßnahmen werden als nicht ausreichend empfunden.

Hamburg stellt für die Absicherung des Zeitrahmens von 8.00 bis 13.00 Uhr pro Klasse eine Lehrerwochenstunde zur Verfügung.

Rheinland-Pfalz hat eine »Lehrerfeuerwehr« eingerichtet: 66 Lehrkräfte mit 2/3 Verträgen, befristet auf ein Jahr. Eine Lehrkraft ist für ca. 20 Schulen vorgesehen. Sie erhalten bei Einstellung einen Bonus von 0,5.

Niedersachsen beabsichtigt, den Schulen budgetierte Personalmittel für eine 5 %ige Vertretungsreserve zuzuweisen. Dieser Lösungsweg mit der Möglichkeit budgetierter Personalmittel zu arbeiten, ist zukunftsweisend. Er ermöglicht flexible Lösungen vor Ort und unterstützt die Eigenständigkeit der einzelnen Schule.

In diesem Kontext sind auch die Möglichkeiten ergänzender Angebote zu prüfen.

3.6 Ergänzende Angebote:

Mit zusätzlichen schulischen und außerschulischen Angeboten kann die Arbeit der Ganzen Halbtagsgrundschule gestützt, die zeitliche Verlässlichkeit erhöht und der Zeitrahmen ausgeweitet werden. Hausaufgabenhilfe, Betreuungsangebote durch außerschulische Träger, Hort, Elternmitarbeit und Angebote anderer Institutionen durch die Öffnung der Schule zu ihrem Umfeld sind die bekanntesten und wichtigsten Formen bzw. Kategorien für diese ergänzende Angebote. In nahezu allen Bundesländern werden inzwischen Lösungsansätze entwickelt, die der familienpolitischen Forderung nach erweiterten und verlässlichen Öffnungszeiten Rechnung tragen:

Betreuungsangebote in additiver und kooperativer Form am Vormittag, über den Vormittag hinaus oder in enger Kooperation mit einem Hort oder einem Kinderhaus. Die positiven Wirkungen auf Schule und Kinder dürfen nicht übersehen werden. Dennoch reichen Betreuungsangebote für eine begrenzte Anzahl der Kinder nicht aus; sie können die konzeptionellen und strukturellen Veränderungen des Schulvormittags für alle Kinder nicht ersetzen. Sie bleiben »Bikini-Modelle«.

In vielen alten und auch neuen Bundesländern besteht die Gefahr, dass die ergänzenden Angebote den Umbau und die Entwicklung der Grundschule zur Ganzen Halbtagsgrundschule hindern oder sogar ersetzen sollen. Wenn z. B. Nordrhein-Westfalen die Grundschule von 8.00 bis 13.00 Uhr propagiert, dann ist dies begrüßenswert, aber bei weitem nicht ausreichend, da sich dahinter nur die Möglichkeit verbirgt, an jeder Grundschule ein Betreuungsangebot einzurichten. Das niedersächsische und bayerische Konzept steht in Gefahr, die pädagogischen Anliegen zugunsten familienpolitischer Ziele zurückzudrängen.

Der Grundschulverband setzt die Priorität auf eine kindgerechtere Grundschule, die durch den Zeitrahmen von 8.00 bis 13.00 Uhr auch familienfreundlicher wird.

3.7 Arbeitszeit

Der Grundschulverband tritt für veränderte Arbeitszeitregelungen ein. Ich zitiere aus dem Entwurf des o. g. Beschlusstextes: »Die Arbeitszeit für Lehrkräfte ist an dem veränderten pädagogischen Konzept und den Schulzeiten am Vormittag der Kinder auszurichten. Die »Arbeitszeit in der Schule« für Lehrkräfte liegt am Vormittag bei 26 Zeitstunden; dies umfasst: Unterricht, Pausen, Aufsicht, Spiel und Bewegungszeiten, Betreuungsmaßnahmen.«

Es wird dann auf die Gleichwertigkeit der Arbeit in allen Schulstufen verwiesen und Untersuchungen gefordert, die vor allem die veränderten Anforderungen an die Lehrkräfte in den einzelnen Schulformen und Schulstufen sowie die veränderten Belastungen herausarbeiten. Festzuhalten ist der untrennbare Zusammenhang zwischen der strukturellen Veränderung der Schule und den Veränderungen der Arbeitszeitregelungen. Lernen braucht heute andere Strukturen, aber auch Lehren braucht andere Möglichkeiten. Die Fixierung für Lehrerarbeitszeit auf die Unterrichtslektion in 45-Minuten-Einheiten wird obsolet angesichts eines rhythmisierten Schulvormittages, aber auch angesichts der Debatte um die höhere Eigenständigkeit der Einzelschule.

Wenn die Einzelschule als pädagogische Handlungseinheit, als Subjekt ihrer Entwicklung gestärkt werden soll, kann dies sicher nicht durch eine Arbeitszeitregelung geschehen, die auf einem Verrechnungspositivismus aufbaut. Veränderte Arbeitszeiten müssen im Kontext der höheren Eigenständigkeit der Schule auch die Gestaltungsräume der einzelnen Schule erweitern.

Die Komplexität der Erziehungs- und Bildungsaufgaben macht es erforderlich, dass Personen mit unterschiedlichen Arbeitsschwerpunkten zusammenarbeiten. Sollen die unterschiedlichen Kompetenzen der Lehrkräfte nicht nur einer Klasse, sondern der Schule als pädagogische Handlungseinheit zugute kommen, bedarf es der engen Kooperation und Teamarbeit. Austausch und gemeinsame Planung von Vorhaben sowie gemeinsame Deutung von Problemkonstellationen erleichtern das »Über-Leben« an der Schule, stärken die Professionalität der Arbeit und führen vor allem zu einer psychischen Entlastung, da für die vielen ungelösten und vielfach unlösbaren pädagogischen Probleme die Verantwortung gemeinsam getragen wird.

Diese Erfahrungen in den Schulen führen zu dem Vorschlag, dass die Schulen Zeitpläne für ein Schuljahr bzw. für ein Schulhalbjahr erstellen, in denen die Unterrichtszeiten, die Zeiten für vorgesehene schulische Veranstaltungen ebenso aufgeführt werden, wie Konferenzzeiten, Fortbildungszeiten, pädagogische Tage und andere Zeiten der Kooperation der Lehrkräfte.

3.9. Prozessbegleitung

Ganze Halbtagsgrundschule ist eine komplexe und anspruchsvolle Schulentwicklungsaufgabe, die einer adäquaten Prozessbegleitung und -beratung bedarf.

Reformprozesse sind mühsam und immer gefährdet, da sie Routinen infrage stellen, Veränderungen verlangen und Ungewissheit auslösen. Schulen werden heute als lernende Organisationen verstanden; Schule entwickelt sich. Prozessbegleitung setzt daher an der Bereitschaft der Schule an, ihre Entwicklung selbst in die Hand zu nehmen. Sie unterstützt die Schule, ihre Potentiale zu entdecken und ihre Ressourcen zu nutzen.

Um ein Scheitern aufgrund mangelnder Planung, Steuerung und Implementation der Ergebnisse zu verhindern, sind zuverlässige Rahmenvorgaben und professionelle Prozessberatung erforderlich.

Literatur

Burk, K. (Hrsg.): Die Ganze Halbtagsschule – Grundschute mit festen Öffnungszeiten. Sonderband S 52 der Beiträge zur Reform der Grundschule, Frankfurt/M.: Grundschulverband, 1992

Burk, K./Ronte-Rasch, B./Thurn, B. u. a.: Grundschule mit festen Öffnungszeiten. Weinheim/Basel 1998

Holtappels, H.G.: Grundschule bis mittags. Dortmund 1997

Zur aktuellen Diskussion

Lernzeit ist Lebenszeit
Anmerkungen zum Thema des Forums

MARIA FÖLLING-ALBERS

Etwa 20.000 Stunden ihres Lebens verbringen deutsche Schülerinnen und Schüler an einer Schule, das wären, ginge ein Kind 365 Tage im Jahr zur Schule (Wochenenden, Feiertage und Ferienzeiten sind hier also nicht abgezogen) und würde man für einen Tag 12 Stunden zugrunde legen, etwa fünf Lebensjahre. Wenn also, wie die Denkschrift der Kommission »Zukunft der Bildung – Schule der Zukunft« des Landes NRW apostrophiert, die Schule ein »Haus des Lernens« ist, dann beansprucht sie tatsächlich einen erheblichen Anteil der Lebenszeit eines Heranwachsenden.

(Schulische) Lernzeit umfasst eine maßgebliche Lebenszeit.

In die obige Auflistung sind allerdings die Stunden der Hausaufgabenerstellung, die Zeit der Vorbereitung für Klassenarbeiten und Prüfungen, die Nachhilfestunden, aber auch die Zeit für die (meist) privat erlernte, aber auch für schulische Zwecke relevante Computernutzung (seien es Lernprogramme oder auch Geschicklichkeits- bzw. Strategiespiele) und nicht zuletzt die nicht-schulisch organisierten Lernzeiten, die in privaten oder kommunalen Einrichtungen verbracht werden (Turn- und Fußballvereine, Schwimmkurse, Musikschulen etc.) nicht eingerechnet.

Die Lebenszeit von Kindern und Jugendlichen ist in hohem Maße Lernzeit, die wesentlich durch schulische Lernerwartungen bestimmt ist.

Lernzeit und Lebenszeit, so scheint es, sind also gerade bei Heranwachsenden kaum zu unterscheiden bzw. zu trennen. Und doch wird gerade mit Blick auf *schulisches Lernen* immer wieder und so scheint es, seit es Schulen als eigenständige Institutionen gibt, genau die Trennung von »Schule« und »Leben« beklagt. Die Jugendstudien der Deutschen Shell AG bestätigen regelmäßig das relativ geringe Interesse der Heranwachsenden an schulischen Lerninhalten und an der Art ihrer Vermittlung.

Wesentlicher Hintergrund für die zumindest subjektiv von vielen Kindern und Jugendlichen wahrgenommene Diskrepanz zwischen schulischer und außerschulischer Lebenswirklichkeit dürfte das Dilemma von Schule sein, widersprüchliche Ziele und Aufgaben erfüllen zu müssen. Mit diesem Konflikt hatte die Schule immer zu tun. Allerdings stellen sich angesichts gesellschaftlicher Wandlungsprozesse und veränderter Herausforderungen auch der Auftrag der Schule und ihre immanenten Konflikte immer wieder neu. Nachfolgend sollen einige Dilemmata der Grundschule und ihre damit zusammenhängenden Herausforderungen thesenartig dargestellt werden:

1. Die moderne Zivilisation benötigt Schulen als spezifische Lern- und Bildungseinrichtungen, weil das Alltagsleben die gesellschaftlich notwendigen Kenntnisse und Fähigkeiten nicht hinreichend vermitteln kann. »Das fundamentale Wissen stellt sich nicht für alle Menschen gewissermaßen en passant ein, es bedarf, wenigstens für einen großen Teil der Schülerinnen und Schüler, hierzu des schulischen Unterrichts« – so die Schulforscher Böttcher und Hirsch (1999, S. 2). Als schulische »Lernstoffe« werden die Inhalte aber notwendigerweise »abstrakt«, abgetrennt vom individuellen Erfahrungskontext. Die Erweiterung der Perspektiven über den individuellen (zufälligen) Erfahrungsraum hinaus macht allerdings auch genau einen wesentlichen Kern von Bildungsprozessen aus.

Auf der anderen Seite jedoch müssen die Lerninhalte und -verfahren an die Alltagserfahrungen der Kinder angeknüpft werden; ansonsten bleiben sie unverstanden und »träge« (vgl. dazu auch: Faust-Siehl u. a., 1997, S. 26f.). Schulisches Lernen umfasst also immer den »Spagat« zwischen Abstraktion von persönlichen Erfahrungen einerseits und Verknüpfung mit individuellen Vorstellungen und Vorkenntnissen andererseits.

2. Lernen geschieht immer im »Hier und Jetzt«; Schule, insbesondere die Grundschule – als »Kinderschule« mit ihren spezifischen, für diese Altersstufe gemäßen Lehr- und Lernformen – muss diesem Anspruch als eigenständige Schulform in besonderer Weise Rechnung tragen.

Gleichzeitig kann der Verweis auf »Hier und Jetzt« nicht eine Rechtfertigung für zufälligen oder gar beliebigen Aktionismus sein, der sich ausschließlich an den gerade erkennbaren individuellen Bedürfnissen der Kinder ausrichtet (»Es hat den Kindern aber Spaß gemacht« – eine solche Rechtfertigung für unzureichend und kaum auf Lernzuwachs hin strukturierte Unterrichtsstunden ist mir in den letzten Jahren zunehmend bei der Besprechung von Praktikumsstunden begegnet.); die Grundschule ist auch eine Institution, die auf nachfolgende Einrichtungen vorbereiten muss. Sie hat deshalb auch propädeutische Funktionen, die einen bestimmten Kanon an Kenntnissen, Fähigkeiten und Fertigkeiten einschließen.

3. Die der Schule zugewiesene Lernzeit ist per definitionem begrenzt. Lehrerinnen und Lehrer können die Unterrichtszeit nicht einfach beliebig ausdehnen (z. B. den Schulvormittag verlängern, die Ferienzeit verkürzen), auch wenn dies nach ihrer Meinung in speziellen Situationen (oder für bestimmte Kinder) unbedingt erforderlich wäre und sie sogar bereit wären, Überstunden zu leisten. Schulische Lernzeit bedeutet also immer auch »Haushalten mit der Zeit«, bedeutet immer auch Verkürzen, Beschleunigen, Begrenzen etc.

Andererseits setzt erfolgreiches Lernen, setzt eine vertiefende Auseinandersetzung mit Lerninhalten die Bereitstellung ausreichender Lernzeit voraus. »Zeit geben«, Gedanken in Ruhe reifen und wachsen lassen, sich mit anderen verständigen und austauschen – das sind unverzichtbare Voraussetzungen für verstehendes, bildendes Lernen. Kinder lassen sich nicht beliebig in ein von außen vorgegebenes Zeitraster einzwängen – will man nicht körperlich-seelische Schäden von vornherein in Kauf nehmen (vgl. den hohen Gebrauch von Medikamenten, der bereits von Kindern und Jugendlichen [auch] zur Bewältigung von »Schulstress« eingenommen wird; s. Mansel 1999). Sich in der Schule aufgehoben fühlen – was auch die Akzeptanz individueller zeitlicher Lernrhythmen einschließt – ist eine notwendige Bedingung für längerfristig erfolgreiches schulisches Lernen. Der schulisch verantwortungsvolle Umgang mit der Lernzeit dürfte eine der wichtigsten Herausforderungen der Schulen sein – dies gilt um so mehr, als diese Lernzeit aufgrund unterschiedlicher Lernvoraussetzungen und Lernmöglichkeiten der Kinder auch individuell immer wieder unterschiedlich bemessen werden muss.

4. Der Stellenwert schulischer Bildungsabschlüsse hat in den vergangenen zwei Jahrzehnten erheblich zugenommen. Die Heranwachsenden gehen länger zur Schule als je zuvor und erwerben zunehmend höhere Bildungszertifikate. Diese, auch als »Bildungsparadox« beschriebene Entwicklung (wenn – fast – alle eine höhere Bildung erwerben, dann ist die höhere Bildung keine höhere mehr, sondern ein Standard, der für alle den Maßstab nach oben hin verschiebt) führt dazu, dass die Erwartungen an Schule – zumindest was die Vermittlung bzw. den Erwerb formaler Qualifikationen betrifft – immer höher werden. Die Schule gerät dabei immer mehr in Konkurrenz zu »privaten Bildungsanbietern«, die vor (bereits für Klein- und Vorschulkinder) und nach der Schulzeit in einer fast unüberschaubaren Fülle (gegen Bezahlung) Lernangebote bereitstellen, die auch in einem hohen Maße genutzt werden: z. B. Nachhilfeunternehmen, private und staatlich unterstützte Fördereinrichtungen (insbesondere für Fremdsprachenunterricht, Computerschulen und nicht zuletzt

Angebote zur musischen und sportlichen Förderung der Heranwachsenden).

Andererseits: Will sich die Schule ihren Anspruch als zentrale und vorrangige Bildungseinrichtung für alle Kinder erhalten, ist sie gehalten, sich den neuen Herausforderungen zu stellen. Dies gilt insbesondere für Kinder, die auf die schulischen Bildungsangebote als Basis für ihre Grundbildung und schulisches Fortkommen besonders angewiesen sind und deren Familien die Angebote des privaten Bildungssektors nicht nutzen können oder wollen. Ein anspruchsvolles Bildungsangebot ist deshalb gerade für bildungsbenachteiligte Kinder immer noch die beste Voraussetzung für einen erfolgreichen Schulbesuch und damit auch für nachfolgende private und berufliche Lebenschancen.

5. Die Grundschule hat seit etwa zwei Jahrzehnten zunehmend weitergehende sozialpädagogische Aufgaben zu erfüllen, so z. B. die soziale und kulturelle Integration von Kindern mit oftmals erheblich anderen sprachlichen, kulturellen und religiösen Erfahrungen. Nicht nur in sog. »Brennpunktschulen« müssen Lehrerinnen und Lehrer oftmals erst durch »vorgängige Erziehungs- und Betreuungsarbeit« die Voraussetzungen dafür schaffen, dass »herkömmliche Bildungsarbeit« überhaupt möglich wird. Auch das veränderte berufliche Selbstverständnis junger Mütter führt dazu, dass die Schulen den neuen gesellschaftlichen Gegebenheiten Rechnung tragen und ihre Lernangebote diesen Bedürfnissen anpassen müssen, um allen Kindern angemessene und möglichst umfassende Lern- und Entwicklungschancen zu eröffnen.

Es besteht die Gefahr, dass, wenn die erweiterten Erziehungsaufgaben zu Lasten der Bildungsaufgaben der Schule geleistet werden müssen, vor allem bildungsorientierte Eltern für ihre Kinder nach (privaten) Aus-Wegen suchen: Vermehrte Einrichtung von Privatschulen, privat gesponsorte Zusatzangebote im Anschluss an den regulären Unterricht (Engagement von Privatlehrern in der Schule; Eltern zahlen für den Zusatzunterricht) sind Anzeichen für eine solche Entwicklung. Das markanteste Kennzeichen der Grundschule, das gerade ihren demokratischen Anspruch legitimiert, und zwar eine Schule für alle Kinder des Volkes zu sein, wird durch solche Prozesse zunehmend ausgehöhlt. Derartige Entwicklungen, so ist zu befürchten, dürften die gesellschaftliche Anerkennung und den Stellenwert von (öffentlicher) Schule in Zukunft erheblich schwächen. Nur eine qualitativ hochwertige Schule, in der die Kinder ihre Lernzeit als wertvolle Lebenszeit erfahren können, wird die außerschulischen Lernangebote nicht als Konkurrenz fürchten müssen, sondern sie als Ergänzung oder gar als anregende Herausforderung annehmen können.

»Antworten« der Grundschule

Kaum eine andere öffentliche Bildungseinrichtung dürfte u. a. als Reaktion auf die gesellschaftlichen Veränderungen im vergangenen Jahrzehnt so vielfältige schulstrukturelle und pädagogische Maßnahmen initiiert bzw. ergriffen haben wie gerade die Grundschule. Einzelne besonders markante sollen hier genannt werden:

- Die Einrichtung einer »Verlässlichen Grundschule« (bzw. einer »Schule mit festen Betreuungszeiten«; vgl. den Sonderband S 52 des Arbeitskreises Grundschule, hg. v. K. Burk, 1990; Burk/Ronte-Rasch u. a. 1998). Zunehmend mehr Schulen bieten bei Bedarf auch einen Mittagstisch und Nachmittagsangebote (in der Schule selbst oder in Kooperation mit einem »Hort an der Schule«). Diese Maßnahmen kommen den veränderten Bedürfnissen von Familien entgegen, bieten aber gleichzeitig den Schulen flexiblere Optionen zur Gestaltung der Lernangebote.
- In einigen Bundesländern (z. B. in Hessen und Baden-Württemberg) werden Modellversuche zur Flexibilisierung der Schuleingangsphase durchgeführt. Die vorzeitigere Einschulung der Kinder soll ebenso erleichtert werden wie, bei Bedarf, die Ausweitung der Lernzeit nach den beiden Schuljahren um ein weiteres Jahr – ohne dass die Verlängerung als »Sitzenbleiben« gebrandmarkt wird. »Schulfähigkeit« wird nicht mehr einfach beim Kind vorausgesetzt, sondern auch als eine Aufgabe der Schule angesehen, diese durch die Bereitstellung angemessener Lernangebote zu ermöglichen. Altersgemischte Lerngruppen bieten für solche schulischen Konzepte günstige pädagogische Voraussetzungen und werden in vielen Klassen bereits erprobt (vgl. dazu Burk/Mangelsdorf u. a. 1998).
- Mittlerweile ist in zwei Bundesländern (Berlin und Brandenburg) die sechsjährige Grundschule eingerichtet. Diese Schulform erweitert wesentlich die Möglichkeiten, ihre pädagogischen Anliegen zu realisieren (vgl. Heyer/Valtin 1991; vgl. dazu auch: Ramseger 1998).
- Verknüpft mit der Einrichtung einer »Verlässlichen Grundschule« wird oftmals ein flexibler Unterrichtsbeginn am Morgen. Die Kinder können auch schon vor dem offiziellen Start die Schule betreten und ihren Klassenraum nutzen; es finden vielfach offene Anfangsphasen (meist verknüpft mit freier Arbeit) statt, in denen sich die Kinder langsam auf die verbindlichen Lernaufgaben einstimmen können.
- Viele Schulen nutzen die veränderten zeitlichen Spielräume auch für eine neue »Rhythmisierung des Unterrichts«. Lern- und Erholungsphasen, verbindliche Lernaufgaben und individuelle (Zusatz)-Aufgaben, eher kognitive oder eher soziale, sinnlich-ästhetische bzw. moto-

rische Schwerpunkte werden stärker auf den spezifischen Bedarf der jeweiligen Klasse abgestimmt und weniger von einem für die ganze Schule verbindlichen Klingelzeichen festgelegt (vgl. HOLTAPPELS 1997, BURK/RONTE-RASCH u. a. 1998).

- Die Öffnung des Unterrichts für freie(re) Lernphasen (Freiarbeit, Wochenplanarbeit, projektorientierter Unterricht) ist zumindest im pädagogischen Selbstverständnis der Grundschule erheblich fortgeschritten; das Erlernen des Lesens und Schreibens mit Hilfe von Anlauttabellen, das gerade die unterschiedlichen Lerngeschwindigkeiten und Lernzeiten der einzelnen Kinder vom Ansatz her begünstigt, sowie das Erstellen freier Texte gehören in vielen Klassen bereits zum grundlegenden methodischen Repertoire der Lehrerinnen und Lehrer.

Vorläufiges Fazit

Die hier beschriebenen Veränderungen und Optionen der Grundschule sind wichtige Schritte auf dem Weg hin zu einer Realisierung von Schule, die heutigen gesellschaftlichen Ansprüchen an Schule und wissenschaftlichen Erkenntnissen über das Lernen von Kindern entgegenkommen. Allerdings sagen sie noch wenig darüber aus, in welchem Ausmaß und mit welcher Qualität sie in den einzelnen Schulen bzw. in den Klassen genutzt werden. Denn die genannten Optionen, die den Schulen zur Veränderung ihrer schulischen und unterrichtlichen Praxis zur Verfügung stehen, garantieren noch keinen Erfolg. Dazu bedarf es neben einer größeren Teil-Autonomie, wie sie derzeit den Schulen zugestanden (oder gar, wie in NRW, verordnet) wird, und genauerer Festlegungen darüber, wie sie die Kriterien für eine erfolgreiche Umsetzung ihrer pädagogischen Ziele definiert, der Unterstützung von Schulbehörden und der Wissenschaft. Es ist zu erwarten, dass Schulen sich künftig verstärkt (Selbst-)Überprüfungen stellen müssen. Dies gilt insbesondere, wenn die öffentliche Schule ihre Position als anerkannte, weil qualitativ hochwertige und zentrale Bildungsinstanz weiterhin rechtfertigen will. Die heute wieder zunehmend gestellte Frage, »wozu die Schule da ist«, sollte auch künftig für die Grundschule eindeutig zu beantworten sein: Die in ihr verbrachte *Lernzeit ist wertvolle Lebenszeit*; sie steht nicht beliebig zur Disposition.

Literatur

BILDUNGSKOMMISSION NRW: Zukunft der Bildung – Schule der Zukunft. Denkschrift der Kommission »Zukunft der Bildung« beim Ministerpräsidenten des Landes Nordrhein-Westfalen. Neuwied: Luchterhand, 1995

BÖTTCHER, W./HIRSCH, E.D.: Verbindliches Wissen: Für ein Fundamentum in der Grundschule. Unveröff. Ms., erscheint in: Leistung, Lust und Last, Schüler '99, Seelze/Velber: Friedrich Verlag

BURK, K. (Hrsg.): Die Ganze Halbtagsschule. Grundschule mit festen Öffnungszeiten. Sonderband S 52 der Beiträge zur Reform der Grundschule, Frankfurt/M.: Grundschulverband, 1990

BURK, K./MANGELSDORF, M. u. a.: Die neue Eingangsstufe. Lernen und Lehren in entwicklungsheterogenen Gruppen. Weinheim: Beltz, 1998

BURK, K./RONTE-RASCH, B. u. a.: Grundschule mit festen Öffnungszeiten. Rhythmisierter Schulvormittag und veränderte Arbeitszeiten. Weinheim/Basel: Beltz, 1998

FAUST-SIEHL, G./GARLICHS, A./RAMSEGER, J./SCHWARZ, H./WARM, U.: Die Zukunft beginnt in der Grunschule. Empfehlungen zur Neugestaltung der Primarstufe. Band 98 der Beiträge zur Reform der Grundschule, Frankfurt/M.: Grundschulverband, 1996

FÖLLING-ALBERS, M.: In neuen Rhythmen lernen. In: Bundesgrundschulkonferenz 1995 in Berlin. Zukunft für Kinder – Grundschule 2000. Bonn, Frankfurt/M. 1996, S. 178-186

HEYER, P./VALTIN, R. (Hrsg.): Die sechsjährige Grunschule in Berlin. Band 82 der Beiträge zur Reform der Grundschule, Frankfurt/M.: Grundschulverband, 1991

HOLTAPPELS, H.-G.: Grundschule bis mittags. Innovationsstudie über Zeitgestaltung und Lernkultur. Weinheim/München 1997

MANSEL, J.: An schulischen Leistungsanforderungen scheitern – psychosomatische Folgen. Unveröff. Ms., erscheint in: Leistung, Lust und Last, Schüler '99, Seelze/Velber: Friedrich Verlag

RAMSEGER, J.: Integration, Differenzierung oder frühe Selektion? Kritisch-konstruktive Überlegungen zum Streit um die sechsjährige Grundshule in Berlin. Eröffnungsvortrag vom 18.März 1998 zum Kongress »Differenzierung und gemeinsames Lernen. Weiterentwicklung der Pädagogik für die Klassen 4 bis 6« in der Hochschule der Künste; unveröff. Ms. 1998

BundesGrundschul
Kongress 1999

Forum III

Qualität der Leistung

Schule als Leistungsschule
– Lernentwicklungsberichte
– Vergleichsarbeiten?
interne Evaluation ...

Frankfurter Manifest zum Bundesgrundschulkongreß 1989

Kinder heute – Herausforderung für die Schule

2 **Kinder heute** erfahren eine große Unterschiedlichkeit der Lebensbedingungen. Arbeitslosigkeit und neue Arrnut auf der einen, steigender Wohlstand auf der anderen Seite sind dafür kennzeichnend. Anregungsarmes oder anregungsreiches Erziehungsmilieu können die Folge sein und zu großen Entwicklungsdifferenzen führen.

Grundschule heute muß auf die größeren Unterschiedlichkeiten der Kinder durch eine verstärkte Individualisierung und Differenzierung der Methoden, Lernhilfen und Lernziele antworten. Sie hat mitunter Leistungsunterschiede bis zu vier Jahren in einer Jahrgangsklasse zu berücksichtigen.

Individuell fördern – gemeinsam lernen!

- Ziffernoten behindern eine Erziehung zum Miteinander. Daher sind sie während der gesamten Grundschulzeit durch **Berichte über den individuellen Lernfortschritt** zu ersetzen.

- Auslese steht im Widerspruch zu dem Prinzip der **Geborgenheit** als unerläßlicher Bedingung für die Erziehung der Kinder. Daher sind Bestimmungen über Nichtversetzung und Sonderschulenüberweisung durch Regelungen freier Vereinbarungen zwischen Schule und Eltern zu ersetzen.

Band 87

Leistung der Schule – Leistung der Kinder

Horst Bartnitzky/Rosemarie Portmann (Hrsg.)

Aus dem Vorwort (S. 8f.):

Löst die Grundschule heute das Grundrecht jedes Kindes auf Bildung ein? Wir müssen nicht weit ausholen, um festzustellen, dass die Grundschule diesem Anspruch nicht genügen kann: Die zu knappe Zeit und oft zu großen Klassen lassen wenig Spielraum zur individuellen und sozialen Förderung; Ausgrenzungen (Zurückstellung, Sitzenbleiben, Sonderschulüberweisungen), Auslese (zu den weiterführenden Schulen), normierte Leistungsbeurteilung mit der einen Zensurenelle für alle untergraben die pädagogischen Bemühungen um individuelle und soziale Förderung aller Kinder. Wir müssen also fragen: *Wie muß sich Grundschule nach innen und außen ändern, um allen Kindern zu ihrem Bildungsrecht verhelfen zu können?* Dies ist die zentrale Fragerichtung der Grundschulreform; sie beinhaltet ein anspruchsvolles und doppeltes Leistungsverständnis.

- *Doppelt* ist das Leistungsverständnis deshalb, weil es die Leistungsfähigkeit der Schule meint *und* die Leistungsfähigkeit der Kinder, zudem aufeinander bezogen: Von der Leistungsfähigkeit der Schule nämlich hängt ab, inwieweit die Kinder zu ihrer Leistung kommen können.
- *Anspruchsvoll* ist das Leistungsverständnis deshalb, weil es *alle* Kinder meint, ohne Ausgrenzung, mit der Gemeinsamkeit und der individuellen Differenziertheit grundlegender Bildung. …

Die Grundschule heute – die leistungsfähige Kinderschule braucht keine Noten. Dieses Motto ist, verknappt formuliert, eine Teilantwort auf die oben gestellte zentrale Frage aller Grundschulreformer/innen.

Arbeitskreis Grundschule
Der Grundschulverband e.V.

Grundschule heute – die leistungsorientierte Kinderschule braucht keine Noten

Landesgruppe Nordrhein-Westfalen
Heinrich-Albrod-Straße 54 • 47249 Duisburg

Landesgruppenaktion 1992

(ausgehend von NRW)

Die leistungsorientierte Kinderschule braucht keine Noten

Berichtszeugnisse wie in Klasse 1 und 2 sind aussagekräftiger.

Deshalb auch in Klasse 3 und 4 Entwicklungsberichte

- ✔ sie geben Auskunft über den individuellen Leistungsstand in den einzelnen Lernbereichen.
- ✔ sie geben Hinweise zu Fördermöglichkeiten
- ✔ sie geben Einsicht in das pädagogische Konzept der Lehrerin oder des Lehrers.

In manchen Bundesländern gibt es schon Grundschulen, die Zeugnisse ohne Noten schreiben. Sie haben dazu die Genehmigung des Kultusministeriums erhalten.

Wollen Sie mehr erfahren über Zeugnisse ohne Noten?

Der Arbeitskreis Grundschule bietet Hilfen an.

Grundschule will fördern und fordern aber nicht aussondern

- ✔ Jedes Kind soll in der Grundschule erfahren, daß es etwas kann.
- ✔ Jedes Kind muß selbst merken, daß sich Anstrengung lohnt.
- ✔ Jedem Kind soll bewußt werden, daß Lernen mit anderen Spaß macht.
- ✔ Jedes Kind soll konkrete Auskunft über seine Lernentwicklung erhalten.

Deshalb muß jedes Kind seinen Fähigkeiten entsprechend gefördert und gefordert werden.

Ohne Noten geht das besser

Grundschule heute

- *eine Schule für Kinder*

mit ihren Bedürfnissen nach Geborgenheit, Sicherheit, Lob, Anerkennung, Bewegung, Leistung, Lernen mit allen Sinnen …

- *eine Schule für alle Kinder*

für Michael, der schnell rechnet,
für Marion, die schlecht hören kann,
für Dilek, die nicht Deutsch kann,
für Anna, die immer müde ist,
für René, der keine Hausaufgaben machen kann,
für Gustav, der auf jüngere Geschwister aufpassen muß,
für Pascal, der in der Pause immer Ärger hat.

- *eine Schule für alle Kinder von heute*

in einer veränderten Kindheit mit Fernsehen und Video, Game-Boy und Walkman, Terminkalender und Privatchauffeurin, mit nur einem Elternteil oder wechselnden Elternteilen, ohne Geschwister, materiellem Überfluß, überbehütet, vernachlässigt …

Die leistungsorientierte Kinderschule

- *darf nicht nur Unterrichtsstätte sein*

Die Schule muß gleichzeitig auch Lebens-, Lern- und Erfahrungsraum sein. Der Klassenraum wird so gestaltet, daß er Raum für vielerlei Aktivitäten bietet. Der Schulmorgen und das Schuljahr werden verläßlich rhythmisiert.

- *muß differenzieren und individualisieren*

Kinder können nicht alle zum gleichen Zeitpunkt gleiche Leistungen erbringen. Gleiche Aufgabenstellungen für alle verbieten sich von selbst. Aber alle Kinder müssen etwas leisten dürfen.

- *muß die Einheit von Erziehung und Unterricht in den Vordergrund stellen*

Lernsituationen werden so gestaltet, daß Kinder mitdenken, mitplanen und mitgestalten können. Offene Unterrichtsformen, wie Freie Arbeit, Wochenplan, Projektarbeit und Gruppenarbeit ermöglichen selbständiges, verantwortungsvolles und vor allem soziales Lernen.

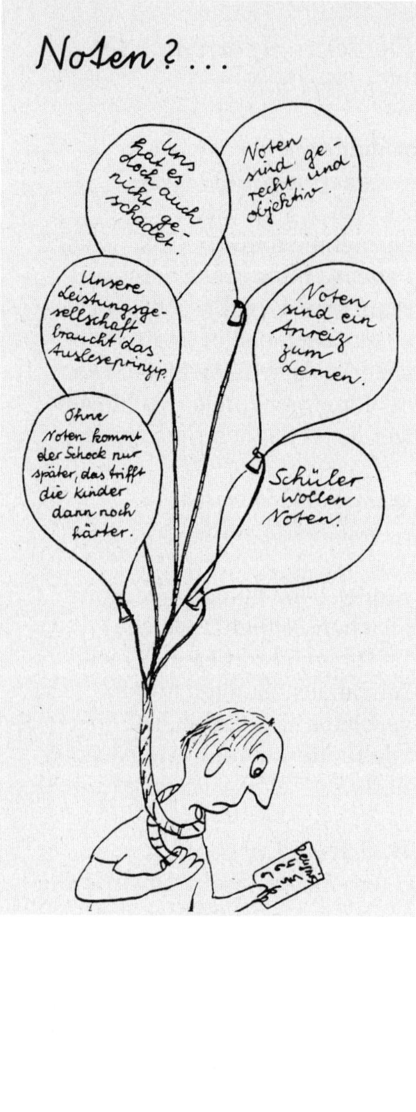
Noten? ...
Uns hat es doch auch nicht geschadet.
Noten sind gerecht und objektiv.
Unsere Leistungsgesellschaft braucht das Ausleseprinzip.
Noten sind ein Anreiz zum Lernen.
Ohne Noten kommt der Schock nur später, das trifft die Kinder dann noch härter.
Schüler wollen Noten.

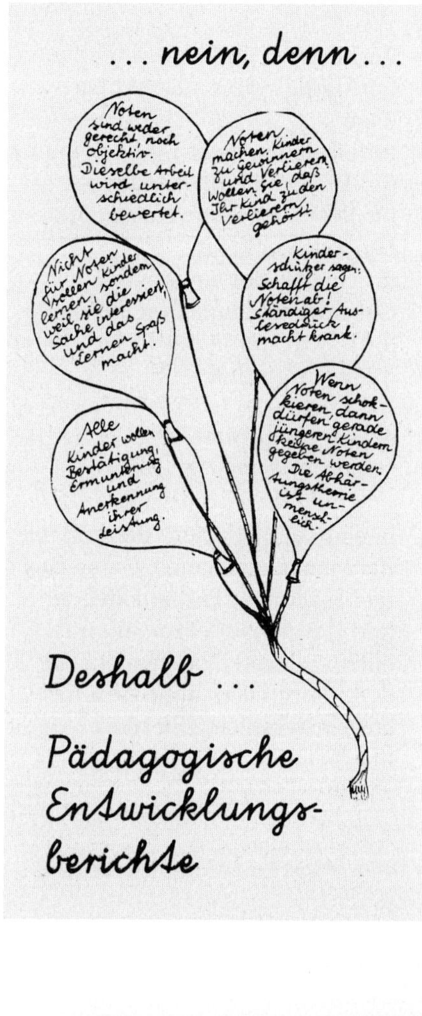
... nein, denn ...
Noten sind weder gerecht, noch objektiv. Dieselbe Arbeit wird unterschiedlich bewertet.
Noten machen Kinder zu Gewinnern und Verlierern. Wollen Sie, daß Ihr Kind zu den Verlierern gehört?
Nicht für Noten wollen Kinder lernen, sondern weil sie die Sache interessiert und das Lernen Spaß macht.
Kinderschützer sagen: Schafft die Noten ab! Ständiger Auslesedruck macht krank.
Alle Kinder wollen Bestätigung, Ermunterung und Anerkennung ihrer Leistung.
Wenn Noten schokkieren, dann dürfen gerade jüngeren Kindern keine Noten gegeben werden. Die Abhärtungstheorie ist unmenschlich.
Deshalb ...
Pädagogische Entwicklungsberichte

Standpunkte zur Grundschulreform

Aus dem »Grundsatzprogramm des Grundschulverbandes«

STANDPUNKT 7 *Differenzierte Lernerfolgsrückmeldungen*

Zum Auftrag der Grundschule gehört es, die Lernfreude der Kinder zu fördern und ihre Bereitschaft, Leistungen zu erbringen, zu stärken.

- Um der Unterschiedlichkeit von Lernvoraussetzungen, Lernentwicklung, Lernverhalten, Leistungsvermögen und Fähigkeitsprofilen der Kinder gerecht zu werden, sind die Lernerfolgsrückmeldungen pädagogisch zu differenzieren. Ihre Aufgabe ist es, das Vertrauen der Kinder in ihre Fähigkeiten zu festigen, ihnen eine ermutigende Anerkennung ihrer Lernfortschritte zu vermitteln, aber auch auf Lernrückstände aufmerksam zu machen und Wege für den Umgang mit individuellen Lernproblemen aufzuzeigen.

- Ziffernnoten vermögen diese Aufgaben nicht zu erfüllen. Durch die Herstellung von Rangordnungen fördern sie die Konkurrenz unter den Kindern, wohingegen kooperatives Verhalten ausgebildet und unterstützt werden sollte. Ziffernzensuren können den individuellen Fähigkeitsprofilen, Lernanstrengungen und Lernfortschritten nicht gerecht werden. Sie können die Komplexität der Entwicklung von Kindern nicht erfassen, sondern machen die Schülerinnen und Schüler zu Beurteilungsobjekten unter Verwendung uneindeutiger Normen. Durch die gehäufte Rückmeldung von Mißerfolgen können insbesondere die langsamer lernenden Kinder in ihrer Leistungs- und Persönlichkeitsentwicklung beeinträchtigt werden.

● Der Grundschulverband fordert die vollständige Abschaffung der Notengebung in der Grundschule und den Ersatz der Ziffernzeugnisse durch differenzierte Lernentwicklungsberichte auf allen Jahrgangsstufen.

Die Lernentwicklungsberichte sind nach den Grundsätzen einer ermutigenden Pädagogik abzufassen, dürfen jedoch Lernrückstände nicht verschleiern und sollen stets Hilfen für das weitere Lernen aufzeigen.

Die Lernentwicklungberichte dienen ausschließlich der wechselseitigen Beratung zwischen Schule, Kindern und Elternhaus.

● Die Entscheidung über die Wahl der weiterführenden Schulform liegt bei den Eltern, wobei eine intensive Beratung seitens der abgebenden und der aufnehmenden Schulen verbindlich ist. Beim Übergang zu den weiterführenden Schulen dürfen keine Eingangshürden gesetzt werden, weder in Form von Mindestnotendurchschnitten noch durch landesweite Vergleichsarbeiten mit Entscheidungscharakter für die Wahl einer bestimmten Schulform (»Grundschul-Abitur«).

● Alle Lehrerinnen und Lehrer sind in Aus- und Fortbildung auf die Aufgaben der Leistungsbeurteilung und der Beratung von Eltern und Kindern vorzubereiten.

Bundesgrundschulkonferenz 1995 in Berlin
Zukunft für Kinder – Grundschule 2000

Aus dem Berliner Memorandum

Lernen neu begreifen

Aus dem Wandel unserer Gesellschaft erwächst der Grundschule heute und morgen eine komplexe Aufgabenstellung. Sie ist der Vermittlung kultureller Traditionen verpflichtet, sie muss sich aber auch neuen Entwicklungen unserer Gesellschaft stellen. Die Grundschule mit Blick auf die rasanten Veränderungen der Freizeit-, Konsum- und Medienkultur einer ständigen Defizitkritik zu unterwerfen ist jedoch weder gerechtfertigt noch pädagogisch sinnvoll. Vielmehr kann die Grundschule mit ihrem zeitlich und inhaltlich strukturierten Lernangebot ein Gegengewicht zum Unterhaltungscharakter elektronischer Medien setzen, die den Lernerfahrungen der Kinder keine Kontinuität geben.

Lernen neu begreifen bedeutet, die Stärken der Grundschule entschiedener zu nutzen und auf bewährte Aufgaben nicht zu verzichten (wie Alphabetisierung, das Heranführen an systematisches Lernen). Es heißt aber auch, die Möglichkeiten eines erfahrungsoffenen, lebensnahen und gemeinschaftsbezogenen Unterrichts mehr als bisher zu nutzen und zu schaffen.Lernen neu begreifen bedeutet zugleich, aufzubrechen in unbekanntes Terrain und dabei auch Risiken einzugehen. Die Grundschule kann sich heute nicht mehr auf die Vermittlung vermeintlicher Gewissheiten beschränken. Sie ist immer wieder zu konzeptionellen Entscheidungen herausgefordert, muss diese von Zeit zu Zeit auch überprüfen und gegebenenfalls revidieren.

➢ *Das Lernangebot der einzelnen Grundschule muss größtmögliche Gestaltungsfreiheit zulassen. Das Umfeld der Schule, die Gemeinde, der Stadt-*

teil oder die Region sind wichtige Bezüge und Orte des Lernens. Die Einübung in die Grundfertigkeiten sichert die notwendige gemeinsame inhaltliche Grundlage des Lernens in der Grundschule.

- *Pädagoginnen und Pädagogen müssen mit einem handlungsorientierten, alle Sinne ansprechenden, kooperativen und differenzierten Lernangebot das systematisch fortschreitende und aufbauende Lernen anregen. Die Grundschule hat individuelle Lernwege und Lerngeschwindigkeiten zu respektieren und zu fordern, Selektion zu vermeiden, Ausgrenzungen zu verhindern und vor allem Erfolgserlebnisse zu ermöglichen.*

- *Lernen neu begreifen heißt auch, im Leistungsverständnis und in der Leistungsbeurteilung die Lernentwicklung des einzelnen Kindes hervorzuheben und zu fördern. Lernentwicklungsberichte können diesen Anspruch einlösen.*

- *Die Einführung in eine Fremdsprache durch kindgerechte Lernformen ist wichtiger Bestandteil der Grundschulbildung*

- *Lernen neu begreifen heißt in einer konsumorientierten und von Versagensängsten geprägten Welt, Kindern Sinn für Qualität zu vermitteln, ihnen zu einem »guten Leben« zu verhelfen und immer wieder Chancen zur Bewährung zu geben.*

- *Lernen neu begreifen heißt neues Lehren praktizieren. Pädagoginnen und Pädagogen müssen deshalb in ihrer Aus- und Fortbildung Gelegenheit erhalten, sich mit neuen Lernbedingungen vertraut zu machen und sich in zeitgemäße, dem veränderten Bildungsauftrag entsprechende Lehrformen einzuüben.*

Band 98

Die Zukunft beginnt in der Grundschule

Empfehlungen zur Neugestaltung der Primarstufe

Ein Projekt des Grundschulverbandes

Gabriele Faust-Siehl/Ariane Garlichs/Jörg Ramseger/Hermann Schwarz/Ute Warm

Beobachten, Beurteilen, Informieren

(S. 121-128)

Bildung als Maßstab des diagnostischen Handelns

Alles pädagogische Geschehen in der Grundschule steht unter dem Anspruch der Förderung des Kindes und seiner Bildung. Die Formen der Lernerfolgsfeststellung und Lernerfolgsrückmeldung dürfen nicht in Widerspruch zu diesem Anspruch geraten. Erfolgszuversicht und Könnenserfahrung sind die elementaren Voraussetzungen für die Entfaltung von Bildungsbereitschaft und Lernfreude. Nur ein Kind, das gerne lernt und Freude daran empfindet, seinen Horizont zu erweitern, ist den Anforderungen des Lebens gewachsen.

»Schulleistung« besteht in der Grundschule nicht primär in der Aneignung von reproduzierbarem Wissen und testbaren Fertigkeiten. Der Anspruch der individuellen Förderung der Kinder bezieht sich immer auf individuelle Bildungsprozesse in der Gemeinschaft der Mitschüler und immer auf die gesamte Persönlichkeit jedes einzelnen Kindes. Nur wenn es der Schule gelingt, die Einsichten, Erfahrungen, Fähigkeiten und Überzeugungen des einzelnen Kindes in einem gemeinsamen Erfahrungsaustausch über bedeutsame Inhalte und Gegenstände zu differenzieren und zu bereichern, kann sie ihren Bildungsauftrag erfüllen. Schulerfolg oder -mißerfolg sind zunächst immer der Erfolg oder Mißerfolg der Schule.

Der Bildungsanspruch der Grundschule und das Anknüpfen an die biographischen Voraussetzungen jedes einzelnen Kindes verbieten jede schematische Form der Lernerfolgsfeststellung. So differenziert die Erziehungsprozesse und Unterrichtsangebote heute sein müssen, so differenziert müssen auch die Formen der Leistungsbeurteilung und Lernerfolgsrückmeldung sein.

Die Lehrerinnen und Lehrer dürfen sich auch nicht auf die Begutachtung der *Resultate* des Lernens beschränken, sondern müssen immer die individuellen *Voraussetzungen* des Kindes einbeziehen und die *Entwicklungen*, die das Kind macht, mitvollziehen. Leistungsbeurteilung erfolgt in der Grundschule als kontinuierliche *Lernprozeßbegleitung*.

Diagnostik als Lernprozeßbegleitung

Weniger bedeutend als die punktuelle Lernerfolgsrückmeldung im Halbjahres- oder Jahreszeugnis ist die kontinuierliche diagnostische Begleitung der Lernbemühungen der Kinder durch die Lehrerinnen und Lehrer der Grundschule. Leistungsbeurteilung als Lernprozeßbegleitung zielt dabei nicht auf eine Überwachung der Kinder und permanente Registrierung ihres Verhaltens, sondern auf die mit den Lernbemühungen der Kinder *mitgehende Beobachtung* und (auch selbst-) *kritische Reflexion* des Geschehens durch die Pädagoginnen und Pädagogen. Dazu müssen die Lernbemühungen der Kinder allerdings in angemessener Form dokumentiert werden. Aus diesem Grunde sammeln inzwischen viele Pädagogen kontinuierlich die Arbeiten ihrer Schülerinnen und Schüler, benutzen individuelle Beobachtungskarteien oder führen ein »pädagogisches Tagebuch«.

Wo die Schüler auf dem Wege der »Selbstdifferenzierung« an der Auswahl der Inhalte, Methoden und Zugriffsweisen auf die Lerngegenstände beteiligt sind, bieten sich zugleich besondere Gelegenheiten, Selbstkontrolle und Selbsteinschätzung zu üben: Die Kinder wählen den Schwierigkeitsgrad ihrer Aufgaben selber aus, müssen das von ihnen Geleistete dann aber auch selbstkritisch beurteilen und rechtfertigen.

In der gemeinsamen Werkbetrachtung lernen die Kinder nicht nur die systematische Reflexion über die Qualität ihrer Produkte, sondern auch Maßstäbe zu gewinnen und die Bemühungen der jeweils anderen zu achten.

Klassenarbeiten dienen nicht länger dem Vergleich der Kinder untereinander, der infolge ihrer unterschiedlichen Lebensbedingungen ohnedies immer ungerecht ausfallen muß, sondern sind allenfalls als »Vergewisserungen« über den Lernstand gerechtfertigt. Sie müssen daher an die inhaltlichen Aufgaben und individuellen Lernbemühungen der verschiedenen Kinder anknüpfen und sind in der Regel so differenziert zu gestalten, daß jedes Kind Lernfortschritte erkennen und dokumentieren kann.

Umwege, Fehler, sogar partielles Scheitern sind normale Bestandteile von Lern- und Entwicklungsprozessen. Wenn überhaupt, werden daher beispielsweise Diktate oder Rechenarbeiten nicht länger geschrieben, um Fehler zu zählen, sondern allenfalls, um dem Kind seine schon entfaltete Kompetenz zu demonstrieren und noch vorhandene Fehlerquellen zu identifizieren. Nicht *wieviele* Fehler ein Kind bei der Lösung einer Aufgabe macht, sondern *welche* es macht und *welche Abhilfe* es dafür gibt, ist entscheidend. Nicht Punktwerte, sondern *inhaltliche Analysen* und Dokumentationen der Lernbemühungen der Kinder sind das Resultat solcher Diagnostik.

Wichtig ist, jede Form der Selbsteinschätzung und der Fremdbeurteilung durch die Mitschüler oder die Pädagogin ausschließlich als *sachstrukturelle Rückmeldung* anzulegen und niemals als Bewertung *der Person* des Kindes. Bei der Lernerfolgsrückmeldung sind nicht Lob und Tadel, sondern Ermutigung und Sachkritik die angemessenen Kategorien.

Die bisweilen sachlich gebotene Aufforderung zur Selbstkritik der Schüler ist besonders sorgsam zu gestalten, damit sie von den Kindern nicht als Nötigung zur Unterwerfung unter fremdbestimmte Maßstäbe oder die Übermacht der Lehrerin beziehungsweise des Lehrers mißverstanden werden kann.

Die postindustrielle Gesellschaft mit ihren Tendenzen zur Individualisierung und Entsolidarisierung bedarf – unabhängig von Formen individueller Leistungserprobung – auch der Einübung in Formen gemeinsamen Leistens. In gemeinsamer Arbeit bewältigte Aufgaben werden jedoch nur dann eine solidarisierende Wirkung entfalten, wenn Arbeitsprozeß und Arbeitsergebnisse als gemeinschaftliche gewürdigt werden. Das verlangt neue Formen der Lernprozeßbegleitung und -würdigung. Leistung ist nicht allein unter sachstrukturellen Qualitätsmerkmalen zu gewichten, sondern auch als sozialer Prozeß, bei dem eventuell besondere Erschwernisse in der Ausgangssituation der Gruppe mit zu berücksichtigen sind.

Grundschule in der Wettbewerbsgesellschaft

Die Grundschule muß sich entschlossen von dem in unserer Gesellschaft immer noch verbreiteten Trugschluß freimachen, daß Bildung unter Wettkampfbedingungen besonders gut gedeihe. Bildung ist kein Leistungssport. Wer das Lernen zum Wettkampf macht, produziert notwendigerweise Verlierer. Dazu hat die Grundschule als staatliche Pflichtveranstaltung überhaupt kein Recht, zumal die Verlierer in der Regel von vornherein feststehen.

Wenn also die Grundschule selber kein Wettkampfplatz sein soll, so ist sie gleichwohl in die Widersprüche einer wettbewerbsorientierten Gesellschaft eingebunden. Die Grundschule bereitet ihre Schülerinnen und Schüler auf die noch bestehende Wettbewerbsgesellschaft dadurch am besten vor, daß sie, solange es nur geht, das Selbstvertrauen der Kinder stärkt und ihnen in Ruhe und Gelassenheit immer wieder neu Gelegenheiten der Könnenserfahrung eröffnet und Strategien des Lernens und der Erfahrungserweiterung aufzeigt.

Spielerische Formen von Leistungswettbewerb unter annähernd gleich leistungsstarken Kindern können gleichwohl eine lustvolle und stärkende Erfahrung sein. Im Unterschied zu konkurrenzorientierten Formen, bei denen es primär um Sieg und Niederlage geht, führen sie nicht zu überdauernden Etikettierungen im Gefüge der Lerngruppe, wenn auch den leistungsschwächeren Schülern angemessene Chancen eingeräumt werden.

Formen der Lernerfolgsrückmeldung

Die mit der konkurrenzorientierten Ziffernbenotung einhergehende öffentliche Rückmeldung von Erfolg und Mißerfolg bewirkt beim langsam lernenden Kind auf lange Sicht eine dauerhafte Störung der Lernfreude und des Selbstvertrauens und verleitet das schnell lernende Kind zu Selbstüberschätzung und falschem Stolz. Aus diesem Grund muß die noch immer vorfindliche Praxis der Ziffernbenotung als pädagogisch unverantwortlich bezeichnet werden. Ziffernzensuren sind nicht nur leistungsfeindlich, sondern auch persönlichkeitsschädigend – und zwar auch für das leistungsstarke Kind.

Das Notenzeugnis war die Konsequenz eines normativen Schulverständnisses und die angemessene Form der Lernerfolgsrückmeldung für eine Schule, die von der Individualität ihrer Schüler weitgehend abstrahierte, allen Schülern im wesentlichen das gleiche Lernangebot unterbreitete, von allen den gleichschrittigen Nachvollzug vorgedachter Sinnstrukturen erwartete und alle frühzeitig an die Annahme fremdbestimmter Leistungsnormen in einer konkurrenzorientierten Gesellschaftsordnung gewöhnen wollte. Es ist mit den Normen, die es repräsentiert, und mit der Schule, die noch immer so verfährt, unzeitgemäß geworden und sollte in allen Grundschulklassen abgeschafft werden.

Die eingangs genannten Grundsätze machen den Übergang zu *differenzierten Lernentwicklungsberichten* als Normalform der Lernerfolgsrückmeldung erforderlich. In solchen Lernentwicklungsberichten werden die Lernangebote der Schule und die Lernbemühungen und Lernerfolge der Kinder detailliert beschrieben und kritisch aufeinander bezogen. Sie dienen nicht mehr der einseitigen Ursachenzuweisung an das Kind und Archivierung seines Leistungsstandes durch den Staat, sondern der *wechselseitigen Beratung* zwischen dem Kind, seinen Eltern und seinen Lehrerinnen und Lehrern über gelungene und gescheiterte Lehr- und Lernbemühungen im sozialen Raum der Schule.

Lernentwicklungsberichte sind Momentaufnahmen aus fortdauernden Entwicklungsprozessen. Sie sollten daher nur zwischen dem Kind, seinen Eltern und seinen Lehrerinnen und Lehrern ausgetauscht werden. Außerhalb dieses Kommunikationsprozesses verlieren sie ihre Bedeutung und ihre Berechtigung. Sie sollten daher Dritten, insbesondere auch den weiterführenden Schulen, *nicht* zugänglich gemacht werden.

Hinsichtlich der Form und der Qualität der schriftlichen Lernerfolgsrückmeldungen, die an die Stelle der traditionellen Ziffernzeugnisse treten sollen, besteht noch ein größerer Entwicklungs- und Fortbildungsbedarf. Insbesondere sollte in der Fortbildung weiter auf die Differenz zwischen der pädagogisch gebotenen Ermutigung der Kinder und einer pädagogisch besonders problematischen Beschönigung von Schülerleistungen in den Jahreszeugnissen hingewiesen werden.

Versetzung, Rücktritt und Vorversetzung

Angesicht der Vielfalt kindlicher Biographien macht es wenig Sinn, eine einheitliche Verweildauer der Kinder in der Grundschule zu unterstellen. Selbst wenn eine solche für die meisten Kinder angenommen wird, gibt es doch immer wieder Fälle, daß einzelne Kinder sinnvollerweise länger als nur vier (beziehungsweise sechs) Jahre in der Grundschule verweilen oder durch Überspringen einzelner Jahrgangsstufen auch mit einer kürzeren Grundschulzeit auskommen.

Grundsätzlich gilt, daß stets alle Kinder einer Lerngemeinschaft versetzt werden und keines zurückgelassen werden sollte. Wenn im Einzelfall eine andere Regelung sinnvoller erscheint, darf diese nicht von einzelnen Vorkommnissen, Schulleistungen oder gar Zensuren abhängig gemacht, sondern nur im gemeinsamen Konsens zwischen dem Kind, seinen Eltern, seinen Lehrerinnen und Lehrern sowie den Pädagoginnen und Pädagogen der aufnehmenden Klasse gemeinsam verabredet werden.

Analoges gilt für das Überspringen einer Jahrgangsstufe durch solche Kinder, die in ihrer Altersgruppe dauerhaft unterfordert sind.

Verzicht auf Übertrittsempfehlungen

Fördern und Auslesen bilden einen unversöhnlichen Gegensatz. Die Grundschule kann sich von diesem gesellschaftlich bedingten Gegensatz nicht ganz freimachen, darf ihn aber auch nicht durch eigenes Zutun noch verschärfen. Sie darf nicht selber Auslese betreiben.

Die Grundschule riskiert, vor den ihr anvertrauten Kindern ihre Glaubwürdigkeit zu verspielen, wenn sie sich weiterhin zum Auslesegehilfen für ein gesellschaftlich umstrittenes und in sich problematisch strukturiertes Sekundarschulsystem macht. Dem Anspruch der Sekundarschulen, von der Grundschule eine nach Leistungs- und Anpassungsfähigkeit vorsortierte Schülerschaft zu erhalten, muß die Grundschule als Schule der Demokratie Widerstand entgegensetzen.

Da die gesellschaftlichen Ansprüche an die Schulen der Sekundarstufe rasch wechselnden Maßstäben unterworfen sind und die Qualität der nachfolgenden Bildungsangebote überhaupt nicht in der Verantwortung der Grundschule liegt, kann diese ohnedies keine verläßlichen Zukunftsprognosen über die Schullaufbahn der ihr anvertrauten Kinder abgeben und keine verantwortlichen Übertrittsempfehlungen für die weiterführenden Schulen aussprechen. Die Übertrittsgutachen sollten daher abgeschafft werden. Entscheiden müssen die Erziehungsberechtigten – frei und ohne Furcht vor Diskriminierung oder vorurteilsbehafteter Abwehr der aufnehmenden Schule.

Die Grundschule kann und soll die Eltern bei der schwierigen und immer risikobehafteten Übertrittsentscheidung gleichwohl umfassend *beraten.* Dabei kann es nicht darum gehen, die Eltern um jeden Preis für die eine oder andere Schulform zu gewinnen oder sie von einer vermeintlichen »Fehlentscheidung« abzuhalten. Die Grundschulpädagogin kann den Eltern allenfalls dabei helfen, sich in abwägender Reflexion über die Lernvoraussetzungen des Kindes und die Lernbedingungcn der aufnehmenden Schulen selber zu entscheiden.

Aus: Grundschulverband aktuell: November 1998, S. 1 und S. 7f.

Leistung auf dem Prüfstand

Das Thema Leistung ist zur Zeit in vieler Munde und in vielen Medien präsent. Einheitlicher Tenor: Die deutschen Schüler leisten zu wenig. Die Rezeptur: Einheitliche Leistungstests von Vergleichsarbeiten bis zum Zentralabitur. Noten statt Kuschelecken. Da kommt schon ein pädagogisches Gruselkabinett zusammen.

Der Grundschulverband hat das Thema Leistung seit seinem Bestehen immer wieder als ein zentrales herausgestellt. Denn am Leistungsbegriff wird deutlich, ob es mit dem Grundrecht aller Kinder auf Leistung ernst gemeint ist. Und an der Leistungsbewertung wird deutlich, ob dies auch unterrichtspraktisch eingelöst werden kann.

Mit diesem Heft nehmen wir die Spur wieder auf und beziehen Stellung zur aktuellen Leistungsdebatte: Hans Brügelmann stellt z. B. dar, dass die aktuelle Debatte schimärenhafte Züge trägt, und untersucht, welcher Begriff von Leistung für die Grundschule taugt:

Leistung ist nicht gleich Leistung ist nicht gleich Leistung …

Der positiv besetzte Begriff »Leistung« wird immer wieder missverständlich gebraucht, weil unterschiedliche Bezugsnormen (Gruppen-, Kriteriums- bzw. Entwicklungsorientierung) vermischt werden und weil ihre Passung auf unterschiedliche Leistungssituationen nicht geprüft wird.

1. *Höchstleistung* – gemessen an den Leistungen Anderer – ist ein Anspruch an Personen, die sich aus persönlicher Neigung und wegen besonderer Begabung für die (oft einseitige) Entwicklung spezieller Fähigkeiten entschieden haben: SpitzensportlerInnen, ForscherInnen, KünstlerInnen, ErfinderInnen. Sie setzen sich aus freiem Willen der Konkurrenz mit anderen und überdurchschnittlichen Anforderungen an vorbereitendem Aufwand und an Perfektion der Leistung aus, um »zu gewinnen«. Der Maßstab für eine »gute« Leistung verändert sich je nach Bezugsgruppe (100-m-Läuferinnen im Kreis, im Bundesland, auf Bundes-

ebene, ...). »Gut« kann man nur auf Kosten anderer sein. Nicht der Grad des Leistungsunterschieds, sondern die Rangfolge ist bedeutsam – auch wenn sie nach (praktisch bedeutungslosen) Tausendstelsekunden differenziert wird.

In der Schule ist diese Norm angemessen allenfalls für Wettbewerbe, für die sich die Kinder freiwillig entscheiden können (sollten!), z. B. Vorlesewettbewerb, Bundesjugendspiele, »Jugend forscht«, ...

2. *Mindestleistung* – gemessen an den Anforderungen einer speziellen Aufgabe – ist ein Anspruch vor allem an Qualifikationen für die Berufsausübung (z. B. Medizin, Uhrmacherei, Polizei, Lehramt, ...) oder für private Aktivitäten, deren Folgen Dritte betreffen (z. B. Autofahren, Privatflug). In dieser Hinsicht kommt es darauf an, dass bestimmte Grundstandards eingehalten werden, z. B. zum Schutz von KlientInnen oder KonsumentInnen. Maßstab ist der aktuelle »state of the art«. Die Zulassung zum Straßenverkehr, als Anwältin oder Friseur setzt nur das Bestehen einer Prüfung voraus – unabhängig von den Leistungen anderer. Insofern können theoretisch alle »gewinnen«. Niveauunterschiede oberhalb des Mindeststandards sind allenfalls bedeutsam für das Preis-Leistungs-Verhältnis (z. B. Ganggenauigkeit oder Verarbeitung einer teureren Uhr).

In der Schule ist dies die angemessene Norm für Fähigkeiten, auf die eine Person für ihr Leben oder die Gesellschaft für ihren Weiterbestand angewiesen ist, z. B. Grundqualifikationen wie Toleranz, Fähigkeit zum verständlichen Ausdruck, verträgliche Vertretung der eigenen Interessen. Problematisch wird es schon bei Grundkenntnissen und -fertigkeiten, von denen die Chancen einer Person abhängen, sich durch einen Beruf die eigene Existenz zu verdienen, sind Anforderungen an diese doch auch konjunktur- und nicht nur leistungsabhängig (vgl. die wachsenden Anforderungen an Lehrlinge bei knappen Lehrstellen oder an GrundschullehrerInnen bei der schulscharfen Besetzung von Stellen). Auch wegen der erheblichen Unterschiede in den Lernvoraussetzungen und -bedingungen der Kinder fällt es schwer, für die Grundschule gleiche Niveaus als *Ziel*perspektive zu bestimmten Terminen auszuweisen. Solange sich die Bildungsgänge nach der vierten Klasse auffächern, wird diese Perspektive allerdings indirekt wirksam: als unterschiedliche Eingangsvoraussetzungen der weiterführenden Schulen. Damit wird aber auch die andere Funktion einer solchen Beurteilung deutlich: nicht als rückblickende Bewertung der Leistung während der Grundschulzeit, sondern als Prognose der Erfolgswahrscheinlichkeit in den anschließenden Schulstufen. Diese hängt jedoch nicht allein vom einzelnen Kind und seinen Fähigkeiten, Kenntnissen usw. ab, sondern in hohem Maße von den besonderen Anforderungen und Arbeitsweisen eines konkreten Gymnasiums, einer bestimmten Realschule. Entsprechend situationsbezogen müsste dann auch die Beurteilung der Erfolgschancen des Kindes formuliert werden. Allgemeine »Minimalanforderungen« unterstellen eine »Eignung« im Sinne stabiler Eigenschaften.

3. *Entwicklungsleistung* – gemessen an den individuellen Voraussetzungen – ist ein Anspruch an die Bemühungen des einzelnen, das Beste aus seinen Möglichkeiten zu machen. Diese Leistung bemisst sich nach den Fortschritten, die eine Person erreicht, und nach der Anstrengung, die dafür erforderlich ist. Der Vergleich mit anderen oder das Erreichen eines allgemein gültigen Standards werden nur sekundär bedeutsam.

In der Schule ist dies die angemessene Norm für eine Grundbildung, die alle Bereiche der Persönlichkeit umfasst – auch die, die nicht zu den persönlichen Neigungen und Stärken gehören (s. 1), und auch die, die nicht für die Zulassung zu »öffentlichen« Aktivitäten (s. 2) erforderlich sind.

Grundbildung (nicht nur: Grund»fertigkeiten«) ist die Zielperspektive vor allem der Grundschule. Vertrauen in die eigene Leistungsfähigkeit zu gewinnen, ist ein Recht aller Kinder. Die Grundschule ist Teil der Pflichtschule, ihr Besuch also nicht freiwillig (anders als beim Sportverein oder in der Fahrschule). Zudem ist sie für eine Altersstufe zuständig, in der Kinder ihr Selbstkonzept und ihr Selbstwertgefühl auf der Grundlage von Erfolgen erst aufbauen.

Für einen Vorrang des dritten Verständnisses von Leistung – jedenfalls auf dieser Stufe des Bildungswesens – sprechen drei Gründe. Am Beispiel Rechtschreibung veranschaulicht:

Diktate lassen sich so mit Rechtschreibschwierigkeiten spicken, dass selbst versierte SpezialistInnen noch Fehler machen – ein sinnvolles Verfahren, um den besten Rechtschreiber eines Landes herauszufinden, z. B. bei orthografischen »Meisterschaften«, wie sie alljährlich in Frankreich ausgetragen werden.

Grundwortschätze mit besonders häufigen Wörtern und gängigen Rechtschreibproblemen eignen sich, um (verschiedene!) Mindeststandards zu definieren, die in weiterführenden Bildungseinrichtungen oder bestimmten Berufen erforderlich sind, um sich verständlich auszudrücken und mitzuteilen. Zum Abschluss der Pflichtschulzeit lassen sich so im Blick auf typische Anwendungssituationen Leistungsniveaus (allerdings mit einer alltagsnah berechneten Fehlertoleranz) bestimmen, um für die jeweils spezifischen Anforderungen ungeeignete KandidatInnen auszuscheiden. In Abschlussprüfungen von speziellen Bildungsgängen können analog bereichsspezifische Wortschätze erfasst werden, wie sie in der Regel »on the job« durch den alltäglichen Gebrauch erworben werden.

Das Ziel individueller Entwicklung stellt der Grundschule demgegenüber die Aufgabe, »tragfähige Grundlagen« (so die Sprachregelung in NRW) in folgenden Perspektiven zu fördern:

- Aufbau eines individuellen Gebrauchswortschatzes
- Erweiterung des Niveaus der Rechtschreibstrategien
- Ordnung von Schreibungen nach grundlegenden Rechtschreibmustern
- Erwerb von Techniken zur selbständigen Klärung von Unsicherheiten
- Entwicklung von Lernformen zur Aneignung neuer Wörter/Phänomeme
- Einsicht in die Bedeutung einer verbindlichen Rechtschreibung.

Die oben genannte Differenzierung nach den drei Verwendungszusammenhängen des Begriffs »Leistung« löst auch einen »Widerspruch« auf, den Lehramtsstudierende immer wieder beklagen: In grundschulpädagogischen Seminaren (oder gar dem Studium insgesamt) werde der individuelle Leistungsbegriff für Kinder propagiert, die Arbeiten der Studierenden aber würden an allgemeinen Anforderungen oder mit Bezug auf Leistungen anderer bewertet.

Die Orientierung an allgemeinen Kriterien ergibt sich aus der Notwendigkeit von Mindeststandards in einer (frei gewählten!) Berufsausbildung. Dass die gegenwärtigen Kriterien (z. B. Vorrang fachlicher Leistungen) und Verfahren (vor allem Referate, Klausuren, Hausarbeiten) optimal sind, lässt sich mit guten Gründen bestreiten. Formal gesehen erfordert aber das Ziel – Schutz von Kindern vor ungeeigneten LehrerInnen – ein anderes Beurteilungssystem als in der Grundschule, sollen bestimmte Voraussetzungen als Zugangsschwelle zur Tätigkeit in der Schule gesichert werden.

Zwar kann für Noten in der Ausbildung nicht der Anspruch einer höheren Objektivität als bei den (in Seminaren) kritisierten Schulnoten erhoben werden. Es bleibt aber die Frage nach der Alternative: Wäre es besser, wenn die (unausweichliche) Differenzierung von Leistungen innerhalb der Bezugsgruppe erst bei der Einstellung erfolgte? Punktuelle Beurteilungen, gewonnen aus einer Situation, über nur ein Verfahren, womöglich nur durch eine Person (womöglich gefärbt durch »Vitamin B«) wären allemal stärker störanfällig als ein auf verschiedene Fächer, Verfahren, PrüferInnen und Zeiten verteiltes Prüfungssystem. …

Zeugnisregelungen in den Bundesländern für die Grundschule

(Aus: Prüfen und Beurteilen, Friedrich Jahresheft XIV, S. 132-135, zusammengestellt von Claudia Kramatschek und Christine Stadler – in Auszügen, auf den neuesten Stand gebracht)

Baden-Württemberg

Klasse 1/2:
- Schulbericht (Ende Klasse 1 sowie 2.1 und 2.2): sachliche Feststellungen zum Verhaltens-, Arbeits- und Lernbereich sowie mögliche ergänzende Hinweise zum individuellen Bereich jedes/r Schülers/in
- zwischen Klasse 1 und 2: keine Versetzungsentscheidung
- ab Klasse 2.2: für Deutsch und Mathematik ganze Noten ergänzen

Klasse 3/4:
- Notenzeugnis; schriftliche Arbeiten in Deutsch und Mathematik; im Halbjahreszeugnis sowie Jahres- und Abschlusszeugnis Note für Schrift und Gestaltung (für Versetzung nicht maßgebend)

Bemerkungen:
Ab dem Schuljahr 1995/96: in Klasse 3 – 6 statt »Kopfnoten« für »Verhalten und Mitarbeit« knappe, allgemeine verbale Beurteilung hinsichtlich Arbeitsverhalten, Selbständigkeit und Bereitschaft zur Zusammenarbeit eines/r Schülers/in in der Klassen- und Schulgemeinschaft

Bayern

Klasse 1/2:
- ohne Noten, mit verbalen Zeugnisberichten, mit Lernzielkontrollen
- ab Klasse 2: im Zeugnisbericht mit Bewertung der Leistungen

Klasse 3/4:
- Notenzeugnis (Möglichkeit der weiterführenden Hilfestellungen in verbaler Form)

Bemerkungen:
notenfreie Bewertungen nur vereinzelt, z. B. in Berufsfachschulen für Hauswirtschaft, Kinder- und Sozialpflege

Berlin

Klasse 1/2:
- Klasse 1: verbale Beurteilungen
- Klasse 2: Noten oder verbale Beurteilungen bei Beschluss der Klassenlehrer und der einfachen Mehrheit der Erziehungsberechtigten

Klasse 3/4:
- Klasse 3: Noten oder verbale Beurteilungen bei Beschluss der Klassenlehrer und Zweidrittelmehrheit der Erziehungsberechtigten (wenn in der Vorklasse verbal beurteilt wurde)
- Klasse 3 und 4: Bei Schul- oder Klassenwechsel sind die Zeugnisse mit Noten zu erteilen. Die verbalen Zeugnisse am Ende des Schulhalbjahres können durch ein Gespräch mit den Erziehungsberechtigten ersetzt werden.

ab Klasse 5:
- Noten

Brandenburg

Klasse 1/2:
- Klasse 1 und 2: Zeugnisse zum Schuljahresende in Form von verbalen Beurteilungen

Klasse 3/4:
- ab Klasse 3: schriftliche Arbeiten zur Leistungsfeststellung
- Klasse 3 und 4: Zeugnisse zum Schulhalb- und -jahresende; bei Beschluss der Schulkonferenz kann auf Noten verzichtet werden.

ab Klasse 5:
- Zeugnisse wie Klasse 3/4 mit Noten
  von Klasse 1 bis 6 gilt die automatische Versetzung

Bemerkungen:
Übergangsregelung: individuelle Beratung der Eltern über mögliche Schullaufbahn; Gutachten nach dem Beratungsgespräch, das mit einer Empfehlung abschließt (Basis: Entwicklung des Kindes, Begabungs- und Leistungsschwerpunkte, Prognose)

Bremen

Klasse 1/2:

- Schuljahreszeugnis in Form von Entwicklungsberichten

Klasse 3/4:

- Lernentwicklungsbericht und Ziffernzeugnis gelten als gleichberechtigte Versetzungsgrundlage

»(3) Zu Beginn der Jahrgangsstufe 3 entscheidet die jeweilige Klassenkonferenz über die Form der Zeugnisse in den nächsten Jahrgangsstufen. Die Entscheidung für die Form des Lernentwicklungsberichtes kann nicht gegen das Votum des Klassenlehrers ergehen. Eine solche Entscheidung setzt die Zustimmung der Erziehungsberechtigten der Schüler der jeweiligen Klasse voraus.«
(aus: Gesetzesblatt der Freien Hansestadt Bremen, Nr. 17, 23. 3. 1993)

Orientierungsstufe:

- anstelle des Schulhalbjahreszeugnis Elternberatungen
- Schuljahresende Jg. 5: Erstes Zeugnis, aber SchülerInnen rücken ohne Versetzungsentscheidung in Jg. 6 vor.
- Jahreszeugnis Jg. 6: Eltern wählen nach Beratung mit Fachkräften den weiterführenden Bildungsgang für das Kind aus; Noten

Bemerkungen:
Schulen können (für die Orientierungsstufe) einen (Einzel-) Antrag auf abweichende Beurteilungsform stellen.

Hamburg

Klasse 1/2:

- grundsätzlich Berichtszeugnisse

Klasse 3/4:

- Erziehungsberechtigte können mit einfacher Mehrheit über Berichts- oder Notenzeugnis entscheiden.

Orientierungsstufe:

- Schulversuch Orientierungsstufe:
  Halbjahreszeugnis der Klasse 5 generell Berichtszeugnis;

Jahreszeugnis Klasse 5 und Zeugnisse Klasse 6 teilweise mit Noten, teilweise verbal
- Integrierte Gesamtschule:
  Halbjahres-/Jahreszeugnis der Klasse 5 bei Beschluss der Schulkonferenz als Berichtszeugnis
- Integrierte Haupt-/Realschule:
  Klasse 5/6 Berichtszeugnisse bei Mehrheitsentscheidung der Eltern einer Klasse; in Klasse 7/8 bei Mehrheitsentscheidung der Eltern einer Jahrgangsstufe; ab Klasse 9 nur Notenzeugnisse

Hessen

Klasse 1/2:
- verbale Beurteilung

Klasse 3/4:
- Klasse 3: grundsätzlich Noten (verbale Beurteilung, abhängig von Entscheidung der Schulkonferenz)
- Klasse 4: Noten (verbale Beurteilungen nur im Rahmen eines Schulversuches)

Mecklenburg-Vorpommern

Klasse 1/2:
- Klasse 1 und Halbjahreszeugnis Klasse 2: verbale Beurteilungen
- Versetzung ohne Versetzungsentscheid
- »Mit Beginn des 2. Halbjahres der Klassenstufe 2 erfolgt die Bewertung von Leistungen auch in Form von Noten.«
  (Erlass des Kultusministers, 23. 5. 1991, 3/91)
- Versetzung in Klasse 3 auf Beschluss der Klassenkonferenz

Klasse 3/4:
- Noten
- Versetzung in Klasse 4 auf Beschluss der Klassenkonferenz
- »Zu Beginn des 2. Schulhalbjahres erarbeiten die Klassenlehrer der Klassenstufe 4 in Zusammenarbeit mit den Fachlehrern der 4. Klassen für jeden Schüler ein Gutachten, das mit einer Übergangsempfehlung abschließt und das eine Orientierungshilfe für die Erziehungsberechtigten und die später aufnehmende Schule sein soll.
  Es (...) gibt auch Auskunft über die Lernentwicklung, die Arbeitshal-

tung, die Belastbarkeit und das Sozialverhalten des Schülers innerhalb der Klasse.«
(Erlass der Kultusministerin, 25. 1. 1993, 5/93)

Niedersachsen

Klasse 1/2:
– Berichtszeugnisse

Klasse 3/4:
– Noten

Nordrhein-Westfalen

Klasse 1/2:
- Zeugnisse zum Schuljahresende, ohne Noten; zur Feststellung des individuellen Lernfortschritts sind kurze schriftliche Übungen zulässig
- Übergang von 1 in 2 ohne Versetzungsentscheid

Klasse 3/4:
- Zeugnisse zum Schulhalb- und -jahresende, mit Noten; schriftliche Arbeiten in Mathematik und Sprache

Bemerkungen:
seit 1989 Schulversuch an ausgewählten Grundschulen zur »Leistungsbewertung ohne Anwendung der Notenstufen« in den Klassen 3 und 4

Rheinland-Pfalz

Klasse 1/2:
- ohne Noten; Verbalbeurteilungen

Klasse 3/4:
- Notenzeugnisse; falls gemeinsamer Konsens zwischen Erziehungsberechtigten und LehrerIn, auch weiterhin Verbalbeurteilungen möglich; falls Sorgeberechtigte es wünschen, zusätzliche Anlage mit Noten für einzelne Fächer

Saarland

Klasse 1/2:
- Jahres- und Halbjahreszeugnis ohne Noten, stattdessen Berichtszeugnis

Klasse 3/4:
- Es besteht die Möglichkeit eines Berichtszeugnisses über Arbeits- und Sozialverhalten sowie die Leistungen in freier Form.

Sachsen

Klasse 1/2:
- Klasse 1: Leistungsbewertung ohne Zensuren
- Ende Klasse 1 und Ende 1. Halbjahr Klasse 2: Schulbericht ohne Zensuren (bei Verwendung von Mustern, herausgegeben vom Ministerium für Kultus; Schulbericht nach Konzept einer ermutigenden Erziehung)
- ab Klasse 2: Zensuren in Deutsch und Mathematik

Klasse 3/4:
- ab Klasse 3: Halbjahresinformation (Leistungen in einzelnen Unterrichtsfächern)
- Klasse 3: Schulbericht; Zensierung in Deutsch, Mathematik, Heimatkunde/Sachunterricht und Werken; in übrigen Fächern entweder Benotung oder verbale Beurteilung
- ab Klasse 4: Benotung in allen Fächern außer Religion/Ethik und Begegnungssprachen; am Ende Jahreszeugnis (staatl. Urkunde) und eine Bildungsempfehlung für weiterführende Schulen

Klasse 1-3: Bewertung von Verhalten und Mitarbeit in Verbaleinschätzungen

Sachsen-Anhalt

Klasse 1/2:
- Klasse 1: ohne Noten; stattdessen »Bericht zum Arbeits- und Sozialverhalten und über die Leistungen«; ohne Versetzungsentscheidung zwischen Klasse 1 und 2

- Klasse 2: Notenzeugnis für einige Fächer; Leistungsbewertung der notenfreien Fächer in Berichtsform
- Klasse 1 und 2: keine Klassenarbeiten

Klasse 3/4:
- ab Klasse 3: Klassenarbeiten in Deutsch, Mathematik und Heimat- und Sachunterricht;
  Es sind »vielfältige Formen der Leistungsfeststellung anzuwenden«. (Rdl. 29. 07. 1993)

Schleswig-Holstein

Klasse 1/2 und Klasse 3/4:
- Klasse 1 - 3: Berichtszeugnis über den Leistungs- und Entwicklungsstand; dieser bezieht für Klasse 2 und 3 die Leistungen mit ein und enthält einen Versetzungsvermerk.
- Klasse 1 zu 2: ohne Versetzungsbeschluss
- Klasse 2 - 3 und 3 - 4: Versetzungsvermerk am Schuljahresende
- Klasse 3: Auf Antrag der Eltern kann – bei anstehendem Umzug in ein anderes Bundesland – ein Notenzeugnis ausgestellt werden.
- Klasse 4: ohne Versetzungsbeschluss in die weiterführende allgemeinbildende Schule

Thüringen

Klasse 1/2:
- Klasse 1: ohne Noten;
- Klasse 2: schrittweise Einführung von Noten
- Zeugnisse der Klasse 1 und 2.1 in Form von Wortgutachten

Klasse 3/4:
- Noten

Bemerkungen:
Grundlage der Zensierung sind alle vom Schüler/der Schülerin erbrachten schriftlichen, mündlichen und praktischen Leistungen. Nichterbringen von Leistung kann ab Klasse 2 mit »ungenügend« zensiert werden.

Zur aktuellen Diskussion

Die folgende Stellungnahme wurde erarbeitet von

*Horst Bartnitzky/Hans Brügelmann/
Lilli Roffmann/Hermann Schwarz*

Sie wurde vom Bundesvorstand des Grundschulverbandes auf seiner Sitzung am 19./20. Februar 1999 beschlossen.

Zur Qualität der Leistung

5 Thesen zu Evaluation und Rechenschaft der Grundschularbeit

Der Grundschulverband – Arbeitskreis Grundschule e.V. – begrüßt, dass die Qualität von Schule und Unterricht wieder mehr öffentliche Aufmerksamkeit findet.

Eltern, Lehrkräfte, Didaktiker, Schulbehörden haben eine hohe Verantwortung für die Entwicklung der Kinder und Jugendlichen. Diese Verantwortung wird aber oft missverstanden im Sinne einer simplen Kausalität: Erwachsene könnten garantieren, dass die ihnen anvertrauten jungen Menschen bestimmte Dinge lernen und sich zu einer Persönlichkeit mit bestimmten Merkmalen entwickeln. Eine solche Erwartung überschätzt den Einfluss der Pädagogik auf die Entwicklung junger Menschen.

Pädagogisch verantwortliches Handeln ist anders zu definieren. Es hat Kindern und Jugendlichen Erfahrungsmöglichkeiten zu sichern. Es muss Angebote und Herausforderungen für ihre Entwicklung bereitstellen, aber es kann die Wirkung solcher Aufgaben und Situationen nicht determinieren. Ob diese Möglichkeiten von den einzelnen genutzt und wie sie von ihnen erfahren und verarbeitet werden, ist von außen nicht steuerbar.

Rechenschaftsansprüche und Evaluationsmaßnahmen, die diese grundlegenden Bedingungen einer jeden Pädagogik übersehen, sind unrealistisch; sie verstoßen gegen das Menschenbild unserer Verfassung, das auf Selbstbestimmung, Eigenverantwortung und persönliche Entfaltung angelegt ist.

Der Grundschulverband ist besorgt, dass die notwendige Diskussion über die pädagogische Qualität der Grundschularbeit und ihre Entwicklung belastet wird,

- durch unzutreffende Annahmen über die tatsächliche Situation in den Schulen,
- durch eine Verkürzung der komplexen Wirkungszusammenhänge und
- durch Fehlschlüsse aus den verfügbaren Forschungsbefunden.

Wir halten zunächst fest:
Klagen über einen angeblichen Leistungsverfall gab es zu allen Zeiten und gibt es in allen Ländern. Soweit empirisch überhaupt belegbar, sind die Defizite nicht dramatisch. Die wiederholt behaupteten Negativfolgen

der Grundschulreform der letzten 10-20 Jahre sind nicht nachgewiesen. Auch historisch ist kein genereller Leistungsverfall nachweisbar. Dagegen ist in wichtigen Bereichen sogar eine Zunahme des Bildungsniveaus festzustellen. In einzelnen Untersuchungsbereichen und bei Teilgruppen von Schülerinnen und Schülern gibt es Schwierigkeiten – allerdings wie zu jeder Zeit und wie in jedem anderen sozialen System auch. Soweit es sie denn gibt, wird ihre Bedeutung zudem sehr unterschiedlich eingeschätzt.

Die Probleme bzw. ihre Ursachen liegen nur teilweise im Verantwortungsbereich der Schule. Es ist vor allem im Blick zu behalten, dass Krisen im Beschäftigungssystem nicht von der Schule bewältigt werden können (vgl. u. a. die Entwicklung in Finnland 1990, in Japan 1995, in den ostasiatischen »Tigerstaaten« 1997). Umgekehrt ist das in den 90er Jahren zunehmende wirtschaftliche Wachstum und die abnehmende Arbeitslosigkeit in den USA nicht aus einer verbesserten Schulbildung der Berufstätigen erklärbar.

Angesichts der Lage auf dem Arbeitsmarkt gewinnen verwertbare Qualifikationen an Bedeutung – zumindest im individuellen Verdrängungswettbewerb. Aber auch in der Ökonomie ist die These umstritten, ein insgesamt höheres Niveau spezifischer Leistungen führe zu höherer Beschäftigung. Bildungsansprüche gegenüber Ausbildungsanforderungen zu opfern ist selbst aus ökonomischen Gründen nicht zu rechtfertigen.

Schwächen des Systems in einzelnen Bereichen (z. B. bei der Förderung von Kindern anderer Muttersprache, von besonders begabten oder behinderten Kindern) sind mit Besonnenheit zu untersuchen und Maßnahmen zu ihrer Überwindung in solide vorbereiteten Schritten zu planen. Insbesondere ist die öffentliche Debatte über die Leistungen der Schule und ihrer Schülerinnen und Schüler zu entdramatisieren.

These 1:

Die Diskussion über Aufgaben und Leistung der Schule muss sich an den heutigen und künftigen Anforderungen orientieren, statt die Vergangenheit zu verklären.

Nach den vorliegenden Befunden kann nicht von einem »Versagen« der Grundschule gesprochen werden. Es gibt keine Belege für einen »Leistungsverfall«. Es fehlt jedoch generell an verlässlichen Daten zur Einschätzung der Leistungsentwicklung in diesem Jahrhundert. Der Vergleich objektiver Leistungsdaten mit subjektiven Einschätzungen (INGENKAMP 1967) belegt, dass selbst Lehrerinnen und Lehrer (bezogen auf die eigenen Klassen) die Zunahme von fachlichen Leistungen falsch einschätzen und die Vergangenheit idealisieren.

Soweit überhaupt Befunde vorliegen, widerlegen sie (nicht nur in Deutschland) die These von einem generellen »Leistungsverfall« gegenüber früher. Je nach zeitlichem Bezugspunkt (»früher« z. B. = 1900, 1950 oder 1980) und je nach Inhalt der beurteilten Leistung (z. B. Rechtschreiben nach Diktat, Ausdrucksfähigkeit in einer Fremdsprache, 1 x 1 oder Dreisatz) deuten die wenigen verfügbaren Daten auf durchaus unterschiedliche Entwicklungen hin. Insgesamt aber hat das allgemeine Bildungsniveau erheblich zugenommen (vgl. im einzelnen die Nachweise in BRÜGELMANN 1999):

In den aktuellen Vergleichsstudien (IEA, TIMSS, OECD) liegen deutsche Schülerinnen und Schüler von der Grundschule über die Sekundarstufe I bis hin zur Sekundarstufe ll international im Mittelfeld. Das gilt für das Lesen (IEA), für Mathematik und für die Naturwissenschaften (TIMSS). Die Grundfähigkeiten von Erwachsenen aller Altersstufen liegen sogar im oberen Bereich (OECD). Manche deuten dies als Bildungskatastrophe oder sehen es gar als Beleg für eine angcblich gescheiterte Reformpolitik an (wäre eine ähnliche Aufregung in Dänemark oder Belgien denkbar?). Wir sollten uns erinnern: In der ersten IEA-Studie (Mathematik) Mitte der 60er Jahre hat die BRD im Vergleich von 12 Industriestaaten (jeweils die oberen 4 % des 13. Jahrgangs) nur den 11. Platz belegt, kurz darauf in der ersten Vergleichsstudie zum naturwissenschaftlichen Unterricht unter 19 Ländern (jeweils die obersten 9 % eines Jahrgangs) den 17. Platz. Aus diesen Jahrgängen stammt auch die Generation derjenigen in Wirtschaft, Wissenschaft und Politik, die einen »Leistungsverfall« in der Schule lauthals beklagt.

Auch bei den Spitzenleistungen gibt es gerade in den Naturwissenschaften keinen Grund zur Klage. Das belegen die Ergebnislisten der sog. »Schüler-Olympiaden« in Biologie, Chemie und Physik. In den letzten Jahren haben deutsche Oberstufen-Schülerinnen und Schüler sowohl in den Einzel- als auch in den Mannschaftswertungen unter jeweils zwei- bis dreihundert Teilnehmer aus rund 50 Nationen viele erste bis fünfte Plätze errungen.

Zu prüfen sind andererseits Hinweise, dass reproduktive Leistungen im Rechnen und Rechtschreiben in den vergangenen 30 bis 50 Jahren leicht abgenommen haben. Dies betrifft aber nur Teilgruppen von Schülerinnen und Schülern. Das tatsächliche Ausmaß und vor allem die Bedeutung dieser Veränderungen für Beruf und Alltag sind zudem umstritten: Es gibt auch gegenläufige Befunde, die naturgemäß weniger öffentliche Aufmerksamkeit finden. Insbesondere relativieren Rechtschreibleistungen in selbst verfassten Texten die Befunde aus Diktaten: Am Ende der Grundschulzeit schreiben die Kinder nach verschiedenen Untersuchungen im Mittel mehr als 90 % der Wörter richtig. Damit stellt sich die Frage, welche Aussagekraft für die Anforderungen im Berufs- und Lebensalltag Messverfahren haben, die sich auf einzelne Rechtschreib- und Rechenleistungen konzentrieren.

Für das Lesen wird in Deutschland (und in den Industrienationen generell) ein Zuwachs des Literalitätsniveaus festgestellt (»International Adult Literacy Study«, s. OECD 1997). Entgegen allen Vorurteilen lesen jüngere Menschen in der Regel mehr und besser als ihre Eltern und Großeltern (und als diese in ihrer Jugend gelesen haben). Heutige »Analphabeten« sind nicht vergleichbar mit denjenigen, die um 1900 nicht einmal mit ihrem Namen unterschreiben konnten. In den Medien genannte Zahlen von einer Million oder sogar drei Millionen schriftunkundiger Erwachsener beziehen sich auf ein heute wesentlich höheres Niveau der Lese- und Schreibfähigkeit. Ein früher als ausreichend angesehenes Können würde den heute deutlich höheren Anforderungen an Schriftsprache nicht mehr gerecht werden. Plausibel ist nicht eine Rückkehr zu den beschränkten Lernzielen und Übungsformen herkömmlichen Unterrichts, sondern eher der Ausbau anspruchsvoller Arbeitsformen, um den gewachsenen und weiter wachsenden Anforderungen gerecht werden zu können.

Der Anteil höherer Bildungsabschlüsse hat seit dem Beginn des Jahrhunderts erheblich zugenommen. Ein Qualitätsverlust dieser Abschlüsse ist bis in die 60er Jahre trotzdem nicht nachweisbar und für die Zeit danach bisher nicht untersucht. Für Fremdsprachenkenntnisse und sogar für das Spielen eines Musikinstruments konnten im Gegenteil erhebliche Zuwächse nachgewiesen werden – seit dem ersten Weltkrieg bis in die 70er Jahre hinein für die Jahrgänge insgesamt, aber auch innerhalb der einzelnen Schularten.

Das Niveau der allgemeinen kognitiven Fähigkeiten, wie sie in Intelligenztests gemessen werden, hat in derselben Zeit geradezu dramatisch zugenommen. Dieser Zuwachs zeigt sich weniger im Faktenwissen als vielmehr in Fähigkeiten zur Regelbildung und zum Perspektivenwechsel (Neisser 1998) Auch dies spricht gegen die Behauptung einer »Leistungserosion durch Bildungsexpansion«. Beispielsweise entspricht eine durchschnittliche Leistung in einem Intelligenztest der 50er Jahre (= Prozentrang 50) heute den unteren 5 % einer Altersgruppe.

Von einem allgemeinen »Leistungsverfall« kann folglich keine Rede sein. Die verbreiteten Kurzschlüsse übersehen vor allem:

Dieselben Kriterien (z. B. »Lese- und Schreibfähigkeit«) bedeuteten zu verschiedenen Zeiten ganz Unterschiedliches.

Umfang und Niveau des Grundschulcurriculums haben insgesamt erheblich zugenommen (Themen im Sachunterricht; Fremdsprachen in der Grundschule; freies Schreiben von Anfang an).

Die Populationen in den einzelnen Schulformen setzen sich heute ganz anders zusammen als früher (z. B. Integration von Verhaltensauffälligen, Behinderten und Kindern anderer Muttersprache in der Grundschule; andere Verteilung der Leistungsgruppen auf Gymnasium, Real- und Hauptschule in der Sekundarstufe).

Gesellschaftliche Anforderungen, aber auch das Bildungsniveau sind erheblich gestiegen. Soweit Leistungen spezifischen Anforderungen nicht genügen, beschränken sich die Probleme auf einzelne Leistungsbereiche bzw. Gruppen von Schülerinnen und Schülern. Diese sind gezielt zu erkunden und anzugehen. Die Rede vom generellen »Leistungsverfall« führt in die Irre.

These 2:

Die oft wenig fundierte Kritik an den Reformen der Grundschule ist zu versachlichen und zu korrigieren.

Soweit es Probleme in einzelnen Bereichen gibt, lassen sie sich nicht bestimmten Unterrichtskonzepten oder Unterrichtsformen zurechnen. Insbesondere reformpädagogische Ansätze einer »Öffnung von Unterricht« sind mit 5 bis allenfalls 15 Jahren noch nicht lange genug wirksam, mit einer Umsetzung in 5 % bis höchstens 20 % der Klassen zu wenig verbreitet und nach den vorliegenden Vergleichsuntersuchungen zudem nicht weniger erfolgreich als klein- und gleichschrittige Lehrgänge, so dass sie für Unterschiede oder Veränderungen des Leistungsniveaus nicht primär verantwortlich sein können (vgl. die Zusammenfassung der angelsächsischen Metaanalysen und der wenigen deutschen Untersuchungen im »Jahrbuch Grundschule« 1998, 8 ff.). Probleme bei der Umsetzung dieses Ansatzes dürfen zwar nicht übersehen werden, aber sie können nicht für eine Erklärung von Veränderungen in der Breite herangezogen werden.

Auch werden die wenigen empirischen Befunde häufig überinterpretiert. Ein Beispiel:

Als aktueller Beleg für eine Kritik an der deutschen Grundschulreform wird immer wieder die SCHOLASTIC-Studie von WEINERT/HELMKE zitiert (vgl. Schlagzeilen in der Presse wie »Neue Studie des Max-Planck-Instituts widerlegt Reformpädagogik«, NÖH 1997). Deren Befunde tragen diese Kritik aber nicht.

Die Untersuchung war nicht auf einen Vergleich von offenem Unterricht und direkter Unterweisung hin angelegt, entsprechend sind die Klassen nicht unter dieser Fragestellung ausgesucht (bzw. nicht im Nachhinein als deren Repräsentanten identifizierbar), und die methodischen Verfahren sind nicht auf diese Frage hin entworfen.

Unterstellt man dennoch, dass Design und Instrumente dieser Untersuchung geeignet seien, einzelne Aspekte in der Dimension »Offenheit« zu erfassen, so bleibt als Befund festzuhalten:

Aus dem breiten Spektrum der Leistungen wurden mit zwei Bereichen des Mathematikunterrichts und der Rechtschreibleistung im Diktat nur zwei Fächer und aus diesen nur spezifische Ausschnitte erfasst.

Statistisch gesichert ist der Zusammenhang zwischen Indikatoren direkter Unterweisung und dem Leistungszuwachs nur in einem der beiden (Teil-)Fächer, nämlich Mathematik, und mit Werten um 30 sind die Korrelationen selbst in diesem einen Fach so niedrig, dass der Zusammenhang auch hier nicht als systematisch, sondern als nur sehr lose einzuschätzen ist.

Ein Vergleich der besonders erfolgreichen Lehrerinnen und Lehrer auf Einzelfall-Ebene zeigt dementsprechend, dass sich deren Lehrstil-Profile in der Dimension Strukturiertheit nicht einem Pol zuneigen, sondern sehr unterschiedlich ausfallen (was sich noch deutlicher in einer SCHOLASTIK ergänzenden Teilstudie von LINGELBACH [1995] bestätigt).

Wir brauchen keine weiteren Globalvergleiche, sondern spezifischere Untersuchungen. Ihr Ziel sollte nicht sein, einen pädagogischen Ansatz durch einen anderen zu ersetzen, sondern Entwicklungsbedarf und -möglichkeiten innerhalb verschiedener Ansätze aufzuweisen, um Lehrerinnen und Lehrern zu helfen, ihre Praxis schrittweise zu verbessern. Totalrevisionen haben sich in der Geschichte der Schulreform noch nie als erfolgreich erwiesen.

These 3:

Bevor über Maßnahmen der Evaluierung entschieden wird, sind die Kriterien der Bewertung inhaltlich zu begründen, müssen Indikatoren und Instrumente auf ihre methodische Eignung hin überprüft werden.

Diese Einschätzung macht eine Überprüfung der pädagogischen Arbeit in der Grundschule nicht überflüssig. Im Gegenteil: Formen der Selbstvergewisserung, die Entwicklungsprozesse in der Schule anregen und unterstützen, sind ebenso notwendig wie eine Institutionalisierung von öffentlicher Rechenschaft im Schulwesen und in der einzelnen Schule.

Der Grundschulverband bedauert, dass die öffentliche Debatte sich meist auf kleine Ausschnitte dessen beschränkt, was die Qualität pädagogischer Arbeit auszeichnet und was zu ihrer Verbesserung beitragen könnte. Um den Bezugsrahmen der aktuellen Diskussion zu erweitern, macht der Grundschulverband im Folgenden Vorschläge

1. zu den inhaltlichen Ansprüchen an grundlegende Bildung als pädagogischer Norm für die Bewertung individueller und institutioneller Entwicklung;

2. zu den forschungsmethodischen Anforderungen an Indikatoren und Instrumente, die die Umsetzung dieser Ansprüche im Unterrichtsalltag der Grundschule erfassen können und

3. zum institutionellen Rahmen sowie zu Aufgaben und Verfahren der Qualitätsentwicklung auf den verschiedenen Ebenen des Bildungssystems.

1. Zu den inhaltlichen Ansprüchen: Wir brauchen eine öffentliche Debatte über Anspruch und Ausweis grundlegender Bildung

Die gegenwärtige Kritik an den Schulen unterstellt, dass Klarheit über die Ziele und Prinzipien von Unterricht besteht. Demgegenüber ist im Blick auf die vorgeschlagenen schul- und länderübergreifenden Leistungsvergleiche festzuhalten:

1.1 Die Breite dessen, was Allgemeinbildung ausmacht, wird oft bedenklich verkürzt.

1.2 Die Qualität der pädagogischen Prozesse, die zu den untersuchten Leistungen führen, wird nicht oder nur oberflächlich erfasst.

1.3 Die Vorstellung gleicher Leistungsniveaus für alle wird weder den unterschiedlichen Lernvoraussetzungen noch den individuellen Entwicklungsmöglichkeiten verschiedener Schülerinnen und Schüler gerecht.

Zu 1.1 Zur notwendigen Breite grundlegender Bildung

Den Bezugsrahmen für unser Verständnis von Leistung und Leistungserziehung in der Grundschule bilden die allgemeinen Lehrpläne bzw. Rahmenpläne für diese Schulstufe, deren leitende Prinzipien von einer Arbeitsgruppe des Grundschulverbands an anderer Stelle begründet und entfaltet worden sind (vgl. Faust-Siehl u. a. 1996).

Schulentwicklung muss anstreben, allen Kindern und Jugendlichen zu einer breiten allgemeinen Grundbildung zu verhelfen, die sie motiviert und befähigt, das eigene Leben selbstständig zu führen und sich auch nach der Schulzeit weiterzubilden. Einschließen muss diese Grundbildung Einstellungen, Fähigkeiten und Kenntnisse, mit denen die Heranwachsenden am gesellschaftlichen Leben kritisch-konstruktiv teilhaben und mit denen sie die zu erwartenden hohen Anforderungen des zukünftigen Arbeitslebens bewältigen können.

Alle Kinder müssen deshalb bis zum Ende der Grundschulzeit tragfähige Grundlagen erwerben, auf denen die Arbeit in den weiterführenden Schulen aufbauen kann. Diese Grundlagen beziehen sich auf drei Bereiche, nämlich

- auf Grundlagen im fachlichen Bereich, also Leistungen im Lesen, Schreiben und Rechtschreiben, in Mathematik, im Sachunterricht sowie in allen anderen Fächern der Stundentafel;
- auf Grundlagen im lernmethodischen Bereich wie Arbeitshaltungen und z. B. die Fähigkeit, neue Inhalte selbstständig zu erarbeiten, zu üben und die Arbeitsergebnisse zu überprüfen;
- auf Grundlagen im sozialen Bereich und für die Persönlichkeitsentwicklung wie z. B. die Überwindung von Schwierigkeiten und die Fähigkeit, unterschiedliche Ideen auszutauschen, Lösungswege miteinander auszuhandeln, Vorhaben gemeinsam durchzuführen.

Im Sinne eines erziehenden Unterrichts sind diese drei Grundlagen nicht getrennt voneinander lernbar und prüfbar. Ihr Zusammenwirken in den konkreten Lernsituationen bestimmt die Lernchancen und die Qualität des Lernerfolgs (Beispiel für tragfähige Grundlagen beim Verfassen von Texten im folgenden Kasten).

Tragfähige Grundlagen im Bereich »Texte verfassen« (Ende der 4. Klasse)

- *Texte mit verschiedenen Funktionen schreiben (Texte, die Erlebtes oder Erdachtes nachvollziehbar machen, die zum Handeln anregen oder verpflichten, die etwas dokumentieren oder über etwas informieren),*
- *Texte entwerfen (aus der Verwendungssituation heraus Schreibvorstellungen entwickeln; Textideen sammeln, Wortmaterial z. B. als Wortfelder sammeln, bzw. auf sie zurückgreifen, Textstruktur erarbeiten und nutzen; einen Entwurf schreiben; Fragen an Leser formulieren)*
- *sich über Texte beraten (Rückmeldungen zu Texten geben, Texte kontrollierend lesen, Unstimmigkeiten entdecken, sich gegenseitig beraten, Überarbeitungshinweise geben)*
- *Texte überarbeiten (Überarbeitungsverfahren kennen und nutzen, wie Korrigieren, Ersetzen, Umstellen, Erweitern; den jeweiligen Text in einer adäquaten Schlussfassung gestalten)*

An diesen Festlegungen wird deutlich, dass die tragfähigen Grundlagen sich nur im Zusammenspiel der drei Bereiche bestimmen lassen, den Grundlagen im fachlichen, im sozialen und im lernmethodischen Bereich:

- *Die fachlichen Grundlagen beinhalten neben den Textfunktionen und den Orientierungen die wesentlichen Aspekte des Schreibprozesses mit Planung umd Überarbeitung von Texten. Die Grundlagen im lernmethodischen Bereich sind damit eingeschlossen, z. B. wenn die Kinder aus der Verwendungssituation heraus Schreibvorstellungen entwickeln, wenn sie sprachliche Mittel bewusst einsetzen, wenn sie Texte auf die Normrichtigkeit des Schreibens hin überprüfen und sie gegebenenfalls korrigieren und wenn sie weitere Überarbeitungsverfahren anwenden.*

- *Die Grundlagen im sozialen Bereich sind durch die Adressierungen und kommunikativen Verwendungen von Texten, aber auch durch die Verhandlung von Texten z. B. in Leseversammlungen oder Schreibkonferenzen unverzichtbare Momente der Fachlichkeit. Auch hierbei werden lernmethodische Grundlagen weiterentwickelt, z. B. wenn die Kinder über die Qualität von Texten nachdenken, sich dazu Rückmeldungen geben, sprachliche Mittel suchen, Texte überarbeiten.*

(aus: Bartnitzky 1999)

Zu 1.2 Zur Qualität pädagogischer Prozesse

Unterricht kann nur verbessert werden, wenn seine Wirkungen auf die Lehr- und Lernaktivitäten im Klassenzimmer bezogen und die pädagogischen Prozesse selbst beobachtet und reflektiert werden. Zudem haben »dieselben« Leistungen, z. B. in einem Test geprüfte Kenntnisse, eine unterschiedliche Qualität, wenn sie als Formel übernommen oder wenn sie durch Einsicht erworben, wenn sie isoliert eingeübt oder wenn sie in Sachzusammenhängen erarbeitet wurden.

Aus diesen Gründen schließt eine Beurteilung von Unterricht auch die Qualität der Prozesse ein, durch die Lernen ermöglicht und gestaltet wird. Im Sinne der drei Dimensionen eines erziehenden Unterrichts heben wir im Anschluss an Schwarz (1998) die folgenden Merkmale als besonders bedeutsame Anforderungen an Lehrerinnen und Lehrer in der Grundschule heraus:

- Bemühung um ein Klima der Geborgenheit, Verständigung, Fairness und Kooperation,
- Bemühung um Hilfe für die Lernenden, positive Selbstkonzepte zu entwickeln,
- Bemühung um Schülermitwirkung – z. B. in motivierenden Projekten; im Klassenrat,
- Bemühung um Lernfreude und Interesse an den Inhalten schulischen Lernens,
- Bemühung um Balance der sich wechselseitig stützenden Formen des selbständigen Lernens der Heranwachsenden und ihres von den Lehrenden gelenkten Lernens,
- Bemühung um Klassengespräche mit Problemlösungssuche durch alle Beteiligten,

- Bemühung um vielgestaltige Übungsmöglichkeiten – auch mit Partnerhilfe,
- Bemühung um zur Gewohnheit gewordene Selbstkontrollen und gemeinsames Bilanzieren von Schwächen, Fortschritten und Stärken der Lernarbeit,
- Bemühung um wirksame lernbereichsspezifische – auch individualisierende – Methoden,
- etwa gleich viel pädagogische Interaktion mit den Lernenden jeglicher Leistungsstärke,
- Sorgen für Einhaltung von Regeln, Ritualen und Vermeidung von Unterrichtsleerlauf,
- Bemühung um Teamarbeit der Lehrenden.

Zu 1.3 Zur Illusion gleichschrittiger Leistungsentwicklung

Die Zusammensetzung der Schülerschaft ist in der Grundschule besonders heterogen. Im Vergleich zu anderen Schulformen streuen die Voraussetzungen breiter, bringen die Schülerinnen und Schüler aus ihrer Lebenswelt so unterschiedliche Erfahrungen mit und sind ihre Lernmöglichkeiten so verschieden, dass die Forderung gleicher Leistungsniveaus am Ende der Grundschulzeit oder gar am Ende einzelner Schuljahre unrealistisch ist.

Leistungsanforderungen als Hürde, als gleichschrittig gestufte Treppe oder als Leiter zu definieren entspricht einem statischen Bildungsverständnis und wird der Vorstellung von Lernen als individueller Entwicklung von Menschen (gefordert und gefördert in ihrem jeweils besonderen Umfeld) nicht gerecht. Solche Entwicklungen lassen sich nicht beschreiben als linearer Zuwachs, sie finden in verschiedenen Dimensionen gleichzeitig statt. Gemessen an einer allgemeinen Norm schließen sie Sprünge und Seitwärtsbewegungen ebenso ein wie Rückschritte.

Es kommt hinzu, dass die gegenwärtigen und (absehbar) zukünftigen Anforderungen an Kompetenzen für verschiedene Schülerinnen und Schüler unterschiedlich sind (Handlungssituationen im individuellen Lebensalltag; Wahl der weiterführenden Schule; Leistungsprofil der gewählten Berufsrichtung). Schon eine »allgemeine Grundbildung« muss deshalb in Profil und Niveau differenziert werden. Und selbst da, wo Anforderungen ähnlich sind, bedeuten sie für die einzelnen Personen unterschiedliche Entwicklungsaufgaben – je nach ihren persönlichen Voraussetzungen und Lebensumständen. Leistung ist im Blick auf diese individuellen Entwicklungsaufgaben zu fördern, zu fordern und zu bewerten.

Gemeinsame Ziele der Grundschule lassen sich in diesem dynamischen Sinn am ehesten als »tragfähige Grundlagen« für die weitere Entwicklung der Person in den weiterführenden Schulen beschreiben (s. 1.2). Diese werden von Kind zu Kind unterschiedlich breit sein und ein anderes Profil haben. Sie beschreiben ein Potential für weiteres Lernen und schließen deshalb neben fachlichem Können und Wissen immer methodische, personale und soziale Kompetenzen ein. Konkret: Die Feststellung, welche Wörter ein Kind richtig schreiben kann, hat sich auf den von ihm erarbeiteten Wortschatz zu beziehen, und sie ist erst dann aussagekräftig, wenn sie verbunden wird mit der Beobachtung, wie ein Kind sich die Schreibung unbekannter Wörter erschließt und ob es sich wichtige Wörter selbstständig aneignen kann.

2. *Zu den forschungsmethodischen Anforderungen an Evaluation:*

Wir brauchen eine wissenschaftliche Debatte über aussagekräftige Indikatoren und sachgerechte Methoden/ Instrumente zur Untersuchung und Förderung pädagogischer Qualität.

Die Planung eines jeden Evaluations- und Rechenschaftssystems gerät in ein Dilemma: Wie kann die Wahrnehmung und die Analyse von Problemen intensiviert werden? Wie können Kräfte zur Verbesserung des Unterrichts mobilisiert werden, ohne dass negative Nebenwirkungen die beabsichtigten positiven Effekte zunichte machen? Anreizsysteme können falsche (Sekundär-)Motivationen wecken; zusätzliche Rechenschaftspflichten können Lehrerinnen und Lehrer, die durch ein besonderes Engagement schon höher belastet sind, in falsche Loyalität mit ihren bequemeren Kolleginnen und Kollegen treiben; unangemessene Methoden liefern ein verzerrtes Bild von der Qualität des Unterrichts.

Insbesondere die in der politischen Diskussion favorisierten Erhebungen mit standardisierten Leistungstests sind daraufhin zu prüfen, ob über die Kriterien hinaus (Breite des Bildungsbegriffs, Entwicklungsperspektive der Leistungen, s. oben 1.) auch die jeweils ausgewählten Indikatoren aussagekräftig sind und die eingesetzten Instrumente dem Gegenstand gerecht werden. Es besteht die Gefahr, dass die Qualität von Unterricht auf leicht messbare Aspekte verkürzt, die Aussagekraft von standardisierten Instrumenten überschätzt und die Interpretationsbedürftigkeit von quantitativen Daten verkannt werden. Insofern sind die Grenzen und die spezifische Funktion solcher Erhebungen klar zu bestimmen.

Rechenschaft im Bildungssystem wird nur der überzeugend einfordern können, der *allgemein* deutlich macht, wo die Stärken und wo die Grenzen von Leistungsmessungen liegen, und der *konkret* die Reichweite verwendeter Tests und die statistische Bedeutung von Kennwerten und insbesondere von Messfehlern bei der Interpretation explizit ausweist.

Im Übrigen reicht – wie in Abschnitt 1.1 begründet – die Untersuchung von Lern*effekten* nicht aus. Es gibt wesentliche Qualitäten von Bildungsprozessen, deren Wirkungen sich nicht einzelnen Maßnahmen zurechnen lassen und deshalb allenfalls langfristig festzustellen sind. Deshalb müssen wir nach Indikatoren für gute Prozesse suchen, z. B. Aufgaben, die selbständige Lösungen verlangen; Einbeziehung individueller Erfahrungen; Förderung unterschiedlicher Ideen.

Es gibt aber auch Qualitäten menschlichen Umgangs miteinander, die sich selbst auf der Prozessebene nicht direkt erfassen lassen und die trotzdem wichtig für eine gute Schule sind, z. B. persönliches Interesse an den Schülerinnen und Schülern; Respekt gegenüber unterschiedlichen Meinungen. Solche Grenzen standardisierter Messungen sind in Evaluationsstudien zu respektieren und bei ihrer Interpretation ausdrücklich klarzustellen.

Für lernförderliche *Rahmenbedingungen* von Unterricht hat die Schulforschung eigenständige Kriterien entwickelt (z. B. für Unterricht verfügbare Zeit; Größe von Klassen; Teilnahme von Lehrerinnen und Lehrern an Fortbildungen; gemeinsame Planung von Unterricht; Einbeziehung von Eltern). Solche Bedingungen sind ebenfalls zu untersuchen, um konkrete Ansatzpunkte für eine Verbesserung des Unterrichts zu gewinnen.

Schulübergreifend organisierte Leistungstests können also dann produktive Komponenten umfassenderer Untersuchungen sein, wenn sie als *Ursachenforschung* Einsichten in die Leistungsfähigkeit des Schulsystems eröffnen und Ansatzpunkte für die Überwindung von Problemen bieten. Dafür genügen anonymisierte Stichproben, in denen Leistungsmessungen ergänzt werden durch die Erhebung von Eingangsvoraussetzungen, von Rahmenbedingungen und von Lehr-/Lernprozessen.

Das Schulsystem als Ganzes ist die eine Ebene, auf der Entscheidungen durch Evaluation vorzubereiten sind und ihre Wirkungen überprüft werden müssen. In der einzelnen Schule andererseits geht es darum, dass Lehrerinnen und Lehrer ihren Unterricht und seinen Erfolg auswerten. Als Hilfe brauchen sie neben Vergleichsdaten aus repräsentativen Stichproben Beispiele für lehrplan-valide Aufgaben und Beobachtungs- sowie Deutungshilfen für Lernprozesse und für ihren Ertrag, aber auch für Schwierigkeiten einzelner Kinder.

Um den Anforderungen an eine umfassende Untersuchung und Entwicklung von Qualität auf beiden Ebenen gerecht werden zu können, sind

Indikatoren in drei Dimensionen zu entwickeln:
2.1 Aufgabenbeispiele für die Feststellung spezifischer Leistungen.
2.2 Prozesskriterien für Qualität von Unterricht.
2.3 Standards für die Rahmenbedingungen pädagogischer Arbeit.

Zu 2.1 Aufgabenbeispiele für die Feststellung spezifischer Leistungen

Aufgabenbeispiele können die unter 1.1 begründeten Ansprüche an eine grundlegende Bildung konkretisieren, so dass Lehrerinnen und Lehrer analog Aufgaben entwerfen können, die sowohl die Anforderungen der Richtlinien und Lehrpläne als auch Inhalte und Arbeitsformen ihres eigenen Unterrichts angemessen repräsentieren (Beispiel für die Rechtschreibung im folgenden Kasten).

»Beispielaufgaben«

Ziel:
Kinder können verständlich schreiben
Sie schreiben z. B. die Wörter des bisher erworbenen Grundwortschatzes richtig, schreiben andere Wörter weitgehend, zumindest lauttreu richtig.

Im Lernprozeß:
Bei den eigenen Texten der Kinder (»Aufsätze«) wird geprüft:
- *Sind sie verständlich? Lässt sich der Sinn erschließen?*
- *Zeigen sich Entwicklungsfortschritte vom lauttreuen Schreiben zur vermehrten Verwendung von Rechtschreibmustern und -strategien?*
- *Schreibt das Kind die Grundwortschatzwörter richtig?*

Punktuelle Überprüfung:
Hamburger Schreibprobe als standardisierte Aufgabe
Informelle Aufgabe: In vorgegebener Zeitspanne (10 – 30 Minuten) so viele Wörter wie möglich aus dem eigenen Übungswortschatz aufschreiben, von denen die Kinder wissen, dass sie sie sicher können.
Diktat aus dem gemeinsam erarbeiteten Grundwortschatz mit anschließender Überarbeitungsphase (Wörterbuch, Fehlerkartei).

Ziel:
Kinder können abschreiben

Sie schreiben mit Hilfe eingeführter Arbeitstechniken ab.

Im Lernprozess und punktuell:
reale Abschreib-Aufgaben wie: Notizen zu Hausaufgaben, Tafelabschriften, Schriftgestaltung von Gedichten,
Dosendiktate, Lauf- oder Schleichdiktate, Diktat in einer Abschreibtasche, Dreh-Diktate

Variante:
Auf die Rückseite eines DIN-A4-»Abschreibheftes« wird eine Klarsicht-Folientasche geklebt. Eine regelmäßige Aufgabe ist es, einen Text auszuwählen, in die Folientasche zu stecken und abzuschreiben. Der Text wird abschnittweise eingeprägt, die Heftseite wird aufgeschlagen, der Text eingetragen. Am Ende wird die Vorlage aus der Folientasche herausgenommen, neben das Heft gelegt und damit die eigene Schreibung verglichen, gegebenenfalls korrigiert.

(aus: Bartnitzky/Kuhle 1998)

Der Grundschulverband fordert die Kultusministerien und Forschergruppen auf, die Dimensionen fachlicher Leistungsprofile, typische Niveaus in ihrer Entwicklung und Muster für ihre Beobachtung in Form konkreter Beispielaufgaben in Zusammenarbeit mit den fachdidaktischen Gesellschaften zu erarbeiten (Deutsche Gesellschaft für Lesen und Schreiben; Gesellschaft für Didaktik der Mathematik; Gesellschaft für Didaktik des Sachunterrichts).

Zu 2. 2 Prozesskriterien für die Qualität von Unterricht

Sie sind zum einen allgemein, zum anderen im Blick auf fach- oder lernbereichsspezifische Anforderungen zu bestimmen. Solche Kriterien setzen ein ausdrücklich gemachtes und pädagogisch begründetes Verständnis von Unterricht, von Lehren und Lernen in der Grundschule voraus (Vorschläge hier, die an der Idee »offenen Unterrichts« orientiert sind, im folgenden Kasten).

Prozesskriterien für »guten Unterricht«

Schlüsselqualifikationen wie Selbständigkeit, Urteilsfähigkeit, Bereitschaft zur Zusammenarbeit lassen sich nicht in einen Satz kurzfristig abprüfbarer Lernziele zerlegen. Ihre Entwicklung hängt davon ab, ob die Arbeitsformen im Unterricht ihre Entwicklung fordern und fördern. »Guter Unterricht« lässt sich in dieser Hinsicht über Kriterien definieren, die die Qualität von Aktivitäten bestimmen. Diese können fachspezifisch ausgelegt werden (s. die Beispiele unten), aber auch allgemeindidaktisch oder pädagogisch begründet werden.

Drei fachübergreifende *Kriterien für die »Qualität von Unterricht«:*

1. Methodisch-organisatorische Offenheit:
Wie weit bietet der Unterricht Schülerinnen und Schülern mit unterschiedlichen Voraussetzungen
a) Raum für die Entfaltung verschiedener Interessen und Fähigkeiten?
b) Herausforderungen auf ihrem individuellen Entwicklungsstand?
c) Hilfen für den Ausgleich besonderer Schwächen?

2. Didaktisch-inhaltliche Offenheit:
Wie weit verlangen und erlauben die Aktivitäten, Situationen, Aufgaben,
a) eigene Fragen, Vermutungen, Strategien zu erproben und neue Erfahrungen in das eigene Denken einzuordnen?
b) sich mit den Deutungen anderer Personen/ Traditionen auseinanderzusetzen, eine abweichende Sicht zu begründen?
c) individuelle Vorstellungen über verschiedene Zwischenformen zu Konventionen bzw. fachspezifischen Theorien zu entwickeln?

3. Pädagogisch-politische Offenheit:
Wie weit ermöglicht und fordert der Unterricht von Schülerinnen und Schülern
a) eigene Ziele und inhaltliche Schwerpunkte für ihre Arbeit zu setzen?
b) an der Planung/Gestaltung gemeinsamer Vorhaben mitzuwirken?

c) Mitverantwortung für das soziale Zusammenleben zu übernehmen?

Konkretisieren/ergänzen lassen sich solche Kriterien im Blick auf fachspezifische Anforderungen an Arbeitsformen.

Im Sachunterricht der Grundschule *ist z. B. die Häufigkeit bedeutsam, mit der Schülerinnen und Schüler*
- *eigenen Fragen nachgehen;*
- *ihre Vermutungen ausdrücklich formulieren und begründen;*
- *Versuche selbst durchführen;*
- *Handlungen und Erfahrungen versprachlichen;*
- *sich über Befunde und ihre Deutung untereinander austauschen;*
- *Bezüge zu Alltagserfahrungen herstellen;*
- *Aufgaben gemeinsam lösen;*
- *Einzelergebnisse zu anderen in Beziehung setzen und systematisch ordnen;*
- …

Analog ließen sich Kriterien für experimentelles Arbeiten und für die Analyse und gedankliche Ordnung von Erfahrungen formulieren.

Im Anschluss an einen Vorschlag von Bauersfeld *(konkreter:* Schipper *1998) lässt sich entsprechend für den* Mathematikunterricht *fragen:*
- *Überlegen die Kinder ihr Vorgehen, ehe sie eine Aufgabe bearbeiten?*
- *Entwickeln sie zu den Aufgaben eigene Lösungsvorschläge?*
- *Äußern die Kinder im Unterrichtsgespräch abweichende Ideen und Nachfragen?*
- *Begründen sie ihre Vorstellungen?*
- *Hören sie auf andere Kinder und nehmen sie deren Argumente auf?*
- *Gehen Sie entdeckten Fehlern selbst nach oder erfragen sie nur die »richtige Antwort«?*
- …

Unterstellt wird dabei, dass jemand, der häufig auf diese Weise arbeitet, damit auch die entsprechenden Fähigkeiten und Einstellungen erwirbt bzw. weiter entwickelt und festigt. Fähigkeiten wie »wissenschaftliches Arbeiten« oder »mathematisches Denken« werden also

nicht in eine Liste von Teilzielen zerlegt, die nacheinander – sozusagen bausteinartig – über einen Lehrgang vermittelt werden. Stattdessen werden Aufgaben oder Situationen ausgewählt, in denen die Schülerinnen und Schüler diese Leistungen von Anfang an als Ganze *zu erbringen haben – aber zunächst unvollkommen, durch die ständige Praxis zunehmend differenziert und immer sicherer. Die Kriterien zielen also auf eine besondere Unterrichts*kultur, *in der bestimmte Verhaltensweisen gefordert, modelliert und unterstützt werden.*
Nach demselben Muster lässt sich die Schule als sozialer Raum des Lesens und Schreibens, die Klasse als Raum mathematischen Erfindens und Denkens gestalten, in dem Schülerinnen und Schüler die angezielten Fähigkeiten im Gebrauch *entwickeln.*

Kriterien für guten Unterricht können sich aber auch auf die Rolle der Lehrperson *beziehen. Im* Religions- oder Sozialkundeunterricht *geht es u. a. darum, dass die Schülerinnen und Schüler über die Auseinandersetzung mit Grundfragen menschlichen Zusammenlebens eine eigene Position entwickeln und diese auch begründet vertreten können. Um dies zu ermöglichen, könnte man die von* Lawrence Stenhouse *im englischen »Humanities Curriculum Project« zunächst für die Sekundarstufe erprobte Methode des »neutralen Moderators« wählen, der*
- *darauf verzichtet, Schülerinnen und Schüler zu bestimmten Wertungen zu überreden;*
- *Minderheiten stützt, um die Diskussion offenzuhalten;*
- *Achtung gegenüber abweichenden Meinungen fordert;*
- *Positionen einführt, die in der Gruppe nicht vertreten sind;*
- *Aufmerksamkeit für die Aussagen anderer einklagt;*
- *auf den Bezug der Beiträge zum Thema der Diskussion achtet;*
- *...*

Solche Kriterien unterstellen besondere Wirkungen eines bestimmten sozialen Arrangements und persönlicher Modelle auf die Entwicklung junger Menschen – und sie sind Ausdruck einer Wertschätzung junger Menschen als gleichberechtigter Partnerinnen und Partner, die generell (also unabhängig von der fachbezogenen Wirksamkeit der Methode in einzelnen Lernbereichen) eingefordert wird.

(aus: Brügelmann 1999)

Ein Qualitätsmerkmal pädagogischer Prozesse sind regelmäßige Aktivitäten der (Selbst-)Evaluation. Dies sind Selbstevaluierungen der Kinder und solche, die Lehrerin und Kinder gemeinsam vornehmen. Sie helfen den Kindern, ihre Arbeit zunehmend selbstständig zu planen und zu überprüfen. Dies sind auch Selbstevaluierungen der Lehrerin, des Lehrers sowie des Lehrer-Teams, die dann auf die Arbeit mit den Kindern zurückwirken. Konkrete Möglichkeiten einer solchen – in den Unterricht integrierten – Alltagsevaluation zeigen die Hinweise im folgenden Kasten.

Selbstevaluation im Unterrichtsalltag

Selbstevaluation der Kinder und mit den Kindern:

- *Durch Fragen wie »Was hast du dir vorgenommen?« und – später – »Hast du erreicht, was du geplant hattest?« den Lernenden ihre* Eigenverantwortung *für die Organisation und die Überprüfung ihres Lernens und Leistens bewusst machen.*
- *Dafür sorgen, dass systematisch eingeübte stetige* Selbstüberprüfungen *der Lernenden bei jeglicher Lernarbeit zur Gewohnheit werden.*
- Partnerkontrollen *in den verschiedenen Lernbereichen systematisch einüben und dafür sorgen, dass sie zur Gewohnheit werden.*
- *Nach gemeinsamer Bearbeitung auch von Themenabschnitten knappe* Zwischenbilanzierungen *(»Was haben wir erreicht?« o. ä.) zur Gewohnheit machen.*
- *Tägliches gegenseitiges* Vorstellen eigener Produkte *zumindest jeweils einiger Schülerinnen und Schüler, um über deren Leistungen miteinander ins Gespräch zu kommen.*
- Tagesschlussrunden *der Klassen mit Rückbesinnung auf gelungenes oder misslungenes Arbeiten und auf das Miteinander mit Bewusstmachung notwendiger Folgerungen (Was hat uns heute weitergebracht, was nicht, was müssen wir morgen anders machen?) auch bei Zeitnot langfristig durchhalten.*

Selbstevaluation der Lehrkräfte:

- *Tägliches auf Beobachtung basierendes umd mit Beratung verknüpftes* Überprüfen der Lernverläufe und Lernergebnisse der einzelnen Kinder durch die Pädagogin.
- *Häufig klassenintern kleine* schriftliche Arbeiten *(mit Erfolgsrückmeldung ohne Benotung) als Selbstkontrolle der Lehrerin oder*

des Lehrers durchführen, ob der Unterricht alle erreicht hat.

- *Einzelne Arbeiten der Klasse von einer Kollegin oder einem Kollegen, zu denen man Vertrauen hat, gegenlesen lassen und mit ihr oder ihm die Leistungsanforderungen kritisch reflektieren.*
- *Hin und wieder in Klassen der gleichen Jahrgangsstufe* Parallelarbeiten *organisieren und nach wechselseitiger Durchsicht gemeinsam über angemessene Leistungsanforderungen und geeignete Methoden nachdenken.*
- *Regelmäßige* Lehrerteamsitzungen *zu Fragen nach Wirkungen ihres pädagogisch-didaktischen Tuns mit Suche nach Verbesserungen (Wochenbilanzen; Halbjahresbilanzen) durchführen.*
- Mit Supervisor/inn/en *in den Schulklassen und in den Lehrerteams zusammenarbeiten.*

(nach: Schwarz 1988)

Zu 2.3 Standards für die Rahmenbedingungen pädagogischer Arbeit

Solche Standards spezifizieren die Anforderungen an die Ausstattung von Schulen und an die Organisation von Unterricht, aber auch an personelle Kompetenzen und ihre Entwicklung. Schulentwicklung braucht Impulse und Unterstützung von außen. Diese Forderung richtet sich an die für einzelne Einrichtungen Verantwortlichen (Schulleitung, Gemeinde-/ Kreisverwaltung), aber auch an die für das Schulsystem als Ganzes verantwortliche Bildungs- und Finanzpolitik der Länder. Die Qualität von Unterricht hängt nicht nur von der Anstrengung und der Kompetenz der Lehrerinnen und Lehrer ab, sondern auch von äußeren Voraussetzungen wie Zahl der Wochenstunden, Größe der Klassen, Ausstattung der Räume, Verfügbarkeit konkreter Beratungs- und Fortbildungsangebote (vgl. die Checkliste im folgenden Kasten).

Checkliste: Indikatoren für qualitätsvolle pädagogische Arbeit

Qualität der personellen Ausstattung

- *Eine der pädagogisch erforderlichen Unterrichtsversorgung entsprechende* Lehrer*versorgung*

(Erfülllung der Stundentafel; Ausbau zur ganzen Halbtagsschule; Fördermaßnahmen; Doppelbesetzungsstunden, Teilungsstunden; sonderpädagogische Lehrkräfte als feste Mitglieder des Kollegiums, ggf. auch Lehrkräfte des muttersprachlichen Unterrichts; angemessene Klassengröße; zusätzliche Stundenreserve für Vertretungen)

- ➢ *Verfügbarkeit und Qualität von Beratungsangeboten*
- ➢ *Verfügbarkeit und Qualität von Fortbildungsangeboten*
- ➢ *Verfügbarkeit und Qualität von Unterstützungsangeboten auf der Assistenzebene(Schulsekretär/in; Schulassistent/in; Hausmeister/in; Reinigungskräfte)*

Qualität der finanziellen, sächlichen und baulich-räumlichen Ausstattung

- ➢ *Ausreichende finanzielle Ausstattung der Schule durch das Land und den Schulträger*
  - *Gelder aus der Lemmittelfreiheit und für Schulfahrten, Fortbildungsetats*
  - *(budgetierter) Vermögens- und Verwaltungshaushalt der Schule*
  - *Ressourcen für den Erhalt wohnortnaher Grundschulen*
- ➢ *Baulich-räumliche Ausstattung, die das Gestalten der Schule als Lern-, Lebens- und Erfahrungsraum ermöglicht*
  - *architektonische Gestaltung des Schulgebäudes: Forum/ Versammlungsmöglichkeit im Schulgebäude; Arbeitsecken; Funktions- und Gruppenräume; Größe und bauliche Gestaltung der Klassenräume*
  - *Ausstattung der Klassenräume: Mobiliar, Arbeitsecken, Beleuchtung ...*
  - *Gestaltung und Ausstattung des Schulhofs: Bewegungsangebote, Grünflächen, Rückzugsmöglichkeiten ...*

Qualität der Schulorganisation

- ➢ *Verlässliche Organisation des Schulalltags (transparente, nachvollzieh- und kalkulierbare Planungen umd Regelungen; klare und verbindliche Absprachen; fest installierte Arbeitsstrukturen ...)*
- ➢ *Verteilumg, Delegation und Übernahme von Aufgaben als gemeinsam getragenes und gestaltetes Organisationsprinzip)*

- *Einbeziehung der an der Schule Beteiligten in Entscheidungen (Information, Rechenschaft; Mitwirkung/-bestimmung; Zusammenarbeit)*

Qualität der personellen Kompetenzen

- *Rollensicherheit und Selbstkompetenz*
- *Fach- und Handlungskompetenz*
- *Teamfähigkeit und -qualität*
- *Kommunikations- und Konfliktfähigkeit*
- *Fortbildungsmöglichkeit und -bereitschaft (schulintern und -extern)*
- *Entwicklung, Erweiterung, Konsolidierung der eigenen Kompetenz (Qualitätszirkel, Sicherung von [Selbst- und Fremd-] Evaluation ...)*

Qualität des Unterrichts und der Unterrichtsorganisation
(siehe dazu Kasten S. 180 ff.: Prozesskriterien für »guten Unterricht«)

Qualität des Schullebens

- *Verständigung auf ein von der gesamten Schulgemeinde getragenes Leitbild der Schule (Pädagogische Leitidee; Gestaltungsprinzipien; Schulprofil; Wir-Gefühl der an der Schule Beteiligten; ...)*
- *Gestaltung der Schule als Lebens-, Lern- und Erfahrungsraum*
- *Einbindung der Schule in das Leben des Dorfes, der Gemeinde, des Stadtteils ...*
- *Zusammenarbeit der Schule mit außerschulischen Lernorten und Institutionen*
- *...*

(aus: Roffmann, unveröff. Arbeitspapier)

Der Grundschulverband fordert seit seiner Gründung 1968, die notwendigen Rahmenbedingungen zu sichern, damit die Qualität von Unterricht verbessert werden kann (vgl. z. B. den »Aufruf zum Frankfurter Grundschulmanifest 1989«).

THESE 4:
Im Blick auf Unterricht und Schule sind verschiedene Verantwortlichkeiten zu unterscheiden. Rechenschaftspflichten und Evaluationsformen sind entsprechend zu differenzieren.

Ein differenziertes System der Qualitätsentwicklung muss Maßnahmen der Beobachtung und Überprüfung auf die Menschen und Institutionen ausrichten, die für eine Verbesserung des Unterrichts bzw. seiner Bedingungen verantwortlich sind. Dies sind

- die Kinder und Eltern mit der gemeinsamen Verantwortung für die Lebensplanung der Kinder, insbesondere für eine sinnvolle Nutzung der individuellen Entwicklungsmöglichkeiten,
- die Lehrerinnen und Lehrer, differenziert im Blick auf einzelne Kinder und auf ihre eigene Arbeit in und mit der Klasse,
- die Schule bzw. die verschiedenen Gremien und Lehrerteams innerhalb der Schule mit besonderer Verantwortung für bestimmte Lern-, Alters- oder Fachgruppen,
- die Institutionen und Personen der Verwaltung und Politik, differenziert nach regionalen Behörden, Ministerium und Parlament,
- die Institutionen und Personen der Aus-, Fort- und Weiterbildung von Lehrerinnen und Lehrer. Da dieser Bereich weitgehend selbständig organisiert ist, werden seine besonderen Anforderungen im Folgenden nicht weiter konkretisiert.

Erst eine Differenzierung nach diesen Zuständigkeiten und die Vernetzung der jeweiligen Aktivitäten ermöglicht es, die Daten bereitzustellen, die auf den verschiedenen Ebenen gebraucht werden, um Entscheidungen abzusichern und zu überprüfen. Die folgenden Überlegungen haben primär die Grundschule im Auge, gelten in ihren Grundzügen aber auch für die weiterführenden Schulen.

Differenzierung der Aufgaben auf drei Ebenen: Land, Schule, Klasse

Aufgabe von *Politik* und *Verwaltung* ist es, schulübergreifend normative Anforderungen zu setzen und die personellen sowie materiellen Voraussetzungen für ihre Realisierung zu schaffen.

Dazu bedarf sie kontinuierlicher Information über

- externe Erwartungen an das System,
- die tatsächliche Umsetzung der Vorgaben (Richtlinien, Erlasse, ...),
- ihre Wirkung gemessen an den Zielen und
- evtl. auftretende Probleme sowie deren mögliche Ursachen.

Solche, nach Aspekten des Systems, nach Regionen und anderen Unterkategorien aufgeschlüsselte Bestandsaufnahmen sind Voraussetzung, damit die Ministerialverwaltung gegenüber dem Parlament Rechenschaft ablegen kann. Funktion zentraler Erhebungen ist es, über anonymisierte Stichproben zu einer landesweiten Bestandsaufnahme von Problemen im System insgesamt zu kommen, so dass

- die Unterrichtsversorgung gezielter geplant,
- Sachmittel wirksamer genutzt,
- die Vorgaben in Lehrplänen inhaltlich überprüft,
- Fortbildungsmaßnahmen besser koordiniert sowie
- Beratung und Unterstützung für die Arbeit in den Schulen wirksamer organisiert werden können.

Mit der zunehmenden (Teil-)Autonomie übernimmt die einzelne Schule Verantwortung für die Entwicklung und Überprüfung einer gemeinsamen Konzeption, die den durch Richtlinien und Lehrplänen gegebenen Rahmen im Blick auf die besondere Situation vor Ort ausfüllt und die die Arbeit der verschiedenen am Schulleben Beteiligten aufeinander abstimmt.

Ihre wesentlichen Aufgaben sind

➢ die Entwicklung eines Schulprogramms (Entscheidung über didaktische Konzepte, über grundlegende Anforderungen / Ziele, über Prinzipien des Schullebens) und Koordination der Aktivitäten in seinem Rahmen;

➢ die regelmäßige Erhebung und Auswertung der Erfahrungen mit der Umsetzung des Programms aus der Sicht von Schülerinnen und Schülern, der Eltern, der Lehrerinnen und Lehrer sowie von Außenstehenden.

Um diese Aktivitäten zu ermöglichen, sind von der Verwaltung organisatorische Bedingungen zu sichern, z. B. die materiellen Mittel und die Beratung, die eine qualifizierte Durchführung von Befragungen, Unterrichtsbeobachtungen und Leistungsuntersuchungen überhaupt erst möglich machen, aber auch die Verpflichtung zu einer berechenbaren Anwesenheit von Lehrerinnen und Lehrern in der Schule für Sprechstunden, für Teamgespräche bzw. für gemeinsame Arbeiten (z. B. ein Nachmittag pro Woche, die letzten Ferientage).

Die **Schule** hat ihre Arbeit formell gegenüber der Schulaufsicht und informell gegenüber der lokalen Öffentlichkeit zu rechtfertigen, so dass es sinnvoll ist, Vertreter beider Gruppen in Evaluationsaktivitäten einzubeziehen.

Eltern haben dabei eine vielseitige Rolle: Zum einen tragen sie die Arbeit der Schule mit, zum anderen ist die Schule »der Elternschaft« gegenüber (als Repräsentanten der Öffentlichkeit) rechenschaftspflichtig und schließlich tragen die einzelne Lehrerin und die Eltern die Verantwortung für die Entwicklung des Kindes und müssen evtl. Schwierigkeiten miteinander aushandeln. Insofern können und sollen sich Eltern auf verschiedenen Ebenen mit Fragen, Ansprüchen und Wahrnehmungen in die Prüfung von pädagogischen Aktivitäten einschalten.

Die **Lehrerin** oder der **Lehrer** hat vor allem Verantwortung für die Arbeit mit der Klasse, zumindest in bestimmten Fächern, insbesondere für die Förderung der einzelnen Kinder. Zum einen muss die Entwicklung der Kinder und evtl. auftretende Schwierigkeiten im Blick behalten, zum anderen die eigene Tätigkeit und deren Wirkungen kritisch beobachtet werden.

In beiden Perspektiven braucht die Lehrkraft konkrete Hilfen, z. B. materialisiert in geeigneten Beobachtungsbögen oder lehrplanbezogenen Beispielaufgaben, evtl. mit repräsentativen Vergleichsdaten zu den Leistungen besonders bedeutsamer Teilgruppen (Jungen vs. Mädchen, Kinder anderer Muttersprache, Schulen in sozialen Brennpunkten) aus zentralen Erhebungen; aber auch als Beratung, Unterstützung und Fortbildung, wobei die Kapazitäten wiederum von der Verwaltung zu organisieren sind (z. B. Finanzierung von Referentinnen und Referenten, Öffnung von Schulen in den Ferien für Tagungen oder Arbeitsgruppen, Anerkennung von Kursangeboten für Kolleginnen und Kollegen als Teil der eigenen Fortbildungspflicht), die auch die Rahmenbedingungen der Teilnahme, z. B. Verpflichtung auf ein bestimmtes Stundenkontingent pro Jahr, sicherzustellen hat.

Rechenschaftspflichtig sind Lehrerinnen und Lehrer nach außen gegenüber den Eltern, intern gegenüber der Schulaufsicht. Gegenüber Eltern sind die Formen dieser Rechenschaft bisher wenig formalisiert: Sprechtage zu den Zeugnissen, Elternabende, Abstimmung in Konferenzen sollten von beiden Seiten stärker genutzt werden, Kriterien für die Bewertung von Lernprozessen bzw. von Unterricht sind zu klären und die jeweils unterschiedlichen Wahrnehmungen auszutauschen.

Dies alles spricht für einen Verbund verschiedener Maßnahmen der Selbstprüfung und der Rechenschaft:

➢ von *interner* und *externer* Evaluation
(Vertrautheit mit der Situation und Angstfreiheit gegenüber Unbefangenheit des Urteils und notwendigem sozialem Druck)

➢ von *informellen* und *formalisierten* Verfahren
(Anpassungsfähigkeit und Unaufwendigkeit der Erhebungen gegenüber Vergleichbarkeit und Überprüfbarkeit der Daten)

Ein solcher Verbund kann am ehesten das jeweils besondere Potential nutzen und zugleich verhindern, dass die spezifischen Schwächen bzw. Risiken der jeweiligen Evaluationsform negativ durchschlagen.

Dabei ist im Blick zu behalten, dass konkrete Evaluationsmaßnahmen sich auf Probleme richten sollten, für deren Lösung die evaluierte Einrichtung/ Person auch zuständig ist, und dass auf der betreffenden Ebene tatsächlich Handlungsmöglichkeiten zur Verbesserung der Situation bestehen bzw. die Möglichkeit, Unterstützung von außen einzufordern.

Wie also kann Verantwortung von den Beteiligten besser wahrgenommen werden, was können sie konkret tun, um die Qualität ihrer Arbeit zu prüfen und zu verbessern?

Der Grundschulverband hält folgende sechs Perspektiven für besonders bedeutsam. Sie sind ohne großen Aufwand aus bereits laufenden Aktivitäten zu entwickeln und schrittweise zu einem wirkungsvollen System der Qualitätskontrolle zu verbinden:

Die Schülerinnen und Schüler sollten sich um Klarheit über die eigenen Ziele und den Erfolg der eigenen Arbeit bemühen,
z. B. durch Verpflichtung auf bestimmte Ziele und Selbstkontrolle der Aufgaben, z. B. im Rahmen der Freiarbeit, durch die Diskussion von Lösungsversuchen zu einer Aufgabe in Gruppen (z. B. »Schreibkonferenzen«), durch Gespräche mit den Eltern über fachliche und institutionelle Wahlmöglichkeiten auf der Grundlage der bisherigen Erfahrungen, durch Besuche weiterführender Schulen und Befragung ehemaliger Schülerinnen und Schüler zur Vorbereitung von Laufbahn-Entscheidungen, durch Beratung von Arbeitsperspektiven und konkreter Schwierigkeiten mit der Lehrerin, z. B. aus Anlass einer misslungenen Arbeit, durch Bearbeitung eines Eignungstests oder spezifischer Aufgaben zur Klärung eigener Interessen und Entwicklungsmöglichkeiten.

Die Lehrerinnen und Lehrer sollten im Blick auf einzelne Kinder und auf die Klasse insgesamt Lernprozesse beobachten und auswerten,
etwa über die Entwicklung der Kinder eine Kartei mit Beobachtungsnotizen und Beispielarbeiten führen und Lernprozesse kontinuierlich dokumentieren; mit den Kindern individuell Wahrnehmungen und Erklärungsversuche zu ihren Fortschritten und Schwierigkeiten austauschen und gemeinsam Ziele für die weitere Arbeit vereinbaren; einige besonders gute und einige besonders schwache Arbeiten von Schülerinnen und Schülern durch eine Kollegin aus ihrer Sicht einschätzen lassen; punktuell standardisierte Leistungstests einsetzen zur Überprüfung der eigenen Maßstäbe an den Normen repräsentativer Eichstichproben und zur Nutzung von Subtests zu Teilleistungen, um auf besondere Stärken und Schwächen einzelner Kinder, aber auch der Klasse insgesamt aufmerksam zu werden.

Die Lehrerinnen und Lehrer sollten außerdem den eigenen Unterricht beobachten, um die Wirkungen ihrer Arbeit zu erfassen und zu überprüfen,
z. B. mit der Klasse über ihre Erfahrung und Bewertung der gemeinsamen Arbeit sprechen; die eigenen Ansprüche klären und ihre Realisierung überprüfen zunächst im Selbstgespräch und durch Selbstbeobachtung (z. B. in Form eines Tagebuchs), danach durch Einladung eines »Fremdblicks« (einer Kollegin, eines Praktikanten, einer Lehramtsanwärterin, von Eltern); punktuell mit Kolleginnen und Kollegen der Parallelklassen oder aus Nachbarschulen Aufgaben gemeinsam stellen und auswerten [N.B.: »Vergleichsaufgaben« oder »Parallelarbeiten« machen allenfalls Sinn, wenn auch der Unterricht gemeinsam geplant wurde, wenn Raum für Lösungsmöglichkeiten auf unterschiedlichem Entwicklungsstand gegeben ist und wenn bei der Auswertung die besonderen Bedingungen der beteiligten Klassen bzw. einzelner Kinder im Blick behalten werden].

Das Kollegium sollte im Blick auf die Schule das Schulprogramm entwickeln und fortschreiben. Die Schulleitung sollte die entsprechenden Aktivitäten anregen, fördern, gewährleisten,
indem Kollegium und Schulleitung gemeinsam Diskurse über Ziele, Erfahrungen und Perspektiven führen, dazu als Grundlage auch gegenseitige Hospitationen, gemeinsame Planungen, Beobachtungen von Lehr-/Lernprozessen und Arbeitsdokumente der Kinder nutzen: auf der Ebene der Schule Ideen für ein eigenes Profil entwickeln, dessen Realisierung überprüfen und im Schulbericht auswerten, das Programm entsprechend weiterentwickeln; auf der Ebene der Klasse und der Jahrgangsstufe Ar-

beitspläne für die Klassen entwerfen, Arbeitsberichte formulieren und austauschen, auf Grund der Erfahrungen und Gespräche die Arbeitspläne überarbeiten; die Diskussionen und Aktivitäten auf beiden Ebenen miteinander abstimmen; verschiedene Gruppen befragen (Wo seht ihr die besonderen Stärken und Schwächen unserer Schule? Habt ihr konkrete Vorschläge, was man ändern könnte? Auf welche Maßnahmen können wir uns verständigen?); Außenstehende einladen (Was fällt Ihnen an unserer Schule auf? Teilen Sie die Annahmen unseres Schulprogramms? Wo hinkt unsere Arbeit den eigenen Ansprüchen hinterher?); an der Schule eine Kultur (selbst-)kritischer Reflexion mit festen Einrichtungen und Gewohnheiten entwickeln, z. B. durch regelmäßige Gespräche über die eigene Arbeit mit selbst gewählten Gesprächspartnern an der Schule, feste Gesprächstermine zwischen Schulleitung und Lehrkräften, Koordinierung der Programm- und Reflexionsarbeit durch eine gewählte Arbeitsgruppe, einen institutionalisierten Austausch mit »kritischen Freunden« außerhalb der Schule (Mitgliedern eines anderen Kollegiums, fachkundigen Personen, Moderatorinnen und Moderatoren, schulpsychologischer Beratung).

Die Schulaufsicht sollte in den Evaluationsprozessen den Fremdblick stärken, Entwicklungen anerkennen, unterstützen, fordern, z. B. bei Schulbesuchen mit der Schulleitung, Lehrerteams, einzelnen Lehrkräften Gespräche zu folgenden Fragen führen: Was sind Ihre eigenen Ansprüche? Wie weit können Sie diese realisieren? Welche Bedingungen behindern Sie dabei? Welche Ansprüche sind noch zu wenig im Blick? Was könnten realistische nächste Schritte sein?; zu externen Fortbildungen schulinterne Teams statt einzelner Personen einladen; schulübergreifende Arbeitsgruppen moderieren, die längerfristig an bestimmten Problemen arbeiten, z. B. an Bestandsaufnahmen didaktischer Konzepte und Leistungen in Schulen, an der Koordinierung der Programmentwicklung von Schulen, am Austausch über Lernentwicklungen und Lernergebnisse von Kindern verschiedener Schulen; schulinterne Fortbildungen im Verbund von mehreren Schulen als »Lernen voneinander« über die wechselseitige Befragung in Themen- oder Jahrgangsgruppen organisieren: Wo liegen eure besonderen Probleme? Haben wir Erfahrungen in diesem Bereich? Was davon könntet ihr ausprobieren?; Fallberichte von »wider Erwarten erfolgreichen« Schulen erstellen, d. h. von Schulen mit besonderen Problemlagen, die erfolgreich bewältigt werden: Unter welchen besonderen Belastungen arbeiten diese Schulen? Welche konkreten Maßnahmen haben sie ergriffen? Welche Veränderungen wurden erreicht? Was könnten andere Schulen in ähnlicher Situation probieren? Regelmäßige Gespräche mit den Schulleitungen.

Das Ministerium sollte mit Blick auf das Gesamtsystem allgemeine Problemstellen ausmachen und politische Prioritäten überprüfen, z. B. für die Sicherung der materiellen Voraussetzungen oder rechtlichen Rahmenbedingungen Informationen gewinnen und aufbereiten über Sekundärauswertungen von anfallenden Verwaltungsstatistiken, systematische Befragungen von Repräsentanten der verschiedenen Gruppen und von (auch externen) Sachverständigen zur Erhellung von Problemfeldern, periodische Untersuchung des Leistungs- und Entwicklungsstands in anonymisierten Stichproben von Schülerinnen und Schülern mit Erhebung von Eingangsvoraussetzungen, Prozessmerkmalen und Rahmenbedingungen des Unterrichts.

These 5:

Evaluation dient der Verbesserung von Unterricht und Schule.

Die Qualität von Unterricht zu fördern ist eine anspruchsvolle und konfliktträchtige Aufgabe, deren Erfüllung von der Bildungspolitik und -verwaltung differenzierte Maßnahmen verlangt. Sie hat gleichzeitig …

- die Arbeit der engagierten Lehrerinnen und Lehrer anzuerkennen und sie zur weiteren Entwicklung ihres Unterrichts zu ermutigen;
- diejenigen herauszufordern, die ihren Bildungs- und Erziehungsauftrag mit größerer Sorgfalt und Kompetenz wahrnehmen müssten, und die Einhaltung normativer Vorgaben einfordern;
- allen Lehrerinnen und Lehrern dort Unterstützung, Beratung und Fortbildung anzubieten, wo ihre individuellen Fähigkeiten und Möglichkeiten nicht ausreichen, den Anforderungen gerecht zu werden;
- die erforderlichen personellen und materiellen Rahmenbedingungen zu sichern.

Maßnahmen der Evaluation müssen also so organisiert werden, dass die erhofften Impulse und Einsichten nicht durch ungewollte Nebenwirkungen zunichte gemacht werden. Sie sind deshalb auszurichten auf spezifische Informationsbedürfnisse und Handlungsanforderungen in konkreten Handlungsfeldern. Vorrangiges Ziel ist dabei, die tägliche Arbeit der Schule bzw. einzelner Lehrkräfte so zu entwickeln, dass sie ihre Schülerinnen und Schüler, z. B. durch ein besseres Verständnis von Lernprozessen und -schwierigkeiten, bei der Entwicklung ihrer individuellen Fähigkeiten gezielt fordern und fördern können.

Als inhaltliche Füllung von statistischen Kennwerten und von Bezugsnormen aus repräsentativen Untersuchungen können dichte, situations- und prozessbezogene Fallstudien hilfreich sein. Vor allem aber muss die Kapazität und Kompetenz zur (Selbst-)Evaluation auf Dauer im System selbst installiert werden. Schulen selbst müssen »lernende Systeme« werden.

Dafür brauchen Lehrerinnen und Lehrer methodische Kompetenzen und alltagstaugliche Verfahren. Sie sind daneben auf die Herausforderung durch externe Sichtweisen und auf die Unterstützung durch externe Kompetenz und Ressourcen angewiesen. So hat sich bewährt, dass ein Kollegium Beobachterinnen und Beobachter als »kritische Freunde« einlädt, um die Innenwahrnehmung mit einem Blick von außen zu konfrontieren. Auf der Materialebene sind kommentierte Aufgabenbeispiele und Orientierungswerte aus repräsentativen Stichproben hilfreicher als punktuelle Vergleichsarbeiten für alle Klassen, die auf die besondere Situation vor Ort (Eingangsvoraussetzungen, Rahmenbedingungen) nicht Bezug nehmen können.

Letztlich müssen alle Maßnahmen dazu beitragen, die Entwicklung von Schulen und konkrete Verbesserungen des Unterrichts in Gang zu bringen, d. h. die »Lehrenden so [zu] stärken, dass sie die Lernenden stärken« können (Heide Bambach). Deshalb sollten die Anstrengungen der Evaluation und die finanziellen Mittel darauf konzentriert werden, Beispiele und Voraussetzungen *gelingenden* Unterrichts zu untersuchen und zu dokumentieren.

Insbesondere Fallstudien von »wider Erwarten erfolgreichen« Personen bzw. Einrichtungen können helfen, lernförderliche Bedingungen zu erkennen und analoge Entwicklungen an anderen Orten anzuregen und zu unterstützen. Dies sind:

- Fallstudien von Schülerinnen und Schülern, die sich trotz ungünstiger Voraussetzungen (z. B. individueller Behinderung, bildungsfernem Milieu, sozialer Benachteiligung, Zurückstellung am Schulanfang/ Wiederholung einer Klasse) in der Schule erfolgreich entwickeln und

- Fallstudien von Schulen, die trotz schwierigen Umfelds (z. B. sozialer Brennpunkt, hoher Anteil an Kindern anderer Muttersprache, Fehlen junger Lehrerinnen und Lehrer) erfolgreich arbeiten.

Im Vordergrund sollten Maßnahmen zur Entwicklung von Qualität stehen. Eine bloß deskriptive Bestandsaufnahme weithin bekannter Problembereiche bringt wenig. Vorrang hat die Analyse von Prozessen und Bedingungen vor einem nur punktuellen Vergleich von Effekten.

Der Grundschulverband fordert:

- ➢ **Verzicht auf kurzatmige Reaktionen zu politischen Stimmungslagen, die sachlich nicht zu begründen sind und die Schulqualität nicht fördern, sondern ihr eher schaden.**

- ➢ **Entwicklung einer Tradition von Evaluierung und Rechenschaft mit dem Ziel, die Grundschule zu einer leistungsfördernden kindgerechten Schule weiterzuentwickeln. Alle Maßnahmen auf den Ebenen der Klassen, der Schulen, der Verwaltung und der Politik sind diesem Ziel verpflichtet.**

Quellennachweise und einführende Literatur

Texte, die sich als Einführung eignen, sind mit einem * gekennzeichnet. Texte, aus denen Stücke in diesen Empfehlungen übernommen worden sind, haben wir mit einem # gekennzeichnet.

BARTNITZKY, H.: Leistungen im schriftlichen Sprachgebrauch – nach Maßgabe des Lehrplans und der Fachdidaktik. Aus einer Handreichung für die Schulaufsicht des Landes Nordrhein-Westfalen. Düsseldorf : Ministerium für Schule und Weiterbildung, Wissenschaft und Forschung, 1999

BARTNITZKY, H./KUHLE, C.: Keine Klassendiktate – was denn sonst? In: Grundschulverband aktuell, Nr. 64, November 1998, S. 9-10

BARTNITZKY, H./SÄNGER-FEINDT, E.: Leistungen im Primarbereich. Aus einer Handreichung für die Schulaufsicht des Landes Nordrhein-Westfalen. Düsseldorf : Ministerium für Schule und Weiterbildung, Wissenschaft und Forschung, 1999

BRÜGELMANN, H.: Qualitätssicherung und -entwicklung. Hannover: Ms. des Einführungsvortrags zum Fachgespräch am 14.12.1998 im niedersächsischen Kultusministerium, 1998

BRÜGELMANN, H.: Was leisten unsere Schulen? Qualität und Evaluation von Unterricht in der Diskussion. Seelze: Kallmeyersche Verlagsbuchhandlung, 1999

BRÜGELMANN, H./FÖLLING-ALBERS, M./RICHTER, S. (Hrsg.): Jahrbuch Grundschule. Fragen der Praxis – Befunde der Forschung [Schwerpunkte: Offener Unterricht; Mathematik]. Seelze: Erhard Friedrich Verlag, 1998 und Sonderband S 58 der Beiträge zur Reform der Grundschule, Frankfurt/M.: Grundschulverband, 1998

* BUHREN, C. G., u. a.: Wege und Methoden der Selbstevaluation. Ein praktischer Leitfaden für Schulen. Beiträge zur Bildungsforschung … Nr. 6. Dortmund: Institut für Schulentwicklungsforschung, 1998

FAUST-SIEHL, G., u. a.: Die Zukunft beginnt in der Grundschule. Empfehlungen zur Neugestaltung der Primarstufe. Band 98 der Beiträge zur Reform der Grundschule, Frankfurt/M.: Grundschulverband, 1996 und Reinbek: Rororo-Taschenbuch, 1996

* Fend, H.: Qualität im Bildungswesen. Schulforschung zu Systembedingungen, Schulprofilen und Lehrerleistung. Weinheim: Juventa 1998

* »Frankfurter Grundschulmanifest 1989« In: Faust-Siehl u. a.: Kinder heute – Herausforderung für die Schule. Band 79/80 der Beiträge zur Reform der Grundschule, Frankfurt/M.: Grundschulverband, 1990, S. 12-15

Hopf, D., u. a.: Aktuelle Probleme der Grundschule. In: Baumert, J., u. a.: Bildung in der Bundesrepublik Deutschland. Bd. 2: Gegenwärtige Probleme. Hrsg. von der Projektgruppe Bildungsbericht am Max-Planck-Institut für Bildungsforschung. Frankfurt /M.: Rororo 7338, 1980, S. 1113-1176

Hopf, D.: Kindergarten, Vorschule und Grundschule (Elementar- und Primarbereich). In: Baumert, J., u. a.: Das Bildungswesen in der Bundesrepublik Deutschland. Max-Planck-Institut für Bildungsforschung – Arbeitsgruppe Bildungsbericht. Reinbek: Rororo 9193, 1994, S. 292-340

Ingenkampt, K.: Schulleistungen – damals und heute. Weinheim: Beltz, 1967

IPN Blätter: Informationen aus dem Institut für die Pädagogik der Naturwissenschaften: Kiel, 13. Jg., H. 3, S. 4-5; 14. Jg., H. 3, S. 4-5; 15. Jg., H. 3-4, 3, 5, 1996-98

* »Journal für Schulentwicklung« (Studien Verlag: Wien), 2. Jg., H. 3/1997

Kanders, M.: IFS-Umfrage: Die Schule im Spiegel der öffentlichen Meinung. Ergebnisse der Zehnten IFS-Repräsentativbefragung der bundesdeutschen Bevölkerung. In: Rolff, H.-G., u. a. (Hrsg.): Jahrbuch der Schulentwicklung. Bd 10, 1998, Weinheim/München: Juventa, S. 13-50

Kanders, M., u. a.: Das Bild der Schule aus der Sicht von Schülern und Lehrern. Bonn, Bundesministerium für Bildung, Wissenschaft, Forschung und Technologie, 1997

Lehmann, R. H., u. a.: Aspekte der Lernausgangslage von Schülerinnen und Schülern der fünften Klassen an Hamburger Schulen. Hamburg: Behörde für Schule, Jugend und Berufsbildung, 1997

* »Lernende Schule« (Seelze: Erhard-Friedrich-Verlag), 1. Jg., H. 5/98

Lingelbach, H.: Unterrichtsexpertise von Grundschullehrkräften. Hamburg: Verlag Dr. Kovac, 1995

Neisser, U. (ed.): The rising curve. Long-term gains in IQ and related measures. Washington, D.C.: American Psychological Association, 1998

Nöh, H.-J.: Nicht Pauken allein, aber auch Pauken muß sein. Neue Studie des Max-Planck-Instituts widerlegt Reformpädagogik. In: Welt am Sonntag v. 29.6.1997

OECD & Statistics Canada (Hrsg.): Grundqualifikationen, Wirtschaft und Gesellschaft. Ergebnisse der ersten internationalen Untersuchung von Grundqualifikationen Erwachsener. Paris/Ottawa 1995

* »Pädagogik« (Weinheim: Beltz-Verlag), 48. Jg., H. 1/96 + 2/96, sowie 50. Jg., H. 2/98

Schipper, W.: Prozessorientierte Leistungsbewertung im Mathematikunterricht. In: Grundschulunterricht, 45. Jg., H. 11, 1998, S. 21-24

Schwarz, H.: Die Lehrenden so stärken, dass sie die Lernenden stärken. Vervielf. Ms. [Überarb. Ms. für einen Vortrag vor der Deutschen Gesellschaft für Lesen und Schreiben am 31.10.1998; Fassung vom .12.1998], Hamburg 1998

Weinert, F. E./Helmke, A. (Hrsg.): Entwicklung im Grundschulalter. Weinheim: Beltz Psychologie Verlags Union, 1997

BundesGrundschul
Kongress 1999

Forum IV

Bildung in der Informationsgesellschaft

Schule und die neuen Medien
Computer – CD-ROM – Internet – Multi- bzw. Hypermedia ...

Frankfurter Manifest zum Bundesgrundschulkongreß 1989

Kinder heute – Herausforderung für die Schule

3 **Kinder heute** leben in einer durch technische Medien bestimmten Welt. Sie sehen pro Tag durchschnittlich 80 Minuten fern, verbringen ihre Zeit mit Ton-Kassetten, Video- und Computerspielen. Sie leben einen Großteil ihres Lebens als »Leben aus zweiter Hand«.

Grundschule heute muß ihre Bemühungen verstärken, die Entwicklung der Sinnesempfindungen und die Eigentätigkeit der Kinder in einem erfahrungsoffenen Unterricht zu fördern und ihnen zu helfen, die »Wirklichkeit aus zweiter Hand« zu verarbeiten.

Anmerkung:

Vor zehn Jahren formulierte der Grundschulverband noch keine Forderungen zum kindgerechten Einsatz der neuen Medien. Im Vordergrund stand eine eher kritisch abwehrende Haltung, die zwar die veränderten Freizeitgewohnheiten der Kinder in den Blick nahm, sie aber pädagogisch primär unter kompensatorischer Perspektive zu bearbeiten suchte.

Band 79/80
Kinder heute – Herausforderung für die Schule

Dokumentation des Bundesgrundschulkongresses 1989 in Frankfurt/M.

I. Schwerpunktthema des Kongresses: Kindheit heute – Leben aus zweiter Hand

Aus dem Einführungsvortrag von Hans-Günter Rolff (S. 63-67):

Leben in einer Welt technischer Bilder

Die Massenmedien haben die Kinder zu Zuschauern gemacht, die sich Bilder anschauen, und zwar nicht irgendwelche Bilder, schon gar nicht Kunstwerke, deren Wert als Bildungsmittel völlig außer Frage steht, sondern technische Bilder. Während sich ein Gemälde oder eine Photographie durch längeres Betrachten in distanziert-reflexiver Haltung erschließt, zeichnen sich die technischen Bilder dadurch aus, daß sie sich aufgrund von ständig wechselnder Kameraperspektiven sowie rascher Schnitt- und Motivfolge solcher längerandauernder Betrachtung gerade entziehen.

Technische Bilder werden durch Apparate erzeugt. Diese Apparate sind Teil einer Kulturindustrie, bei der ganze Belegschaften von Autoren, Dramaturgen, Programmierern, Systemtechnikern, Kameraleuten, Tontechnikern, Designern und Pädagogen bei der Herstellung und bei der Verbreitung zusammenwirken.

Das Leben mit dem Computer

Der Computer ist der neueste und zugleich leistungsfähigste Apparat zur Erzeugung technischer Bilder. Er wird zu Recht als Univeralmedium bezeichnet, das nicht nur rechnen kann, sondern auch als effektive Schreibmaschine mit angeschlossenem Drucker, als Graphikerzeuger oder auch als Bild-Plattenspieler zu gebrauchen ist.

Der Computer dringt langsam aber stetig in die Lebenswelt der Kinder ein. Unser Dortmunder »Institut für Schulentwicklungsforschung« hat Befragungen zur Vertreibung von Computern unter Kindern durchgeführt und parallel zu einer Hagener Arbeitsgruppe den Einsatz des Computers in der Grundschule erprobt. Ein Ergebnis unserer Befragung von fast 900 Grundschülern der 3. und 4. Klassen ist viel zitiert worden: Danach sagen 26 % aller Kinder, also ein Viertel, daß sie einen Computer zu Hause haben. Wir haben allerdings gleichzeitig die Eltern befragt, ob in ihrem Haushalt ein Computer vorhanden sei. Dabei kamen wie zu einer sehr viel geringeren Zahl, nämlich auf 15 %. Demnach verfügt jeder 7. Haushalt von Grundschülern über einen Computer. Die Differenz erklären wir uns so – und wir haben uns darüber auch bei Eltern und Grundschülern vergewissert –, daß die Eltern einen klareren und anspruchsvolleren Begriff vom Computer haben: Jedenfalls beginnt bei den Eltern der Computer beim Homecomputer und nicht schon bei elektronischen Spielgeräten, die ja auch irgend etwas vom Computer an sich haben und von den Kindern häufig zu den Computern gezählt werden. Die seriösere Zahl ist also, daß 15 % aller Haushalte von Grundschülern einen Computer haben. Wir fragten ferner, wozu die Kinder den Computer nutzen, und auch in diesem Fall haben wir Kinder und Eltern getrennt interviewt. Diese Frage ist deshalb besonders aufschlußreich, weil Computerkinder nicht notwendig bloße Zuschauer sein müssen. Sie können mit den technischen Bildern des Computers mehr anfangen als mit dem Fernsehen, sie können sie aktivieren, darauf reagieren, sie im besten Fall sogar selber herstellen und mit ihnen interagieren.

Bei der Befragung der Kinder, ob und wie häufig sie Computerspiele spielen, sagen ebenfalls 26 %, daß sie das ein bis zweimal in der Woche tun. Nur 6 % der Grundschulkinder spielen jeden Tag am Computer. Von einer Computerkindheit kann man also nicht sprechen. 6 % der Grundschüler spielen jeden Tag und 26 % ein- bis zweimal in der Woche – mit geschlechtsspezifischen Unterschieden allerdings, die Jungen häufiger als die Mädchen. Von besonderem Interesse ist die Frage an die Eltern, ob ihre Kinder auch programmieren. Das Ergebnis ist, daß nur 3 % der Kinder Programme schreiben oder mit Lernprogrammen arbeiten.

Man kann also bisher – es sind Daten aus dem Jahr 1987 – nicht davon ausgehen, daß die außerschulische Grundschulkindheit in irgendeiner Weise von Computern beherrscht ist. Allerdings glauben wir, daß sich hier Entwicklungen anbahnen und daß die Prozentsätze in den nächsten Jahren steigen werden.

Wir wollten darüber hinaus von den Eltern wissen, ob sie Computer zum regulären Bestandteil des Grundschulunterrichts machen wollen. In einer bundesweit repräsentativen Stichprobe haben das 50 % der Eltern von Grundschülern verneint, und weitere 16 % waren unentschieden. Ein Drittel indes war dafür. Wir haben diese Befragung im Jahre 1987 in Dortmund wiederholt und präzisiert. Bei der Frage, ob Kinder schon in der Grundschule lernen sollen, mit dem Computer umzugehen, ist das Ergebnis ähnlich wie in der bundesweiten Befragung. In der Sozialforschung ist allerdings bekannt, daß die Art der Frage die Art des Ergebnisses bestimmt, was bei Suggestivfragen am auffälligsten ist. Deshalb haben wir bei der Dortmunder Untersuchung die Fragestellung mehrfach variiert und unsere Fragen nicht nur auf die Grundschule beschränkt, sondern die Eltern mit der Alternative Grundschule oder Sekundarschule konfrontiert. Genauer: Wir haben gefragt, ob Computer erst in der Sekundarstufe I oder schon in der Grundschule eingesetzt werden sollen. Bei dieser Alternative stimmen 62 % aller Eltern für den späteren Einsatz in der Sekundarschule und nur noch 20 % für die Einführung von Computern in der Grundschule. Das Ergebnis zeigt sich also abhängig davon, wie man die Fragen formuliert. Deshalb sollte man mit Verallgemeinerungen vorsichtig sein.

Die Schulerprobung haben wir im vorigen und in diesem Jahr in mehreren Klassen einer großen Dortmunder Grundschule realisiert, durch Gerda Langenbuch angeleitet und von ihr und Karl-Oswald Bauer ausgewertet (vgl. Langenbuch u.a 1989). Wir haben vor allem Programme zur Textverarbeitung, zum Rechtschreibtraining und zum Übungsrechnen eingesetzt. Ein Ergebnis, das wir nicht unbedingt erwartet haben, war, daß alle Kinder ohne Ausnahme gern mit dem Computer arbeiteten. Sie waren motiviert, interessiert, z. T. sogar begeistert, also so, wie sich LehrerInnen Schüler wünschen. Verbindliche Aussagen über Erfolg oder Mißerfolge können jedoch noch nicht gemacht werden, weder aufgrund unserer Untersuchung noch aufgrund irgendeiner anderen, denn fast alle Untersuchungen sind nicht repräsentativ, und keine kontrolliert den Neuigkeitseffekt. Ebensowenig ist klar, welche Schüler Vorteile aus der Arbeit mit dem Gerät ziehen können. Nach unseren Beobachtungen ist nicht auszuschließen, daß die guten Schüler vom Computer mehr profitieren. Dies kann allerdings auch durch die vorhandene Hard- und Software bewirkt sein, deren pädagogische Qualität umstrittig noch sehr armselig ist.

Deutlich sichtbar war in der Beobachtungsphase eine starke Motivation der Schülerinnen und Schüler, Texte zu erstellen, wobei einige Texte auch einen größeren Umfang hatten als bisherige Schreibprodukte. Eine inhaltliche Analyse der Qualität der Schreibprodukte wäre wichtig, konnte bisher jedoch noch nicht vorgenommen werden. Diese vorläufigen Eindrücke müßten zudem über einen längeren Zeitraum validiert werden, um zu überprüfen, ob die genannten Effekte auch längerfristig Bestand haben, also keine bloßen Neuigkeitseffekte sind. Auffällig war das allgemein große Interesse den technischen Geräten gegenüber, nicht nur gegenüber Computern. Wir brachten im Laufe der Zeit immer mal wieder Cassettenrecorder, verschiedene Modelle von Photoapparaten und Videokameras mit in die Klassen, was jedesmal auf großes Interesse stieß. Ein geschlechtsspezifisch unterschiedlicher Umgang mit den Computer konnte von uns nicht ermittelt werden. Wir beobachteten in einer 2. Klasse, daß vor allem Mädchen kompetent damit umgingen. In einer 4. Klasse war das Verhältnis indes ausgeglichener. Auch dieser erste Eindruck müßte langfristig überprüft werden.

Um zu erfahren, wie Computer das Alltagswissen von Kindern beeinflussen, haben wir den Versuch gemacht, Kinder zum »lauten Denken«, sozusagen zum Philosophieren über Computer anzuregen. Es folgt ein Auszug aus einem Beobachtungsprotokoll. Ich zitiere diesen Auszug und unsere Interpretation der Anschaulichkeit wegen vollständig:

Die Forscherin fragt:
»Was meint Ihr, ist der Computer lebendig?«
Als Antwort rufen alle »ja« und »nein« durcheinander. Je die Hälfte der Klasse ist der einen oder anderen Meinung. Die einzelnen Äußerungen gehen dann jedoch einhellig in die Richtung, er sei lebendig, mit ähnlicher Begründung.
– *»Wenn er spricht, dann lebt er«*
– *»wenn man die Wörter eintippt«*
– *»wenn er an ist, wenn er spricht«*
Die Lehrerin greift ein: *»Na gut, dann geh und such' den Herzschlag; alles, was lebendig ist, hat einen Herzschlag.«* Und: *»Die Frage ist doch: Was ist lebendig?«* Hierauf verneinen die Kinder, gesagt zu haben, der Computer sei lebendig.

Dieses Beobachtungsmaterial handelt offensichtlich von dem vieldiskutierten Problem, ob Kinder den Computer als Apparat durchschauen können oder ihn vermenschlichen, »anthropomorphisieren« sagen einige, und ob Computerunterricht einer Anthropomorphisierung entgegenwirken kann. Wir haben für dieses Problem keine schnelle Lösung, machen dazu aber folgenden Deutungsvorschlag:

Die Handlungsbeteiligten – Lehrerin, Forscherin, Kinder – haben die Situation in je unterschiedliche Bezugsrahmen gestellt und je unterschiedlich interpretiert. Die Kinder haben zunächst mit einem spontanen Interpretationsentwurf gearbeitet, diesen dann aber im Verlauf des Gesprächs grundlegend abgeändert. Die Forscherin wollte die Kinder zum

Philosophieren anregen. Sie war vorrangig daran interessiert zu erfahren, wie Kinder über Computer denken. Sie war nicht darauf eingestellt, die Äußerungen der Kinder in »richtig« oder »falsch«, »gut« oder »schlecht« einzuteilen.

Anders die Lehrerin. Sie hat das Gespräch als »Unterrichtsgespräch« aufgefaßt und die erste Gelegenheit ergriffen, die Antworten der Kinder in die »richtige« Richtung zu lenken. Dabei sollten die Kinder durch logisches Kombinieren darauf kommen, daß der Computer nicht lebt. Die Kinder wiederum haben sich zunächst auf das Ansinnen der Forscherin eingelassen und dementsprechend ausgesprochen, was ihnen zu der Frage einfiel. Durch den Einwand der Lehrerin sind sie jedoch nicht nur angeregt worden, logische Regeln anzuwenden, sondern auch, die Situation neu zu definieren. Die neue Definition sah dann etwa so aus: Die Lehrerin erwartet von uns richtige Antworten auf die Frage, ob der Computer lebt. Sie macht Einwände. Also will sie wahrscheinlich hören: Der Computer lebt nicht. Und ein Herz hat er sowieso nicht. Und manche Kinder haben vielleicht gedacht: Eine Schnecke hat auch kein Herz, und sie lebt doch; und ein Baum auch. Also gibt es keine einfachen Aussagen zum Bewußtsein, das Kinder vom Computer haben. Es ist vielmehr von der Situationsdefinition der Beteiligten abhängig, wie mit der Frage umgegangen wird, ob der Computer lebt. Die Kinder sind offenbar in der Lage, sofort zu erkennen, was von ihnen erwartet wird. Und sie wissen, daß in der Schule richtige und falsche Antworten gegeben werden. Es fällt ihnen in diesem Fall auch nicht schwer, die richtige Antwort zu finden.

Unserer Ansicht nach kann hier jedoch weniger von einem Lernprozeß die Rede sein als von einer Art »Umschalten«. Die Kinder haben sich kulturelle Regeln angeeignet, die es ihnen ermöglichen, die Situation »Unterricht« von der Situation »Gedanke frei äußern« zu unterscheiden. Was sie »wirklich« über Computer denken und ob Computer sie anregen, über philosophische Fragen zu spekulieren, wissen wir noch nicht. Nur eines wissen wir sicher: Mit standardisierten Fragebögen kann man das nicht ermitteln.

Wir haben ferner die vieldiskutierte Frage untersucht, ob der Einsatz von Computern im Unterricht zu einer Isolierung einzelner Schüler führt, also zu einer Art sozialer Verarmung, oder aber umgekehrt zur Kooperation anregt. Wir haben beobachtet, daß am Computer meist in kleinen Gruppen oder paarweise gearbeitet wird. Die Einübung in die Gruppenarbeit ist im Sinne reformpädagogischer Zielsetzungen und wird daher allgemein als wünschenswerter Nebeneffekt der Computerarbeit angesehen. Und man kann in der Tat beobachten, daß Kinder häufiger in Gruppen oder Teams arbeiten, wenn Computer im Unterricht eingesetzt werden. Das kann allerdings auch in dem banalen Umstand liegen, daß die geringe Anzahl eingesetzter Computer die Schüler aus äußeren Gründen zur Kooperation zwingt. Und schaut man genauer hin, fällt auf, daß es sehr unterschiedliche Formen von Schülerkooperationen gibt. Drei Beispiele mögen das verdeutlichen.

Erstes Beispiel

Die Kinder einer zweiten Grundschulklasse, in der ein Computer zur Verfügung steht, haben die Aufgabe, einen selbst verfaßten Text in den Computer einzugeben und auszudrucken. Drei Mädchen werden in der beobachteten Situation an den Computer geschickt. Wie gehen die Kinder nun mit dem Problem um, daß sie nicht einzeln, sondern zu dritt an das Gerät dürfen?

Im Beobachtungsprotokoll heißt es dazu:

»Ich schreibe zuerst«, sagt Daniela bestimmend und setzt sich auf den mittleren Stuhl. *»Wir können uns ja abwechseln«*, sagt Alexandra mit leiser Stimme.

»Ich schreibe zuerst« – damit teilt Daniela ihre Entscheidung mit, daß sie als erste ihren Text eingeben will. Daß sie eine solche Entscheidung überhaupt treffen kann, setzt aber eine verborgene Struktur der gemeinsamen Arbeit am Computer voraus. Diese Struktur beinhaltet beispielsweise die Regel, daß die Kinder nacheinander jeweils für sich ihre Texte eintippen sollen. Bei einem bestimmten Aufgabentyp sehen sich die Kinder also vor das Problem gestellt, eine sequentielle Ordnung zu finden – BAUER spricht hier von einer »Warteschlange«.

Zweites Beispiel

Ein Beitrag für die Schulzeitung wird auf dem Computer geschrieben. Klaus, Günter und Erkan sitzen vor dem Gerät. Klaus (deutlich): *»Auf zwei müssen wir drücken«* (um ins Textprogramm zu kommen)... Sie geben den Text ein. Manchmal tippen alle drei, jeder mit einem Finger genau einen Buchstaben, ohne sich dabei ins Gehege zu kommen. Klaus: *»So ganz locker draufdrücken, das reicht schon.«* (Damit erklärt er Günter, wie die Maus zu handhaben ist.)

Aus dem Protokoll der Folgestunde: »Statt« muß eingegeben werden. Günter verwechselt es mit »Stadt«. Klaus: *»Das ist ein anderes ›statt‹«*. Und – später: *»›Lecker‹ mit ›ck‹«*.

Ähnlich wie im ersten Beispiel wird hier die Aufgabe bearbeitet, einen Text einzugeben und auszudrucken. Aber die Kinder gehen mit dem Problem, eine Struktur für die Teamarbeit zu finden, ganz anders um als im ersten Beispiel. Sie arbeiten nicht nacheinander, sondern miteinander. Ein Schüler, der einen deutlichen Kompetenzvorsprung hat, übernimmt dabei die Rolle eines Lehrers, der den anderen beiden zeigt, wie es geht.

Wir finden hier also einen weiteren Typ der Kooperation, den Typ »Kinder unterrichten Kinder« oder: »Kinder als Tutoren«. Hier entsteht allerdings das Problem, daß die besseren Kinder vermutlich mehr vom Computer profitieren und die Kluft der Ungleichheit größer wird.

Drittes Beispiel

Zwei Mädchen sitzen vor dem Bildschirm und steuern mit dem Joystick einen Frosch vom unteren Rand des Bildschirms über verschiedene Hindernisse und Gefahren so hinweg, daß er am oberen Rand des Bildschirms in ein Loch gelangt. Sie wechseln sich dabei von Zeit zu Zeit ab. Wenn der Frosch »überfahren« wird, erscheint ein Totenkopf und es erklingt ein Musikzeichen. Wenn er ertrinkt, ertönt die gleiche Musik. Nach einer gewissen Zeit sind alle Frösche verbraucht, und das Spiel fängt von vorn an. Vorher wird noch ein Punktwert angezeigt, der von der Zahl der Frösche abhängt, die sozusagen gerettet werden.

Das spiel läßt sich einordnen als wettbewerbsorientiertes Geschicklichkeitsspiel. Jeder Spieler bekommt die gleiche Anzahl Frösche. Es wird jedoch von den Mädchen hier so gespielt, daß die Frösche gemeinsam über die Hindernisse bugsiert werden. Die Mädchen vergleichen ihre Leistungen nicht miteinander, sondern versuchen gemeinsam, ein gutes Ergebnis zu erzielen. So wird ein wettbewerbsorientiertes Spiel in eine kooperative Struktur gebracht. Weitere Beobachtungen zeigten uns, daß auch bei weniger spielerischen und eher leistungsorientierten Aufgaben eine solch kooperative Struktur entstehen kann. Das heißt, daß Kinder in der Lage sind, so miteinander zu arbeiten, daß ein optimales gemeinsames Ergebnis erzielt wird. Wir bezeichnen diesen dritten Typ der Teamarbeit am Computer als »Kooperation« im engeren Sinn.

Wir neigen zur folgenden Bewertung der drei genannten Arbeitsformen:

Die Arbeitsform »Warteschlange« ist ein Lösungsversuch der Kinder für Probleme der Zusammenarbeit, der z. T. durch die Technologie selbst nahegelegt wird, zumindest durch die Art der Computeranwendung. Computerunabhängiger sind die Arbeitsformen »Kinder als Tutoren« und »Kooperieren«. Dies belegt, daß eine Spannbreite von bloßem Reagieren auf Vorgaben der Geräte und Programme bis zur aktiven Aneignung der Möglichkeiten des Computers besteht. Der Computer »wirkt« also nur dann auf Kinder ein, wenn die Kinder die Arbeit am Computer in das kulturelle Muster des bloßen Konsumierens und Reagierens einbetten. Dies ist nicht notwendig der Fall. Kinder verfügen auch über andere Muster als das der Warteschlange, z. B. das des Kooperierens oder der

Tutorenrolle. Welches Muster sie wählen, ist allerdings relativ unabhängig vom Computer.

Damit komme ich zum Gesamtergebnis aus unserem Unterrichtsversuch und der begleitenden Literaturauswertung: Es gibt keine haltbare wissenschaftliche Untersuchung, die beweist, daß der Computer den Grundschülern Vorteile bringt. Die Studien über Leistungszuwächse zeigen entweder einen unverantwortlich engen Leistungsbegriff oder haben nicht mit Kontrollgruppen gearbeitet oder konnten keine Langzeitwirkung nachweisen – auf etliche Studien treffen alle drei Kritikpunkte gleichzeitig zu. Andererseits kann auch nicht nachgewiesen werden, daß Computer den Kindern schaden.

Am ehesten lassen sich die Forschungsergebnisse so resümieren, daß der sinnvollste Einsatz des Computers in der freien Arbeit zu sehen ist bzw. im Rahmen eines offenen Unterrichts, der viel Wert auf Eigentätigkeit der Schüler legt. Man könnte dieses Fazit auch anders formulieren: Computer sind in der Grundschule nicht schädlich, aber auch nicht wichtig. Wichtig ist ein Vorantreiben der Grundschulreform im Sinne einer zeitgemäßen Reformpädagogik. Oder noch anders gewendet: Nicht Computer befördern Reformpädagogik, sondern die Lehrer. Das einzige, was man mit Gewißheit sagen kann, ist, daß die Grundschulreform im reformpädagogische Sinne weitergeführt werden muß, um den Computer für den Unterricht produktiv machen zu können. In erster Linie muß der alltägliche Unterricht überdacht und reformiert werden, und dann erst kann gefragt werden, wozu der Computer nützlich ist.

...

Literatur

Langenbuch, G. u.a.: Computer in der Grundschule? Werkheft 31 des Instituts für Schulentwicklungsforschung. Dortmund 1989

Bundesgrundschulkonferenz 1995 in Berlin

Zukunft für Kinder – Grundschule 2000

Aus dem Berliner Memorandum

Medien – Kommunikation – Freizeit

Kinder wachsen heute in einer audiovisuell und multimedial geprägten Umwelt auf. Sie sind Leser, Hörer und Fernseher zugleich. Sie wollen alle Medien nutzen, auch die neuesten.

Am Ende des 20. Jahrhunderts werden für die gesellschaftliche Kommunikation vorrangig die audiovisuellen und elektronischen Medien genutzt. Daten und Informationen, Geschichten und Unterhaltungsprogramme lassen sich heute problemlos an jedem Ort zu beliebiger Zeit verfügbar machen. Immer neue Medien sind zur Aufrechterhaltung komplexer Kommunikationsstrukturen, sind für das Funktionieren von Politik, Wirtschaft und Kultur notwendig. Für die Bewusstseins- und Meinungsbildung sind die Printmedien häufig nicht mehr die Leitmedien.

Da Menschen auch nach dem Jahr 2000 Subjekte ihrer Sinne bleiben sollen, heißt das schon für die Grundschule, Kinder auf eine kritische Nutzung der Vielfalt der Medien vorzubereiten, aber auch generell Lernen neu zu begreifen. Medienpädagogisches Handeln soll auch in der Grundschule als selbstverständliches pädagogisches Handeln verstanden werden. Dafür müssen in den Bundesländern begründete medienpädagogische Konzepte für Schule und Unterricht entwickelt werden.

Die Vielfalt der Medien nutzen

Aufgabe der Grundschule ist es, Kompetenz und Kritikfähigkeit im Umgang mit den Medien zu vermitteln. Die Perspektive kann nur sein: nicht hinter der medialen Entwicklung zurückbleiben, sondern an den veränderten Seh- und Hörgewohnheiten der Kinder anknüpfen. Dabei geht es auch darum, kommerzielle Interessen und emotionale Wirkungen durchschaubar zu machen, so dass das Fiktionale des Mediums erkennbar wird.

Die Bedeutung der Medien soll weder einseitig unter dem Aspekt der möglichen negativen Wirkungen (Rollenklischees, Verhaltensnormen, Konfliktlösungen durch Gewalt etc.) betrachtet werden noch einseitig euphorisch im Hinblick auf den technisch-ästhetischen Fortschritt (Computergrafik etc.): Gefahren *und* Chancen der Medienentwicklung sind zu bedenken.

➢ *Pädagoginnen und Pädagogen sollen in den elektronischen Medien eine Chance für die Entlastung von überflüssiger Informationsvermittlung und für Formen selbstgesteuerten und selbstverantwortlichen Lernens sehen. Besonders wichtig erscheint dabei, daß in einem integrativen Ansatz der Zusammenhang von Leseerziehung, Medienerziehung und computerunterstütztem Lernen hergestellt wird. Haben Lehr- und Lernspielprogramme in einem differenzierten Grundschulunterricht durchaus ihren Platz, so darf dies keinesfalls auf die Abschaffung bzw. das Ersetzen von Lehrkräften hinauslaufen. An der Konzipierung pädagogischer Software sind Lehrkräfte zu beteiligen.*

➢ *Nach wie vor ist dem gedruckten Medium in der Grundschule ein fester Platz zu sichern. Der freie Zugang zu Büchern in Schul- und Jugendbibliotheken muß ermöglicht werden.*

➢ *Die neuen Wahrnehmungsangebote der Medien (Bilder, bewegte Bilder, Sound-tracks, Kombinationen von Bildern und Tönen, Computergrafik etc.) bieten inzwischen einen kulturellen Ausdrucksreichtum an, der das kulturelle Repertoire des Alltags erheblich erweitert hat. Hier muß eine Alphabetisierung im Sinne des Aufbaus von Kompetenzen stattfinden, die den geschlechtsspezifischen Zugang berücksichtigt.*

➢ *Eine integrative und aktive medienpädagogische Gestaltung von Lern- und Erfahrungsstrukturen, unterstützt durch die Zusammenarbeit von Lehrkräften und Eltern, ermöglicht langfristig den Ausbau einer Medienkultur in Elternhaus, Schule und Nachbarschaft.*

- *Das Ziel eines reflektierten und kreativen Umgangs mit der Vielfalt der Medien muß in allen Bildungsplänen für die Grundschule verankert werden. Die Pläne sind um medienpädagogische Themen und um Hinweise zu ihrer Integration zu erweitern. Die Fachkräfte der Bildstellen und Medienzentren sollen bei diesen Revisionen einbezogen werden.*

- *Der Umgang mit Medien und ihr integrativer Einsatz in einer Grundschule ist nicht kostenneutral (gerätetechnische Ausstattung) und nicht ohne Aus- und Weiterbildung des Lehrpersonals zu erreichen. Medienerziehung/Medienpädagogik ist in der 1. und 2. Phase der Lehrerausbildung zu verankern. Über ein Fortbildungsangebot muß Gelegenheit zur Aktualisierung von Medienkompetenz gegeben werden. Dafür sowie für die Förderung medienpädagogischer Forschungsvorhaben sind Ressourcen bereitzustellen.*

Band 98

Die Zukunft beginnt in der Grundschule

Empfehlungen zur Neugestaltung der Primarstufe

Ein Projekt des Grundschulverbandes

Gabriele Faust-Siehl/Ariane Garlichs/Jörg Ramseger/Hermann Schwarz/Ute Warm

Medienerziehung
(S. 113-117)

Ausgangslage

Medien sind aus Gesellschaft und Kultur sowie aus der Entwicklung und Sozialisation der Kinder heute nicht mehr wegzudenken. In den meisten Familien sind heute verschiedene Bild- und Printmedien und zum Teil speziell auf Kinder ausgerichtete, kommerzorientierte Medienverbundsysteme verbreitet. Beträchtlich sind allerdings die Unterschiede, die zwischen den Kindern hinsichtlich des Zugangs zu den Medien und deren Nutzung bestehen. Unterschiedlich ist außerdem die Bedeutung, die das einzelne Medium für den Seher, Hörer oder Leser entfalten kann. Die soziale Lage des einzelnen Kindes, dessen mehr oder weniger belastete oder behütete Lebenssituation und die individuellen Medienpräferenzen spielen hierbei eine Rolle.

Unter pädagogischen Gesichtspunkten ist die Ambivalenz der Medien deren hervorstechendstes Merkmal. Einerseits bieten die neuen Techniken, insbesondere Computer- und Videotechnik, Hilfen für das Lernen und Lehren an, die die Möglichkeiten von Schulbuch und Arbeitsblatt, Tafel, Filmgerät, Tageslicht- und Diaprojektor partiell weit übertreffen. Sie versprechen, Erfahrung zu verdichten und in der Schule präsent und bearbeitbar zu machen. Technische Geräte erlauben Lernprozesse, in denen Schülerinnen und Schüler auf rasche und unkomplizierte Art Lösungen simulieren können, und sie ermöglichen Lernen auf eigenen Wegen und unabhängig von der Kontrolle Erwachsener. Auf die Medien ist es wohl auch zurückzuführen, daß Kinder heute in umfassenderer, wenngleich oft ungeordneter Weise über gegenwärtige und vergangene Ereignisse informiert sind. Als relevanter Teil der gesellschaftlichen Wirklichkeit, zum Beispiel in Arbeitswelt und Freizeitangebot, können die Medien von der Grundschule nicht länger ignoriert werden.

Andererseits ist gegenwärtig schwer abzuschätzen, in welcher Weise der menschliche Umgang mit Information und Kommunikation durch die Medien und ihre Allgegenwart verändert wird: Sehen wir die Welt mit anderen Augen an? Beeinflussen die Bildmedien unsere Art des Denkens? Beherrschen wir die Medien, oder beherrschen sie längst uns? Stumpfen die Bilder menschlichen Leids, die uns täglich frei Haus erreichen, unsere Fähigkeit zum Mitempfinden ab, oder sind die Informationen über Gewalt und Not Voraussetzung und Anstoß, mitzuleiden und helfend tätig zu werden? Wie werden vor allem die Kinder damit fertig, permanent mit Nachrichten über jeden beliebigen Ort der Erde konfrontiert zu werden und so der Tendenz nach in einer »Weltgesellschaft« zu leben? Wie kann dem von den Medien ausgehenden Konsumdruck widerstanden werden?

Pädagogische Konsequenzen

Die Revolutionierung der Informationsvermittlung und -verarbeitung durch die Medien innerhalb der letzten Jahrzehnte ist nicht nur als neue epochale Herausforderung zu verstehen, sondern stellt auch die Schule, die dort geübte Art des Lernens und das Verständnis von Bildung in Frage. Angesichts der von den Medien geförderten rezeptiven Grundhaltungen und der Klischeehaftigkeit vieler Darstellungen ist es dringlich, die Urteils- und Ausdruckskraft der Heranwachsenden und ihre Symbolisierungs- und Sprachfähigkeit zu stärken. Das anzustrebende Ziel besteht darin, daß die Heranwachsenden auf lange Sicht bewußt und eigenständig mit den Medien umzugehen lernen.

Mit den neuen Techniken der Speicherung und des Zugriffs auf Information kann die Schule nicht konkurrieren. Als Buch- und Paukschule wird sie daher nicht überleben. Wenn Schule ihre Relevanz behalten oder wiedergewinnen soll, dann nur, wenn sie sich vornehmlich als Erfahrungsraum versteht. Für die Grundschule lassen sich daraus folgende Aufgaben ableiten, die nur lernbereichsübergreifend wahrgenommen werden können:

- Die Pädagoginnen und Pädagogen sollten sich den Medienerfahrungen der Kinder öffnen und diese darin begleiten, auch wenn Erwachsene häufig nur wenig über die von den Kindern genutzten Medien wissen und vielen medialen Erscheinungen reserviert gegenüberstehen.

- Zu überprüfen ist, inwiefern nicht die Schwerpunkte des Unterrichts grundsätzlich verlagert werden sollten, indem weniger die Vermittlung von Informationen als deren Aufarbeitung und Ordnung angestrebt wird.
- Es gehört zur guten Grundschultradition, den Kindern originale Begegnungen mit Personen, Lebewesen und Sachen zu ermöglichen sowie außerschulische Lernorte aufzusuchen. Medien können bei der Aufarbeitung dieser Erfahrungen helfen, sie aber niemals ersetzen. Ein sich vornehmlich oder gar ausschließlich auf Medien stützender Grundschulunterricht ginge an zentralen Lernbedürfnissen der Kinder vorbei.
- Die Grundschule sollte in einem umfassenden Sinne die »Gegenkräfte« der Kinder entwickeln, indem sie die Nahsinne in Anspruch nimmt und der aus den Medien gewohnten raschen Aufeinanderfolge der Ereignisse Nachdenklichkeit und Verlangsamung entgegenstellt. Eigentätigkeit sollte zum übergeordneten Unterrichtsprinzip werden. Dazu gehört, daß Medien von Anfang an in der Schule selbst hergestellt werden und die Kinder anhand selbstgefertigter Materialien lernen.
- Medienerziehung ist – wie jede andere Erziehung – auf den engen Dialog zwischen Elternhaus und Schule angewiesen. Die Grundschule muß daher diesen Dialog auch auf dem Gebiet der Medienerziehung gezielt pflegen.

Wie in der Debatte über die von den Medien verbreiteten Gewaltdarstellungen abzulesen ist, verfolgen viele Anbieter vordringlich kommerzielle oder politische Interessen. Pädagogische Gesichtspunkte und der Kinder- und Jugendschutz spielen bestenfalls eine untergeordnete Rolle. Viele Eltern unterschätzen die Auswirkungen auf das Seelenleben der Kinder, wenn diese unkontrolliert Gewaltdarstellungen ansehen oder mitsehen müssen, die eigentlich nicht für Kinderaugen gedacht waren. Die Pädagogen würden sich allerdings selbst überfordern, wenn sie solchen Erscheinungen allein mit pädagogischen Mitteln entgegenwirken wollten. Die Mediengewalt verlangt vielmehr flankierend politisches Handeln: Von der Politik ist zu fordern, die Kinder vor Schaden zu bewahren, indem den Medienanbietern Grenzen gesetzt werden. Der Grundsatz der Freiheit der Kunst rechtfertigt nicht den Mißbrauch oder die Gefährdung von Kindern durch die und in den Medien. Eltern und Pädagogen sind in der Pflicht, sich für einen zeitgemäßen Kinder und Jugendschutz auf dem Gebiet der elektronischen Medien öffentlich einzusetzen und die Politiker aufzufordern, entsprechende Regelungen zu erlassen.

Zur Computerbildung in der Grundschule

Da die Grundschule den Kindern alle Aspekte der gesellschaftlichen Wirklichkeit zugänglich zu machen versucht, müssen auch Computer ihren selbstverständlichen Platz im Grundschulklassenzimmer erhalten. ...

Viele Kinder, insbesondere solche aus intellektuell anregenden Elternhäusern, haben schon im Vorschulalter privaten Zugang zu und Nutzungsmöglichkeiten von Computern und lernen frühzeitig, diese Geräte für phantasievolle Text- und Bildproduktionen sowie erste Programmierversuche zu nutzen. Andere Kinder lernen Computer eher über mehr oder weniger stupide Reiz-Reaktions-Spiele kennen und verlieren viel Zeit in immer neuen Reaktionstests, die bestenfalls die Wahrnehmungsgeschwindigkeit, nicht aber die Phantasie trainieren. Hier hat die Grundschule eine kompensatorische Aufgabe, indem sie mit hochwertiger Hard- und Software-Ausrüstung die schon angebahnten Entwicklungen der einen aufgreifen und ausbauen muß und den anderen lust- und phantasieanregende Programme bieten sollte, die den kreativen Umgang mit den elektronischen Medien fördern.

Computer können das Lernen und Lehren in der Grundschule bereichern. Positive Erfahrungen liegen etwa zum Sach- und Mathematikunterricht und für den Schriftspracherwerb vor. Entscheidend ist die didaktische Qualität des Computereinsatzes, ... Entsprechend der jeweiligen didaktischen Absicht, werden die Kinder mit Hilfe der Geräte auf stereotypes, ergebnisorientiertes Lernen festgelegt, oder sie erhalten die Möglichkeit, ohne Stift, Schere und Papier Bilder und Texte zu entwerfen und anderen zugänglich zu machen, sich selbständig Informationen zu erarbeiten und an mathematischen Problemen zu knobeln. Erwünschte Nebeneffekte liegen darin, daß computerunerfahrene Kinder, insbesondere auch die Mädchen, frühzeitig die Scheu vor den Geräten verlieren und lernen, wie damit umzugehen ist. Den vorliegenden Erfahrungsberichten ist auch zu entnehmen, daß die Arbeit am Computer nicht isolieren muß, sondern durchaus interaktiv zusammen mit einem Freund beziehungsweise einer Freundin oder mehreren anderen Kindern erfolgen kann. Von daher entspricht der Einsatz von Computern in der Grundschule auch dem sozialen Auftrag dieser Schulstufe. Wir empfehlen daher, alle Grundschulklassenzimmer mit hochwertigen Computern auszustatten und die Pädagoginnen und Pädagogen in einer stufenspezifischen Nutzung dieser Geräte und entsprechender Programme auszubilden.

Band 103

Grundschule und neue Medien

Hartmut Mitzlaff/Angelika Speck-Hamdan (Hrsg.)

Vorwort (S. 8):

Ausschnitte aus einem Gespräch zu Beginn einer Computer-AG, 4. Klasse:
»Mann, sind die Monitore klein.«
»Und nich' mal in Farbe … auch die Drucker nich'?«
»Wir ham zu Hause drei Computer.«
»Wir ham 'nen 4-86er.«
»Wir ham 'nen Penzium und 'nen Scanner.«
»Un' mein Onkel, der kann im Internet surfen, da guck ich manchmal zu …«
Lehrerfrage: *»Und was ist Internet?«*
»Das ist wie Postverschicken, nur ohne Briefmarke und ohne Postboten, das geht viel schneller.«

Dieser Band thematisiert die sogenannten neuen Medien und deren Stellenwert in einem modernen Grundschulunterricht. Das oben in Auszügen wiedergegebene Gespräch unter Viertklässlern macht jedoch deutlich, dass sie für Kinder gar nicht so neu sind. Unsere heutigen Grundschulkinder sind mit Gameboy, Playstation, Tamagotchis und Computern aufgewachsen. Sie hantieren äußerst geschickt und so schnell damit, dass ein beobachtender Erwachsener oft den Ablauf gar nicht mehr mitverfolgen kann. Der Spielemarkt hat sich auf die kleinen Kunden eingestellt und produziert ständig neue Soft- und Hardware für Kinder. Über deren pädagogischen Wert mag man streiten; Tatsache aber ist, dass gekauft wird und dass Kinder von Computerspielen fasziniert sind.

Die Schule hat diese Entwicklung lange ignoriert, und sogar bekämpft. Vor allem die Schülerinnen und Schüler der Grundschule wollte man ausnehmen vom Gebot einer informationstechnischen Grundbildung wie die Formel für die weiterführenden Schulen lautet. Heute sind wir an einem Punkt, an dem die Entscheidung gefallen ist. Die neuen Medien gehören jetzt und auch in Zukunft zum Lebensalltag. Es besteht kein Grund, sie vor der Schultür zu lassen; im Gegenteil, ihre produktive Nutzung muss erprobt und erlernt werden, auch in der Grundschule. Allerdings geht es hier tatsächlich in erster Linie nicht um den Erwerb technischer Fertigkeiten. In der Grundschule geht es um die kindgerechte Einführung eines nützlichen Werkzeugs zur Informationsbeschaffung und zur Kommunikation. Es geht um die produktive Nutzung eines interessanten Mediums, das kreativen Lehrerinnen und Lehrern didaktisch und pädagogisch viele Möglichkeiten eröffnet.

Dazu möchte unser Band auch die noch zögerlichen Kolleginnen und Kollegen ausdrücklich ermutigen.

Zu diesem Buch (S. 12):

Der vorliegende Band setzt die damals begonnene Diskussion konsequent fort. Er leistet eine nüchterne Bestandsaufnahme jenseits von Medienüberschätzung (wie sie inzwischen in der Tagespolitik und insbesondere der Wirtschafts- und Industriepolitik üblich ist) und unbegründeter Medienangst. Er will Grundschullehrerinnen und -lehrer ermutigen, zusammen mit ihren Kindern den Weg in die (industrielle) Informations- und Wissensgesellschaft (vgl. dazu die Delphi-Studie des BMFT, 1998) zu suchen unter der Zielperspektive, einen mündigen Umgang mit den neuen Medien und Techniken zu begründen. Es geht um die Konkretisierung dessen, was sehr allgemein als »Entwicklung von Medienkompetenz« bezeichnet wird. Die Konkretisierung wird in diesem Buch unter verschiedenen Blickwinkeln und sowohl auf eher theoretischer als auch eher praktischer Ebene versucht.

Unter dieser Zielperspektive verbindet der Sammelband neue didaktische, lernpsychologische, schreib- und publikationsdidaktische, medien- und informationspädagogische sowie spielpädagogische Überlegungen (Teil I) mit einem breiten Spektrum von Erfahrungsberichten aus unterschiedlichen Bundesländern (Teil II). Teil III des Sammelbandes bietet Orientierungshilfen zur Hard- und Software, zum Internet und zur Print-Literatur.

Grundschule und Computer
Zur Position der Bundesländer

zusammengestellt von HARTMUT MITZLAFF

Die nachfolgende Übersicht basiert auf Anfragen, die im Herbst 1997 sowie Anfang September 1998 an die Kultusminister der Länder gerichtet worden sind. Der Rücklauf war in beiden Fällen sehr unterschiedlich. Während einzelne Länder präzise und detailliert auf die Fragen antworteten, stehen in einem Bundesland – trotz telefonischer Nachfrage – schriftliche Antworten bis heute aus. Redaktionsschluss war am 7.1.1999.

Die Zitate klären den Leser über die Qualität der Antwort seines Bundeslandes auf. Während sich in einigen Ländern eine klare, pädagogisch und didaktisch offensive Position im Umgang mit den neuen Medien durchgesetzt hat (z. B. Hessen, Berlin, Baden-Württemberg, Hamburg) bzw. abzuzeichnen beginnt (z. B. Bayern, Mecklenburg-Vorpommern), neigen andere Länder – angesichts möglicher Folgekosten einer positiven Einschätzung – noch immer zu taktischen und rhetorischen »Verrenkungen« (z. B. Thüringen). Die klare Aussage: »Wir würden es ja gerne sehen, und wir erkennen auch positive Aspekte, sehen aber keine Chance, die Hard- und Software zu finanzieren. Schreiben wir die Nutzung

Bundesland – Grundsätzliche Position	*Richtlinien, Erlasse, Lehrpläne*
Baden-Württemberg Computereinsatz in GS wird grundsätzlich *»positiv … beurteilt«*. Computer »als ein Medium unter vielen«. Im differenzierten und individualisierten Unterricht werden sinnvolle Einsatzmöglichkeiten gesehen. Selbständiges, selbstorganisiertes Lernen als Schwerpunkt; Integration des Computer in Klassenunterricht; keine Computerräume. »Der Computereinsatz in der GS erweitert … das Spektrum von Differenzierungsmöglichkeiten«. In Vorbereitung: Broschüre »Computer in der GS – ein neues Medium«; Fortbildung von »Multimedia-Beratern« auch an GS.	bisher keine

aber z. B. in den Lehrplänen und Richtlinien fest, dann könnten uns die kommunalen Schulträger in die Pflicht nehmen wollen«, hört man bestenfalls am Telefon oder in persönlichen Gesprächen. Ob dies der richtige Weg ist, die Grundschule eines Industrielandes auf dem Weg ins 21. Jahrhundert zu unterstützen und die allseits beschworene kritische Medien- und Informationskompetenz zu begründen, darf bezweifelt werden. Vollmundige Erklärungen zum »Medienstandort xy« und zum »Zukunftsland yz« wird man nicht zuletzt daran festmachen müssen, wie das jeweilige Bundesland im schulischen Alltag mit dem Thema »Grundschule und neue Medien«[1] umgeht, und hier sind von den Ländern vor allem Finanzierungshilfen zu einer wirksamen Erstausstattung mit »hochwertiger« Hard- und Software[2] sowie basale pädagogisch-didaktische Angebote im Rahmen der Lehrerfortbildung gefragt. Als dritte Säule wird mittelfristig schließlich ein effektiver technischer Support vor Ort zu entwickeln sein.

Literatur

[1] Vgl. dazu Mitzlaff, H./Speck-Hamdan, A. (Hrsg.): Grundschule und neue Medien. Band 103 der Beiträge zur Reform der Grundschule. Frankfurt/M.: Grundschulverband, 1998

[2] Vgl. Berliner Rahmenkonzept; Mitzlaff, H./Wiederhold, K. A.: Computer im Grundschulunterricht. Möglichkeiten und pädagogische Perspektiven. Hamburg/New York, 1990. Mitzlaff, H.: Lernen mit Mausklick. Computer in der Grundschule. Frankfurt/M., 1997. Ders. (Hrsg.): Handbuch Grundschule und Computer. Vom Tabu zur Alltagspraxis. Weinheim/Basel, 1996

Umfang Ausgew. Projekte	*Schwerpunkte*	*Finanzhilfen*
Ca. 500 – 600 GS arbeiten z. Zt. mit Computern (von 2.500); Fortbildungsprogramm für GS-Lehrerinnen u. -lehrer; für Schulaufsichtsbeamte; Test von »Winnie im grünen Klassenzimmer« an 12 GS seit 1995/96.	Selbstorganisiertes Lernen; Lernen an Stationen, freie Arbeit, Projektunterricht; offene Unterrichtsformen.	Verbund mit Hauptschulen; Spenden von Eltern, Freundeskreisen; Industrie; Perspektive: Im Rahmen einer »Medienoffensive Schule« Förderung von Anschaffung eines MM-PC.

Bundesland – Grundsätzliche Position	*Richtlinien, Erlasse, Lehrpläne*
Bayern	
»Der Einsatz des Computers in der Grundschule ist dort *didaktisch sinnvoll*, wo er den Bildungs- und Erziehungsauftrag der GS fördert und unterstützt«. Hinweise auf Projekt *TAOS*; Ergebn. sollen in Fortschreibung der Lehrpläne einfließen. Gesamtkonzept »Medienerziehung in Bayern« 1996 ff. für GS bisher»Mitteilungen verstehen«; Konkretisierung für Computer steht noch aus.	Arbeit mit Comp. z. Zt. noch nicht im Lehrplan verankert. Im neuen Lehrplan vorgesehen – 2001/2002 in Kraft.
Berlin	
Bestandteil des umfassenden Programms zur GS-Reform. Breite Ausführungen zur Rolle des Computers im Grundschulunterricht im »Päd. Rahmenkonzept für den Einsatz von Informations- und Kommunikationstechnik in der Berliner Schule«: Computer soll »sowohl kommunikative als auch individualisierende u. projektorientierte Lernformen unterstützen« und soll »ein Medium unter vielen« sein. Comp. u. a. als »Schreibwerkzeug«, Übungshilfe und multimed. Nachschlagewerk; »Differenzierungsmedium«; Empfehlungen zur Einrichtung von Medienecken, einer Medienwerkstatt; Internetnutzung; Notwendigkeit einer hochwertigen Ausstattung wird betont.	Teil des breiten Programms GS-Reform 2000; Teilprogramm 7 *CidS* »Computer in die Grundschule«.
Brandenburg	
»Eine *offizielle Aussage* über den Computereinsatz in der GS liegt derzeit *noch nicht* vor« (November 1997).	—

Umfang *Ausgew. Projekte*	*Schwerpunkte*	*Finanzhilfen*
— keine Angaben — u.a. Schulversuch *TAOS*; Fortbildung.	Lern- und Fördermedium; individuelle Förderung auch bei Teilleistungsstörungen; Lese-, Rechtschreib- und Rechentraining; Medienerziehung.	Verweis auf die (lokalen) Sachaufwandsträger; Schulversuche wurden vom Land unterstützt.
Programm betrifft alle 479 GS in Berlin; Pläne zur Ausstattung in mehreren Schritten; 1. Schritt: »Für die Einrichtung von Medienecken ist mindestens ein Computer plus Software plus Drucker pro Klassenzimmer erforderlich«. 1997/98 waren allerdings erst 8 % der Berliner GS mit einem Comp. ausgestattet.	U.a. Computer als Gegenstand der Medienerziehung: Medienkompetenz/Methodenkompetenz (Medien z. B. als Hilfsm. b. Recherchieren). – C. in der Medienecke (Schreiben, Recherchieren, Üben, Förderung; – C. als Differenzierungsmedium; – C. im fakult. Unterricht (AG für Mädchen!?); – C. als Demonstrationsmedium.	Planungsschritte; Hinweise auf Lehrerbildung; Sonderprogramm *CidS* (Ausstattung, Erprobung, Qualifizierung der Lehrer); Anschubfinanzierung aus Mitteln der Dt. Klassenlotterie Berlin; Sponsoren (u. a. Bankgesellschaft Berlin …).
Medienpäd. Zentrum des Landesinstituts betreuen GS, die an Netzinitiative teilnehmen. Themenbezogene Fortbildung für GS-Lehrer u. a. zum »computergestützten Lernen an der GS«. Antrag der Uni Potsdam auf Modellversuch »Multimedia in der Grundschule«.	—	—

Bundesland – Grundsätzliche Position	Richtlinien, Erlasse, Lehrpläne
Bremen	
Senatorin »*begleitet* die Schulen in ihrem Anliegen, den Computer als Medium zu nutzen, das den Lernprozess der Kinder unterstützt« (Oktober 98). Hinweis auf ein Schulbegleit-Forschungsprojekt an 8 GS.	bisher keine; Ergebnisse der Begleitforschung sollen abgewartet werden.
Hamburg	
»*befürwortet* den Computereinsatz in der GS«. »Kein Arbeitsschwerpunkt ist der Einsatz von Lernprogrammen« (November 97).	Lehrplanentwurf »Medienerziehung« in Arbeit. Grundschulen sind »ohne Einschränkung« in das Projekt »Hamburger Schulen ans Netz« eingebunden; Teilnahme von 109 GS (= 73 % der eigenständigen GS).
Hessen	
Computereinsatz in GS wird *ausdrücklich »befürwortet«*. »Der Einsatz von Computern in der Grundschule als didaktisches und methodisches Hilfsmittel wird in Hessen als Teil eines vielfältigen Medieneinsatzes positiv bewertet«. Schwerpunkte: Schreibförderung und Fördermaßnahmen in einzelnen Fächern (Lesen, Rechnen); Arbeit mit elektr. Informationsquellen; Medienecke im Klassenraum (bis 3 PC plus Drucker), oft auch Computerraum.	An verschiedenen Stellen des Rahmenplans GS, 1995; Nutzung des Computers neben anderen Medien vorgesehen, z. B. »Klassenzeitung am PC gestalten« (A 1, S. 25; auch C 1, S. 271: »Computer als Werkzeug benutzen«).

Umfang Ausgew. Projekte	*Schwerpunkte*	*Finanzhilfen*
CiAO-Projekt; »nahezu alle GS arbeiten inzwischen in unterschiedlichen quantitativen und qualitativen Ausprägungen mit Computern«. Fortbildung.	Nutzung in Phasen der Freiarbeit; Medium soll Lernen in Übungsphasen unterstützen. Comp. in Lern- u. Schreibwerkstätten, Förderräumen und Lernzonen im Klassenraum .	Innovations- und Sondermittel der Senatorin für neue Medien; Antrag mit päd.-didakt. Konzept; Sponsoring gilt als notwendig.
Lehrerfortbildung am Inst. für Lehrerfortbildung.	Arbeitsschwerpunkte: Freies Schreiben, Lesen und Gestalten; Kompensation von Lernschwächen; Kommunikationsversuche via e-mail.	Für Einstieg pro Schule: Mittel für 1 Multimedia-PC mit ISDN-Karte, ISDN-Anschluss, Zuschuss zu Telefongebühren.
An 959 GS gibt es 3.200 Computer (Ø also 3 pro GS); 15 GS mit Internetzugang (Sommer 98). Informationsnetz des Hess. Landesinstituts, u. a. Bereitstellung von Unterrichtssoftware.	Mittel zur Unterstützung selbständiger Lernprozesse in Kleingruppen; motivierende Lernarrangements im Klassenunterricht im Rahmen der freien Arbeit; Medienerzieherische Bildungsziele.	Landesprogramm zur Verbesserung der Ausstattung: 1998/99 sollen alle GS mindestens einen Multi-Media-PC erhalten, ansonsten über Schulträger. Erweiterung der Lernmittelfreiheit um »elektr. Medien«.

Bundesland – Grundsätzliche Position	*Richtlinien, Erlasse, Lehrpläne*
Mecklenburg-Vorpommern »Das Kultusministerium schätzt den Einsatz von Computern im Unterricht *sehr positiv* ein« (Oktober 98). »Das Ministerium steht dem Einsatz von Computern in der GS aufgeschlossen gegenüber, deshalb hat es den Schulversuch Primarunterricht – multimediales, kreatives Lernen *(Pumukl)* initiiert. …« Medienecken-Begleitung durch Landesinstitut; KM: »Programm zur Integration Neuer Medien in den Unterricht« (1998).	Noch keine besonderen Erlasse oder Richtlinien.
Niedersachsen Verweis auf den (sicherlich in vielen Punkten richtungsweisende) Modellversuch »Beitrag der GS zur informations- u. kommunikationstechnolog. Bildung« (1991-93), der leider ohne konkreten Computerzugang auskommen musste. »*Weder* wird ein Computereinsatz in der GS besonders *befürwortet, noch* werden Schulen, die in Eigeninitiative entsprechende methodische Versuche unternehmen, hieran gehindert oder durch besondere Auflagen *eingeengt*« (September 97).	— keine — »Als Werkzeug und Medium soll der Computer allerdings langfristig im Unterricht der GS den gleichen Stellenwert wie andere Werkzeuge/Medien … erhalten. Diese Position wird auch in die Revision der Rahmenrichtlinien Eingang finden«.
Nordrhein-Westfalen Offiziell gilt noch der Landtagsbeschluss von 1989, der eine Einführung der neuen Technologien in der GS untersagte (bzw. entsprechender Erlass). Seit Ende 1997 wird eine neue Empfehlung/Richtlinie *in Aussicht gestellt*, die bis 7.1.1999 aber nicht vorlag. »Rahmen für die Medienerziehung in der Grundschule – Ergebnisse des Modellversuchs 1995-1998«.	— keine —
Rheinland-Pfalz Hinweis auf die Ergebnisse von *CLiP* (u. a. integrativer Ansatz statt Lernlabor, Übungssoftware *Felix*) (Dezember 97).	— keine — Hinweis auf Überarbeitung der Lehrpläne.

Umfang Ausgew. Projekte	Schwerpunkte	Finanzhilfen
Pumukl in 8 GS des Kreises Demmin (seit 96); an 6 weiteren GS *SchiLF*-Veranstaltungen zum Thema; 25 weitere GS sammeln Erfahrungen mit Comp.	Frühzeitige Entwicklung von »Medienkompetenz« als Hauptziel; *Pumukl* arbeitet vor allem mit *Winnies Welt* und Lern- und Übungsprogrammen.	KM trägt Ausstattung von *Pumukl*; ansonsten Verweis auf Schulträger.
Versuche an GS werden begrüßt, wenn keine Kosten entstehen … Grundsätzlich ist man bestrebt, den medienpäd. Ansatz des Modellversuchs weiterzuentwickeln, unter Einschluss der neuen Medien. Beteilig. von 10 GS an der Multimedia-Initiative Niedersachsen; 4 GS als Exposchulen.	Telefonischer Hinweis auf Freiarbeit, Mathematik, Sachunterricht und Deutsch.	Finanzierbarkeit gilt als Knackpunkt! Unterstützung von GS bei Netzzugang. Exposchulen mit Multimedia ausgestattet.
ComPlG im Anschluss an BLK-Projekt Arbeit in 40 GS; davon unabhängig zahlreiche Initiativen einzelner Schulen mit Duldung der Schulaufsicht ohne staatliche Förderung.	— keine Angaben —	— keine Angaben — Fördervereine, Einzelinitiativen von Lehrern; Sponsoren; div. Berichte aus dem Landesinstitut, u. a. »Lernen mit Neuen Medien in der Grundschule« (1997)
CLiP (1988/1990-1993); Initiativen verschiedener GS; AG von Grundschullehrerinnen und -lehrern.	— keine Angaben —	— keine Angaben —

Bundesland – Grundsätzliche Position	*Richtlinien, Erlasse, Lehrpläne*
Saarland »Derzeit gibt es im Saarland keine Grundsatz-Aussagen zum Einsatz von Computern in der GS. … Dem Einsatz von Computern in der GS stehen wir *offen gegenüber:* Einerseits gibt es für die GS keine einschränkenden Bestimmungen; andererseits versuchen wir, Erkenntnisse anderer Bundesländer auszuwerten und zu gewichten und für unsere weiteren Überlegungen zu nutzen« (September 97).	— keine —
Sachsen »In den GS des Freistaates Sachsen befindet sich der Computereinsatz *in der Einführungsphase*« (Oktober 98), … was immer dies konkret heißen mag?	— keine —
Sachsen-Anhalt Computereinsatz erfolgt z. Zt. *»noch sporadisch«*. Vorrang: Ausstattung der weiterführenden Schulen mit Hardware.	— keine — (Interessante) Handreichung des Landesinst. zur Medienerziehung im Primarbereich (ohne Computer).
Schleswig-Holstein »Der Einsatz ist *möglich*, aber nicht vorgeschrieben« (November 98).	Im Lehrplan unter Schlüsselqualifikationen u. a. die Fähigkeit »Benutzung informationstechnischer Hilfsmittel« neben den klassischen Kulturtechniken.
Thüringen »Eine informationstechnische Ausbildung« ist »an den Thüringer Grundschulen *nicht vorgesehen*« (September 97).	— keine —

Umfang Ausgew. Projekte	*Schwerpunkte*	*Finanzhilfen*
— keine Angaben —	— keine Angaben —	— keine Angaben —
»In Sachsen arbeiten ca. 20 % der GS im Werkstattunterricht oder in AGs mit Computern«.	— keine Angaben —	— keine Angaben —
Geschätzt: ca 10 % der GS setzen Computer »in unterschiedlicher Intensität ein«; 7 GS in die Initiative *SaN* eingebunden.	Vorrangig in differenzierenden Abschnitten; Festigung von Kenntnissen; Software mit Kontrollfunktionen; in Werkstattarbeit.	Spenden Fördervereine
Rund 30 % der GS setzen Computer im Unterricht ein (November 98).	Vorrangig in Deutsch und Mathematik (ohne weitere Angaben).	Sache des Schulträgers.
Seit 1993 »erproben einige GS-LehrerInnen den Einsatz von Computern im Unterricht«. Fortbildung für Mitglieder dieser AG im Landesinstitut.	— keine Angaben —	— keine Angaben —

Zur aktuellen Diskussion

Bildung in der Informationsgesellschaft

ANGELIKA SPECK-HAMDAN

Es gibt kaum eine Veränderung, die so starke und polarisierende Reaktionen auf Seiten der Pädagogik erfahren hat wie die Tatsache der medialen Durchdringung aller Lebensbereiche. War es in den achtziger Jahren vor allem das Fernsehen, das starke pädagogische Reaktionen provozierte, so fordern an der Jahrtausendschwelle insbesondere Computer, Multimedia und Internet mit ihren technischen und gesellschaftlichen Konsequenzen auch die Schule heraus. In der Folge einer rasanten technologischen Entwicklung sehen wir uns einer Fülle an medial vermittelten Informationen gegenüber, die mit den bisherigen Verarbeitungsgewohnheiten nicht mehr zu bewältigen ist. Eine Auseinandersetzung mit den allgegenwärtigen Medien ist nicht nur nicht zu vermeiden, sondern erscheint – auch wegen der nicht zu verharmlosenden Gefahren – pädagogisch geboten. Die Bedeutung einer eigenen Medienpädagogik – nach WIEGERLING »längst zu einer erziehungswissenschaftlichen Schlüsseldisziplin geworden« (1998, S. 202) – ist mit dieser Entwicklung ständig gewachsen, schlägt sich aber noch nicht ausreichend in der Lehrerbildung nieder. Es sollte für angehende Lehrerinnen und Lehrer zum selbstverständlichen Bestandteil ihres Studiums gehören, nicht nur mit Medien umgehen zu können, sondern sich auch mit deren didaktischen Möglichkeiten auseinanderzusetzen, selbstverständlich unter sorgfältiger Reflexion der pädagogischen Verantwortung.

Zehn Jahre im Rückblick

Die pädagogische Diskussion zur Medienfrage hat sich in der Vergangenheit vor allem mit dem grundsätzlichen Pro und Contra befasst; die Mehrzahl der Pädagoginnen und Pädagogen neigte wohl eher dem Contra zu, was gut zu begründen war, aber nicht allzuviel zur Lösung des Problems beitrug. Programmatisch wurde diese Haltung in dem damals äußerst populären Buch von M. WINN (1982) vertreten. Sie sprach von der »Droge im Wohnzimmer«. Es findet sich kaum ein Fibel- oder Lesebuchtext zum Thema Fernsehen, in dem nicht der pädagogische Zeigefinger erhoben wird, der den Kindern den Knopf zum Abschalten bzw. Alternativen zum Spielen empfiehlt. Grundschulkinder wissen genau, dass Fernsehen oder Computerspielen nicht zu den von Lehrerinnen und Lehrern geschätzten Tätigkeiten gehört. Auch viele Eltern sehen diese Art der Freizeitbeschäftigung nicht positiv. Dennoch: Der Medienkonsum der Kinder und Jugendlichen nahm mit den neuen technischen Entwicklungen (Kabel- und Satellitenfernsehen, Playstation, Computer, Internet) ständig zu.

Sicher auch unter dem Zwang der »normativen Kraft des Faktischen« setzte sich allmählich eine Auffassung durch, die die Präsenz der Medien bewusst zur Kenntnis nimmt und daraus spezifische Aufgaben für die Pädagogik ableitet, was sich auch in den verschiedenen Veröffentlichungen des Grundschulverbandes der letzten zehn Jahre widerspiegelt.

Im Frankurter Manifest zum Bundesgrundschulkongress 1989 formulierte der Grundschulverband: »Kinder heute leben in einer durch technische Medien bestimmten Welt. Sie sehen pro Tag durchschnittlich 80 Minuten fern, verbringen ihre Zeit mit Ton-Kassetten, Video- und Computerspielen. Sie leben einen Großteil ihres Lebens als ›Leben aus zweiter Hand‹. *Grundschule heute* muss ihre Bemühungen verstärken, die Entwicklung der Sinnesempfindungen und die Eigentätigkeit der Kinder in einem erfahrungsoffenen Unterricht zu fördern und ihnen helfen, die ›Wirklichkeit aus zweiter Hand‹ zu verarbeiten.« Hier steht eine eher kritisch abwehrende Haltung im Vordergrund, die zwar die veränderten Freizeitgewohnheiten der Kinder in den Blick nimmt, sie aber pädagogisch primär unter kompensatorischer Perspektive zu bearbeiten sucht. Im Sinne des Erziehungsziels der Mündigkeit schien es angebracht, vor Konsumismus bzw. vor Erfahrungsverlusten zu warnen und sozusagen als Kontrapunkt die eigenaktiven Potenziale zu betonen.

In seinem Eröffnungsvortrag ging H.-G. Rolff auch bereitsaufdie Computernutzung durch Kinder ein. Er berichtete aus damaligen Befragungen und Unterrichtsversuchen. Auch wenn 1989 die Verbreitung von PCs in Privathaushalten und in Schulen längst nicht die Dichte erreicht hatte, wie wir sie heute feststellen, so treffen doch Rolffs Einschätzungen über die Möglichkeiten der Computernutzung in den Grundschulen auch heute weitgehend noch zu: »Am ehesten lassen sich die Forschungsergebnisse so resümieren, daß der sinnvollste Einsatz des Computers in der freien Arbeit zu sehen ist bzw. im Rahmen eines offenen Unterrichts, der viel Wert auf Eigenständigkeit der Schüler legt« (1990, S. 66). Ebenso wie die beiden Leiter einer Arbeitsgruppe zu diesem Thema (Mitzlaff/Wiederhold 1990, S. 133f.) weist auch er auf die Schlüsselrolle der Lehrerinnen und Lehrer in diesem Prozess hin. Das Fazit der Auseinandersetzung mit der veränderten Medienrealität war die bewusste Absetzung von ihr: »Anstelle von mehr Erfahrung aus zweiter Hand brauchen wir mehr Menschlichkeit aus erster Hand« (Rolff 1990, S. 71).

Diese eher kulturkritisch ausgerichtete Position wurde bereits auf der Berliner Bundesgrundschulkonferenz 1995 ergänzt. Nicht zuletzt ist diese veränderte Haltung auf die fortgeschrittene Medienentwicklung und deren wachsende gesellschaftliche Bedeutung zurückzuführen. »Daten und Informationen, Geschichten und Unterhaltungsprogramme lassen sich heute problemlos an jedem Ort zu beliebiger Zeit verfügbar machen. Immer neue Medien sind zur Aufrechterhaltung komplexer Kommunikationsstrukturen, sind für das Funktionieren von Politik, Wirtschaft und Kultur notwendig« (Berliner Memorandum, in: AKG u.a. 1996, S. 19). Hier ist auch von Chancen die Rede, die durch die neuen medialen Möglichkeiten entstanden sind. Bewusst wird nun darauf gesetzt, die Vielfalt der Medien zu nutzen, allerdings weiterhin nicht ohne Vorbehalte: »Da Menschen auch nach dem Jahr 2000 Subjekte ihrer Sinne bleiben sollen, heißt das schon für die Grundschule, Kinder auf eine kritische Nutzung der Vielfalt der Medien vorzubereiten, aber auch generell Lernen neu zu begreifen« (ebenda, S. 19). Konkret heißt es dann weiter: »Aufgabe der Grundschule ist es, Kompetenz und Kritikfähigkeit im Umgang mit den Medien zu vermitteln. Die Perspektive kann nur sein: nicht hinter der medialen Entwicklung zurückbleiben, sondern an den veränderten Seh- und Hörgewohnheiten der Kinder anknüpfen. Die Bedeutung der Medien soll weder einseitig unter dem Aspekt der möglichen negativen Wirkungen (Rollenklischees, Verhaltensnormen, Konfliktlösungen durch Gewalt etc.) betrachtet werden noch einseitig euphorisch im Hinblick auf den technisch-ästhetischen Fortschritt (Computergrafik etc.): Gefahren und Chancen der Medienentwicklung sind zu bedenken.« Eindringlich wird auch damals auf die Bedeutung der Medienpädagogik hingewiesen und ihre Verankerung in der Lehrerbildung gefordert. Die wichtige Zusammenarbeit zwischen Elternhaus und Schule wird ebenfalls angesprochen. Der geforderte »Ausbau einer Medienkultur in Elternhaus, Schule und Nachbarschaft« (ebenda, S. 20) kann auch kurz vor der Jahrtausendwende noch nicht als vollendet angesehen werden; im Gegenteil – er scheint noch kaum in Angriff genommen worden zu sein.

Im 1996 erschienenen Band »Die Zukunft beginnt in der Grundschule« widmen sich die Verfasserinnen und Verfasser auch der Medienerziehung. Aufbauend auf einer Analyse der durch die Verbreitung der Medien veränderten Ausgangslage für schulische Lernprozesse wird hier die Nutzung des Computers in der Grundschule gefordert: »... entspricht der Einsatz von Computern in der Grundschule auch dem sozialen Auftrag dieser Schulstufe. Wir empfehlen daher, alle Grundschulklassenzimmer mit hochwertigen Computern auszustatten und die Pädagoginnen und Pädagogen in einer stufenbezogenen Nutzung dieser Geräte und entsprechender Programme auszubilden« (Faust-Siehl u.a. 1996, S. 117). Hintergrund dieser klaren Forderung ist die sich abzeichnende Chancenungleichheit der Kinder hinsichtlich des Zugangs und der aufgezeigten Nutzungsmöglichkeiten. So entscheidet in erster Linie die Finanzkraft der Eltern über die Chance, Erfahrungen mit Computern machen zu können. Sehr unterschiedlich sind auch Nutzungsgewohnheiten, die sich in den Familien entwickeln. Während die Einen schon frühzeitig lernen, kreativ und produktiv mit dem Medium Computer umzugehen, kennen die Anderen nur die stupide Beschäftigung in Form von Reaktions- und Ballerspielen. Wenn der Umgang mit dem Computer zu einer Kulturtechnik wird – und dieser Meinung ist auch die Autorengruppe –, so kann diese Ungleichheit nicht hingenommen werden.

Deutlich wird nun auch das Verhältnis von Bildung und Informationsmedien problematisiert: »Die Revolutionierung der Informationsvermittlung und -verarbeitung durch die Medien innerhalb der letzten Jahrzehnte ist nicht nur als epochale Herausforderung zu verstehen, sondern stellt auch die Schule, die dort geübte Art des Lernens und das Verständnis von Bildung in Frage« (Faust-Siehl u.a. 1996, S. 114). Noch etwas versteckt taucht hier die mittlerweile häufiger gehörte Befürchtung auf, die Informations- und Kommunikationsmedien könnten die Schule gar verdrängen oder ersetzen. Diese Sorge erweist sich bei genauerem Hinsehen als überflüssig, enthält aber mit Sicherheit einen Kern berechtigter Verunsicherung. Ist es nicht so, dass das schulische Monopol auf Wissensvermittlung durch die schier unendlichen Informationsmöglichkeiten des Internets gebrochen ist?

Die Empfehlungen, die 1996 gegeben werden, gehen in die bereits eingeschlagene Richtung. Kinder sollen an die produktive Nutzung der Medien herangeführt werden. Sie sollen sich kritisch mit ihnen auseinandersetzen und vor allem ihre Eigenaktivität entfalten: »Die Grundschule sollte in einem umfassenden Sinne die »Gegenkräfte« der Kinder entwikkeln, indem sie die Nahsinne in Anspruch nimmt und der aus den Medien gewohnten raschen Aufeinanderfolge der Ereignisse Nachdenklichkeit und Verlangsamung entgegenstellt. Eigentätigkeit sollte zum übergeordneten Unterrichtsprinzip werden« (Faust-Siehl u.a. 1996, S. 115). In diesem Sinne auch verstehen sich die Empfehlungen zur Computerbildung in der Grundschule. Im Gegensatz zum eher passiven Fernsehen bietet der Computer die Möglichkeit einer aktiven Gestaltung und Einflussnahme und kann daher besser im Sinne des propagierten Unterrichtsprinzips eingesetzt werden.

Schließlich legt der Grundschulverband 1998 einen eigenen Band »Grundschule und neue Medien« vor, in dem nicht nur klar dazu Stellung bezogen wird, dass die neuen Medien als Teil der Lebenswirklichkeit unserer Kinder nicht aus der Schule auszuschließen sind, sondern auch ermutigende Beispiele für deren Integration in die Grundschularbeit vorgestellt werden. Dabei gibt nicht die Technologie die Richtung vor, sondern die Pädagogik. Es geht darum, die Medien in den Dienst der nach wie vor gültigen Ziele wie Mündigkeit und Verantwortung zu stellen, sie also danach zu bewerten, wieweit sie den Bildungsauftrag der Grundschule helfen zu verwirklichen, und sie auch nur in diesem Sinne zu verwenden und zu nützen.

Die Nutzung des Internets, für Grundschulkinder nicht nur zugänglich, sondern auch interessant, eröffnet weitere Fragehorizonte. Wie soll man mit der Masse an Informationen umgehen, die sich dadurch erschließen? Muss man Kinder von Informationen fernhalten? Kann man sie fernhalten? Wie steht es mit der Glaubwürdigkeit der über das Medium verbreiteten Informationen? In diesem Band beschäftigt sich Ch. Doelker kritisch mit den Auswirkungen der Informationsgesellschaft. Sein Fazit ist ein Plädoyer für die eigene Erfahrung. Gerade junge Kinder benötigen als sicheres Fundament für den »homo informaticus«, wie er den Menschen im Informationszeitalter bezeichnet, »das Fühlen mit allen Sinnen, das Erleben der Elemente und von Realitätswiderstand, Geistreisen in das Land der Phantasie, das Vertrauen in die tragende Nähe begleitender Menschen. Und von dieser eigenen Erfahrung aus lässt sich auch Fremderfahrung nachvollziehen, kann man sich auch auf eine künstliche Umwelt einlassen, kann man auf Informationen zugehen und Informationen losschicken« (Doelker 1998, S. 66). Diese Fundierung entspricht den vielfältigen Bedürfnissen und Voraussetzungen von Grundschulkindern, gleichzeitig auch dem pädagogischen Grundanliegen, Menschen durch Kompetenz den Weg zur eigenen Autonomie zu ebnen. Gerade die Auseinandersetzung mit den neuen Informations- und Kommunikationsmöglichkeiten fokussiert den Grundkonflikt der Medienerziehung: Er »ergibt sich aus der Frage, ob die Schule in erster Linie in die kulturellen und ökonomischen Ansprüche einer Gesellschaft einzuführen hat, oder ob sie vor allem gegen diese Ansprüche eine Ausbildung der kritischen Urteilskraft und damit auch gesellschaftskritische Potentiale setzen sollte« (Wiegerling 1998, S. 206). Wiegerling sieht zwischen beiden Positionen keinen echten Widerspruch. »Es gibt selbstverständlich einen Anspruch des einzelnen, in die grundlegenden Kulturtechniken einer Gesellschaft eingeführt zu werden, weil er nur so das nachschulische Leben meistern kann. Andererseits gehört zur Meisterung dieses Lebens auch die Erlangung einer gewissen Eigenständigkeit, will man nicht von fremden Ansprüchen aufgesogen werden. Schließlich heißt das klassische, von Kant formulierte Gebot einer der Aufklärung verpflichteten Pädagogik, daß alle Erziehung *Erziehung zur Autonomie* ist. ... Der klassische Satz ›Non scholae, sed vitae discimus‹ schließt also, richtig verstanden, beides ein:

die *Einführung in die Kulturtechniken* und die *Ausbildung der kritischen Urteilskraft*« (WIEGERLING 1998, S. 206f.).

Damit beschreibt WIEGERLING die komplexe Aufgabe, die sich der Schule – und selbstverständlich auch der Grundschule – durch die neuen Informationsmedien stellt. Der Umgang mit ihnen muss ebenso gelernt werden wie die Fähigkeit zur kritischen Reflexion über sie. Durch die Kompetenz, sie zu nutzen, wächst die Möglichkeit, sie auch kritisch zu beurteilen und kreativ mit ihnen umzugehen. Im Band 103 des Grundschulverbandes werden vielfältige Möglichkeiten einer kreativen Nutzung der neuen Medien vorgestellt, z.B. durch das Schreiben, Gestalten und Publizieren mit dem Computer, über E-Mails und das Internet (z.B. AVILA, BURGARD, KOCHAN, NIEWEL, SCHMIDT). Die Beispiele aus Klassen quer durch Deutschland geben einen lebendigen Eindruck davon, wie lustvoll und selbstverständlich Kinder die neuen Medien nutzen. Im Beitrag von PESCHEL wird illustriert, welche Chancen die Arbeit mit dem Computer gerade für schwierige und leistungsschwächere Kinder bieten kann.

Computer und Internet sind keine Garanten für einen guten Grundschulunterricht; darauf hatte schon ROLFF vor zehn Jahren hingewiesen. Aber sie lassen sich in einen kindgemäßen, offenen Grundschulunterricht sehr gut integrieren, ja sie erweitern dessen Handlungsräume. Deutlich wird auch an diesem Band, dass die Software-Entwicklung insgesamt – trotz einiger Ausnahmen – den Ansprüchen eines solchen Unterrichts oft noch hinterherhinkt. Auch in den Klassen, in denen Computer zur selbstverständlichen Grundausstattung gehören (und auch so genutzt werden), wird die Lehrerin oder der Lehrer nicht überflüssig. Ganz im Gegenteil: Mit deren Kompetenz und Engagement steht und fällt der sinnvolle und produktive Nutzen der neuen Medien. »Entscheidend sind der persönliche Bezug zwischen Lehrer und Kind und das pädagogische Programm, in das die Arbeit mit dem Computer eingebettet ist« (MITZLAFF/SPECK-HAMDAN 1998, S. 31). Mit guten Argumenten kann auch hier wieder auf die Bedeutung einer medienpädagogischen Ausbildung der Lehrkräfte hingewiesen werden.

Die im vorliegenden Band von H. MITZLAFF vorgelegte Synopse zur Erlasslage in allen Bundesländern bezüglich des Computers in der Grundschule (vgl. S. 216-225 in diesem Band), die der Grundschulverband in Auftrag gegeben hat, lässt unschwer erkennen, dass sich im Grundschulbereich Veränderungen zeigen bzw. ankündigen. Medien, und insbesondere die sog. »neuen« werden nicht mehr nur als Freizeitfresser und Verhinderer für echte Erfahrungen gesehen; zunehmend wird versucht, die neue Medienvielfalt produktiv im Sinne des Bildungsauftrags dieser Schulstufe zu nutzen. Der Grundschulverband hat die Entwicklung im

Medienbereich nicht nur aufmerksam verfolgt, sondern ihre pädagogische Bearbeitung auch mitgestaltet. Die Einrichtung eines eigenen Forums auf dem Bundesgrundschulkongress 1999 zum Thema: »Bildung in der Informationsgesellschaft« unterstreicht die hohe Bedeutung, die dieser Aufgabe zugemessen wird.

Die Situation heute

Die Rezeption der Diskussion um die neuen Medien, hier beispielhaft an verschiedenen Publikationen des Grundschulverbandes der letzten zehn Jahre aufgezeigt, macht deutlich, dass sich die Grundfragen unverändert stellen, sich aber die Bedingungen, unter denen entschieden und gehandelt werden muss, in dieser relativ kurzen Zeitspanne erheblich verändert haben. Was vor zehn Jahren in Ansätzen abzusehen war, hat sich mit kaum vorstellbarer Geschwindigkeit fortentwickelt. Die Vielfalt der Medien hat zugenommen, ihre Bedeutung ebenfalls. Die Kommunikations- und Informationsmöglichkeiten sind unaufhörlich gewachsen, das verfügbare Wissen ebenfalls. »Immer mehr Menschen – aber zunehmend auch immer mehr Computer – generieren unter Nutzung alten Wissens neues Wissen« (Haefner 1997, S. 467), dessen Verfallsdauer ständig abnimmt.

Genaugenommen muss zwischen Information und Wissen unterschieden werden. Was uns über die Medien zunächst zur Verfügung gestellt wird, sind Informationen; Wissen entsteht erst durch deren Verarbeitung. Deshalb sollte nicht die Informationsgesellschaft, sondern die Wissengesellschaft Ziel sein, wird von verschiedenen Seiten immer wieder betont. »Wissensgesellschaft – das ist«, um Wolfgang Frühwald (1996) zu zitieren, »eine Gesellschaft, die ihre Lebensgrundlagen aus reflektiertem und bewertetem Wissen gewinnt, die von neuen Möglichkeiten einen bewußten und lebenserleichternden, sozial nicht zerstörenden Gebrauch macht. Der Mensch, nicht digitalisierte Information, hat oberste Priorität in einer Wissensgesellschaft« (Mandl/Reinmann-Rothmeier 1998, S. 193f.). Gerade diese Unterscheidung hat für das Bildungssystem richtunggebende Bedeutung.

Glaubt man den Zukunftsforschern, wird die technologische Entwicklung, die der Veränderung zugrunde liegt, nicht zum Stillstand kommen oder sich verlangsamen. Informationen werden ständig besser, schneller, bequemer und billiger zugänglich. Durch die verschiedensten Vernetzungen der unterschiedlichen Informationssysteme wird die Information zugleich umfassender. Entfernungen spielen so gut wie keine Rolle mehr. Jeder kann Informationssysteme rund um die Welt nutzen. Jeder kann im Grunde in gleicher Weise informiert sein; Wissensvorsprünge im Sinne eines Herrschaftswissens dürften sich verringern. Positiv gesehen führt diese Entwicklung durch größere Chancen, informiert zu sein, zu mehr Demokratie und Transparenz; denn jeder, der über die technischen Mittel verfügt, kann Daten in das Netz stellen; jeder, der über die technischen Mittel verfügt, kann sich alle erreichbaren Daten auf seinen Monitor holen. Das Internet wird nicht von irgendeiner Stelle her reguliert. Niemand filtert die Informationen. So erfährt man u. U. über das Internet Präziseres und Aktuelleres über die Hintergründe gegenwärtiger militärischer Konflikte als aus offiziellen Quellen. Aber die Zuverlässigkeit dieser Informationen wächst damit nicht; denn es gibt niemanden, der Menschen daran hindert, Unwahrheiten zu verbreiten oder andere aufzuhetzen. Was auf der einen Seite zu größerer Transparenz führt, hat andererseits zur Folge, dass sich im gesamten Informationspool auch »Müll« befindet. »Während wir langsam zu Kenntnis nehmen, welche Wirkung die Verschmutzung der materiellen und der biologischen Umwelt hat und haben wird, ... , gibt es bisher bezüglich der zunehmenden Verschmutzung der informationellen Umwelt noch keinerlei breites Bewußtsein – geschweige denn geeignete Maßnahmen!« (Haefner 1997, S. 467).

Bei all dieser technischen Umwälzung ist der Verarbeitungsapparat des Menschen derselbe gebleiben. Die Unmengen deregulierten Wissens, das prinzipiell verfügbar ist, kann niemand komplett speichern, geschweige denn überprüfen. Einen Überblick über das gesamte Wissen, alle Informationen, hat niemand. Die Aufnahme ist entsprechend bruchstückhaft. Die Verarbeitung aller Informationen geschieht individuell. Eine Strukturierung neuen Wissens bzw. die Einordnung des neuen in das alte Wissen muss jeder für sich leisten. Dabei ist es unerlässlich, zwischen relevanten und irrelevanten Informationen unterscheiden zu lernen, je nach situativem oder individuellem Bezugspunkt. Was ist in dieser speziellen Situation, z.B. beim Suchen nach einem geeigneten Reiseziel oder nach ehemaligen Klassenkameraden, wichtig bzw. unwichtig? Was ist für den Einen, aber nicht für den Anderen wichtig bzw. unwichtig? Dabei können Gewohnheiten, Vorlieben, aber auch Vorkenntnisse eine Rolle spielen. Doelkers Unterscheidung in Form von verschiedenen Rollen, von denen aus Informationen bezogen werden, kann hier ebenfalls nützlich sein. Er unterscheidet drei Rollen, von denen aus verschiedene Ziele von Informiertheit bestimmt werden: »1. Die Rolle als Auszubildender bzw. Berufsausübender, 2. die Rolle als Bürgerin/Bürger, 3. die Rolle als Freizeitmensch und Lebensgestalter" (Doelker 1998, S. 57). Sie gibt ein erstes Raster vor, nach dem Informationen eingeordnet und in ihrer Relevanz bewertet werden können. Die Qualität einer Information einzuschätzen, bedarf zusätzlicher Kompetenz. Hilfen können Quellen geben, soweit sie angegeben werden und ihre Seriosität außer Zweifel steht.

Ethische Fragen erhalten in diesem Zusammenhang – angesichts der prinzipiellen Freiheit des Informations- und Datenaustauschs und dessen kommerziell ausgerichteter Struktur – eine besondere Bedeutung.

Nicht zuletzt muss auch der Faktor Zeit bedacht werden. »Der Umgang mit Medien bindet in jedem Fall Zeit. Im Extremfall können Medien, die in konsumptiv-rezeptiver Weise genutzt werden, zum ›Zeitkiller‹ werden. Die Ressource Zeit aber ist für das Subjekt begrenzt und gehört zu seinen kostbarsten ›Gütern‹« (MITZLAFF/SPECK-HAMDAM 1998, S. 19). Für viele Menschen ist mangelnde Zeit in einer Zeit, in der alles viel schneller geht, also eigentlich mehr Zeit übrig sein sollte, eines der gravierendsten Probleme. Die ständig wachsende Ratgeberliteratur zum Thema Zeitmanagement ist ein deutlicher Beleg. Mit der eigenen Zeit sinnvoll und effizient umzugehen, gehört zu den wichtigen Lernaufgaben, die das Leben in unserer Zeit stellt. Die Erfahrung des sinnlosen Zeitverlustes durch die Beschäftigung mit Medien dürfte jeder schon einmal gemacht haben. Es ist jedoch nicht unbedingt die mangelnde Kompetenz im Umgang mit den Medien, sondern mit der eigenen Zeit, die dazu führt. So schließt Medienkompetenz auch die Kompetenz eines sinnvollen Zeitumgangs mit ein.

Die gewachsene Bedeutung der Informations- und Kommunikationsmedien schlägt sich aber nicht nur in der Erwachsenenwelt nieder, auch in der Welt der Kinder. »Medien gehören heute zum festen Bestandteil der Kinderwelt in Deutschland und sind damit eine wesentliche Sozialisationsbedingung heutiger Kindheit. Bücher, Zeitschriften und Comics, Kassetten und CDs, Hörfunk, Fernsehen und Video, Computer und Spielkonsolen sind den meisten Kindern heute zugänglich. Bereits im Vorschulalter können viele Kinder diese Geräte bedienen«, so konstatiert der Zehnte Kinder- und Jugendbericht (BUNDESMINISTERIUM FÜR FAMILIE, SENIOREN, FRAUEN UND JUGEND 1998, S. 70). Danach verfügen Grundschulkinder über erheblichen Medienbesitz. Auch zum Computer, in der Regel zum Familien-PC, haben erstaunlich viele Kinder Zugang. In der Altersgruppe der 12- bis 13jährigen verfügen nach WEILER (ebenda, S. 74) fast zwei Drittel darüber. Die Art der Computernutzung – auch die Nutzung der eigens für Kinder und Jugendliche eingerichteten Datennetze – scheint von äußeren Bedingungen wie Vorbildern, Anleitungen, Gesprächspartnern usw. abhängig zu sein. Es muss dabei auch im Auge behalten werden, dass ein Teil der Kinder zu Hause aber nicht die entsprechenden Möglichkeiten vorfindet, sich also mit der Nutzung nicht vertraut machen kann. Kinder und Jugendliche sind somit auf die neuen Lebensbedingungen, die sich aufgrund der neuen Informationstechnologien ergeben, unterschiedlich gut vorbereitet. Mit Recht wird in diesem Zusammenhang von der Gefahr des Auseinanderdriftens der Chancen hingewiesen, die sich auch in anderen Bereichen (Stichwort: Neue Armut) zeigt. Der Bildungsauftrag aber schließt gleiche Chancen für alle ein. Wenn Medienkompetenz künftig eine Schlüsselkompetenz sein wird, ist die Schule gefordert. »Dem Bildungssystem kommt dabei die Aufgabe zu, Kindern und Erwachsenen die Chancen und die Gestaltungsmöglichkeiten der neuen Medienentwicklung zu eröffnen und zu gewährleisten, daß alle partizipieren können und nicht durch ungleiche Zuteilungschancen neue gesellschaftliche Ungleichheiten entstehen« (ebenda, S. 82). Dabei soll die Schule einerseits in die neue Kulturtechnik einführen und Medienkompetenz aufbauen, sie soll aber auch Gefährdungen für die Entwicklung der Kinder und Jugendlichen vorbeugen bzw. sie begrenzen.

Im Bereich der Nutzung durch Kinder und Jugendliche stellt sich das Problem des Schutzes vor schädlichen oder gefährdenden Inhalten neu. »Zukünftig werden sich die Bedingungen zur Durchsetzung effektiver Regelungen zum Kinder- und Jugendmedienschutz weiter verschlechtern. Eine Ursache liegt in der Internationalisierung der Kommunikation und der Entwicklung von offenen Systemen – getrennte Kommunikations- und Informationsformen wachsen zusammen – und den z.Zt. uneinheitlichen Bestimmungen innerhalb der EG« (ebenda, S. 82). Diesem Problem möchte die Autorengruppe mit der Empfehlung begegnen, »wirksame Systeme freiwilliger Selbstkontrolle zu etablieren und die gesetzlichen und administrativen Voraussetzungen zur Durchsetzung geeigneter Maßnahmen zu verbessern« (ebenda, S. 82). Dabei sind sowohl die EU gefordert als auch die Programmveranstalter bzw. für das Internet die Provider. Nicht zuletzt werden auch hier verstärkte Anstrengungen im Bereich der Medienpädagogik gefordert, die alle diese Bemühungen zu ergänzen hätten.

Aufgaben für die Grundschule

Die Grundschule führt traditionellerweise in die sogenannten Kulturtechniken ein, deren Funktion mit der eines Schlüssels verglichen werden kann, mit dessen Hilfe die kulturelle Umgebung erschlossen werden kann. In diesem Sinn sind sie selbstverständlich mehr als reine Techniken, denn ihr Gebrauch umfasst zugleich das Verständnis der zu erschließenden Inhalte. Die aufgrund der Medienentwicklung veränderte kulturelle Welt erfordert auch veränderte Kompetenzen, um sie erschließen, sich ihrer bedienen und an ihr teilhaben zu können. Die Präsenz der Medien auch in der Kinderwelt lässt es nicht zu, mit der Ausbildung entsprechender Kompetenzen bis ins Jugendlichenalter zu warten. Am besten lässt sich dies am Thema Fernsehen nachvollziehen. Der bewusste und kritische Gebrauch des Mediums Fernsehen muss bereits im Vorschulalter geübt werden, weil das Fernsehen für Vorschulkinder schon eine der Lieblingsbeschäftigungen ist, worauf sich auch die Produzenten und Werbefachleute längst eingestellt haben. Der Erwerb von Medienkompetenz beginnt also schon längst vor der Schule. Erst recht ist die Schule – und auch die Grundschule – hier gefordert, was auch für den Bereich der neuen Medien gilt. »Schule muß Raum bieten für Lern- und Erfahrungsmöglichkeiten im Bereich der neuen Medientechnologien (Computer, Multimedia, Nutzung des Internet)« (Bundesministerium für Familie, Senioren, Frauen und Jugend 1998, S. 83). Diese Aufgabe knüpft an die Tradition der Grundschule an, die Kultur zu erschließen, stellt sie aber gleichzeitig vor neue Aufgaben, weil die neuen Medien andere Erschließungstechniken und -kompetenzen verlangen.

Vor allem scheint hier das Problem der (noch) mangelnden Kompetenz vieler Lehrerinnen und Lehrer auf. Das mag viele nachvollziehbare Gründe haben, wird sich aber in Zukunft ändern müssen. Nach einer Berliner Untersuchung, in der die Computerkenntnisse von 133 Lehrkräften mittels eines Tests festgestellt wurden, hatten 71,4 % der Befragten so gut wie kein Vorwissen (Seidel 1999, S. 42). Dennoch war die Motivation, Computer im Unterricht einzusetzen, erstaunlich hoch (60,9 %). Diese Kluft kann nur durch intensives Lernen der Lehrerinnen und Lehrer überwunden werden. In der Phase des Übergangs, in der wir uns momentan wohl befinden, kann es durchaus reizvoll sein, hierbei die Rollen zwischen Lehrenden und Lernenden einmal zu wechseln. Auf Dauer jedoch ist die medienpädagogische Qualifizierung der Lehrkräfte in der Lehrerbildung nachhaltig abzusichern.

Neben die Einführung in den eher technischen Gebrauch von Medien, die in der Grundschule ohnehin nicht in der Form der aus den weiterführenden Schulen bekannten informationstechnischen Grundbildung erfolgen kann, tritt die Anbahnung der Fähigkeit, mit Informationen umzugehen, d.h. sie nach Inhalt, Bedeutung und Nutzen zu selegieren, zu bewerten und zu Wissen zu verarbeiten, und so im elementaren Sinne Wissensmanagement grundzulegen. Damit schafft die Grundschule Voraussetzungen für das künftig erforderliche lebenslange Lernen, das keineswegs auf ein verschultes Leben hinauslaufen soll, sondern vielmehr von den aktiven, selbstgesteuerten und konstruktiven Potenzialen des Lernens bestimmt ist. Diese Zielrichtung verweist auf die hohe Bedeutung der Lernumgebung und der Lernbedingungen, in welche die Medien integriert sind.

In der Grundschule wird der Gebrauch der neuen Medien nicht von technischen Gesichtspunkten geleitet sein, sondern von inhaltlichen. Sie werden für Lehr- und Lernprozesse da eingesetzt und genutzt werden, wo es pädagogisch und didaktisch sinnvoll erscheint. Je selbstverständlicher und unspektakulärer, desto besser. Die spezifischen Vorteile der neuen Medien für das Lernen der Kinder müssen handlungsleitend für die Gestaltung des Unterrichts sein. Der Reiz des Neuen als Motivationsschub wird dabei nur für eine Weile vorhalten. Wichtiger ist die Indienststellung auch der neuen Medien für altbewährte Prinzipien wie Veranschaulichung, Exemplarität und Selbsttätigkeit. Besonders vielversprechend erscheinen die Möglichkeiten, durch Variation und Abstimmung der Programme spezifisch auf individuelle Lernvoraussetzungen der Kinder eingehen zu können. Nicht zu vernachlässigen sind die Möglichkeiten kooperativen Lernens, die sich durch Medien ergeben. Durch den bewussten Gebrauch und dessen Reflexion wird die notwendige kritische Distanz immer wieder hergestellt, sodass Kinder lernen, verantwortungsbewusst mit den neuen Medien umzugehen. In diesem Sinn wird auch mit den Eltern zusammengearbeitet werden müssen.

Nicht unerwähnt bleiben kann auch die notwendige Ergänzung zur medialen Erfahrung. Auf die allgemein wachsende Bedeutung von Gegenoptionen macht WELSCH aufmerksam: »So lernen wir heute gegenüber der elektronischen Hypergeschwindigkeit die Trägheit neu zu schätzen, gegenüber der universellen Beweglichkeit das Beharren, gegenüber dem Schweben die Widerständigkeit, gegenüber der Transformierbarkeit die Konstanz und Verläßlichkeit« (WELSCH 1998, S. 243). Kinder müssen auch dieses erleben können. Sie brauchen nach wie vor reale Erfahrung – individuell, körperlich und einmalig. Soziale Erfahrungen können ganz und gar nicht ersetzt werden. Die Grundschule hat dazu einen Beitrag leisten.

Noch wenig wissen wir über die Auswirkungen der Medienvielfalt als Sozialisationsbedingung heutiger Kindheit. Haben sich die Formen der Repräsentation und Aneignung der Welt verändert? Wie kommen Kinder mit dem Verwischen der Grenzen zwischen Realität und Virtualität klar? Wie erleben Kinder das Nebeneinander verschiedener Wirklichkeiten? Die Grundschule ist hier gefordert, für kindliche Erfahrungen und Fragen offen zu sein, sie sensibel aufzugreifen, um sie in angemessener Weise pädagogisch und didaktisch zu bearbeiten. Der Forschung erschließt sich hier ein interessantes, neues Feld.

Literatur

Arbeitskreis Grundschule – Der Grundschulverband e.V./Gewerkschaft Erziehung und Wissenschaft/Verband Bildung und Erziehung (Hrsg.): Bundesgrundschulkonferenz 1995 in Berlin: Zukunft für Kinder – Grundschule 2000. Bonn/ Frankfurt/M. 1996

Bundesministerium für Familie, Senioren, Frauen und Jugend (Hrsg.:) Zehnter Kinder- und Jugendbericht. Bericht über die Lebenssituation von Kindern und die Leistungen der Kinderhilfen in Deutschland. Bonn 1998

Doelker, Ch.: Sich informieren in der Informationsgesellschaft. In: Mitzlaff, H./ Speck-Hamdan, A. (Hrsg.): Grundschule und neue Medien. Band 103 der Beiträge zur Reform der Grundschule, Frankfurt/ M.: Grundschulverband, 1998, S. 55-66

Faust-Siehl, G./Garlichs, A./ Ramseger, J./ Schwarz, H./ Warm, U.: Die Zukunft beginnt in der Grundschule. Empfehlungen zur Neugestaltung der Primarstufe. Band 98 der Beiträge zur Reform der Grundschule, Frankfurt/M.: Grundschulverband, 1996

Haefner, K.: Multimedia im Jahre 2000plus – Konsequenzen für das Bildungswesen. In: Issing, L.J./Klimsa, P. (Hrsg.): Information und Lernen mit Multimedia. Weinheim 1997, 2. Aufl., S. 463-473

Mandl, H./Reinmann-Rothmeier, G.: Auf dem Weg zu einer neuen Kultur des Lehrens und Lernens. In: Dörr, G./ Jüngst, K.L. (Hrsg.): Lernen mit Medien. Ergebnisse und Perspektiven zu medial vermittelten Lehr- und Lernprozessen. Weinheim/München 1998, S. 193-205

Mitzlaff, H./Speck-Hamdan, A. (Hrsg.): Grundschule und neue Medien. Band 103 der Beiträge zur Reform der Grundschule, Frankfurt/M.: Grundschulverband, 1998

Mitzlaff, H./Wiederhold, K. A.: Kinder und Computer. In: Faust-Siehl, G./Schmitt, R./Valtin, R. (Hrsg.): Kinder heute – Herausforderung für die Schule. Band 79/80 der Beiträge zur Reform der Grundschule, Frankfurt/M.: Grundschulverband, 1990, S. 133-137

Rolff, H.-G.: Kindheit heute – Leben aus zweiter Hand. Herausforderung für die Grundschule. Einführungsvortrag. In: Faust-Siehl, G./ Schmitt, R./ Valtin, R. (Hrsg.): Kinder heute – Herausforderung für die Schule. Band 98 der Beiträge zur Reform der Grundschule, Frankfurt/M.: Grundschulverband, 1990, S. 61-71

Seidel, T.: Wollen Lehrerinnen und Lehrer Computer einsetzen? – Eine Untersuchung zur Akzeptanz von unterrichtlichem Computer- und Netztechnologieeinsatz. In: Computer + Unterricht, 9. Jg., Heft 33, Februar 1999, S. 42-47

Welsch, W.: Eine Doppelfigur der Gegenwart. Virtualisierung und Revalidierung. In: Vattimo, G./Welsch, W. (Hrsg.): Medien-Welten Wirklichkeiten. München 1998, S. 229-248

Wiegerling, K.: Medienethik. Stuttgart 1998

Winn, M.: Die Droge im Wohnzimmer. Reinbek 1982

BundesGrundschul
Kongress 1999

Forum V

Verantwortung für die Zukunft

Schule und nachhaltige Entwicklung – Umwelt – Lebensgrundlagen – Gesundheit – Europa – Eine Welt ...

Frankfurter Manifest zum Bundesgrundschulkongreß 1989

Kinder heute – Herausforderung für die Schule

9 **Kinder heute** entwickeln aufgrund veränderter Lebensbezüge keinen ausreichend engen Bezug zum Nahraum ihres Wohnviertels und zum Gemeinwesen.

Grundschule heute muß zusammen mit den Kindern deren Umfeld und das Gemeinwesen als bedeutsame Lernwelt entdecken.

10 **Kinder heute** sind Teilnehmer und Objekte im Wirtschaftsprozeß. Sie konsumieren Unterhaltungs-, Spiel- und Lernangebote und werden in einem früher nie gekannten Ausmaß an das Verlangen nach stets neuen materiellen Gütern gewöhnt.

Grundschule heute muß stärker als bisher die Kinder aus der Rolle der vorwiegend Aufnehmenden in Situationen bringen, in denen sie schöpferisch tätig sein und Werte, die für sie Bedeutung haben, herstellen können.

11 **Kinder heute** leben unter Umweltbedingungen, die ihre physische, nervliche und psychische Konstitution beeinträchtigen. Dazu gehören Lärm, Hektik, belastete Atemluft und atomare Bedrohung ebenso wie ungesunde Ernährung, Bewegungsmangel und zerstückelter Tagesablauf.

Grundschule heute muß bemüht sein, diese Beeinträchtigungen zu berücksichtigen und durch ein gutes Unterrichtsklima sowie besondere Unterrichtsangebote die physische und psychische Gesundheit der Kinder zu stärken.

Band 79/80
Kinder heute – Herausforderung für die Schule

Dokumentation des Bundesgrundschulkongresses 1989 in Frankfurt/M.

III. Schwerpunktthema des Kongresses: Kindheit heute – Leben angesichts bedrohter Zukunft

Aus dem Vorwort (S. 9):

Das weltweit vorhandene Bewußtsein von der globalen Gefährdung der Menschheit wandelt auch *Kindheit heute zu einem Leben angesichts bedrohter Zukunft.* ... Das Bewußtsein von der »bedrohten Zukunft« steigert manchmal die kindliche Sensibilität für Fragen und Probleme. ... Unterrichtsprinzipien, die zumindest in der Grundschule seit eh und je eingefordert werden, erhalten eine neue Brisanz: U. a. *lebensnaher Unterricht,* Stärkung der Sensibilität für Lebens- und Überlebensfragen als Antworten auf die wachsende Bedrohtheit der menschlichen Zukunft.

Aus dem Einführungsvortrag von Gertrud Beck (S. 192-202):

Bedrohte Zukunft – objektiv betrachtet

Zukunft – das müssen wir im Auge behalten – hat für Kinder und für Erwachsene eine je unterschiedliche Bedeutung. Eine objektiv bedrohte Zukunft ist für uns Erwachsene schlimm. Sie ist für Kinder ungleich schlimmer, und zwar in zweifacher Bedeutung. Wir wissen heute, daß die Bedrohung weiter zunimmt. Damit sind Kinder, die länger auf dieser Erde leben, in einem längeren Zeitraum ihres Lebens dieser Bedrohung ausgesetzt. Und die Bedrohung ist schlimmer für Kinder, weil sie in eine Welt hineinwachsen, der sie noch nicht gewachsen sind, die sie konfrontiert mit vielen Dingen, die sie noch nicht verstehen, die ihnen Erfahrungen zumuten, die sie nur schwer verkraften können. Und umso schwieriger ist es für Kinder, mit dieser Bedrohung zu existieren. ... Die gesamte Gesellschaft, ja die Menschheit ist bedroht durch die *Zerstörung von*

Lebensgrundlagen und Produktion unkalkulierbarer Risiken. Ich zähle nur einige auf, denn ich denke, alle im einzelnen zu beschreiben, kann nicht Gegenstand meines Vortrags sein:
– Überbevölkerung der Erde
– Raubbau an der Natur
– Zerstörung ökologischer Gleichgewichte
– Gefahr atomarer Selbstvernichtung
– Gefahren der Gen- und Großtechnologie, insbesondere der Kernkraft- und Chemieindustrie (von »alltäglichen« Gefahren wie denen des Straßenverkehrs und der Alltagsdrogen wie Nikotin und Alkohol abgesehen).

Während bezüglich dieser Gefahren langsam ein Risikobewußtsein entsteht (der Soziologe Ulrich Beck spricht in diesem Zusammenhang von einer Risikogesellschaft), gibt es andere Gefahren, die – zumindest für Kinder, teilweise aber auch für uns – weniger bewußt sind. Bedrohung durch *Risse im Netz sozialer Sicherheit* ist ebenso real: Gibt es auch in Zukunft noch Arbeit für alle? Oder teilt sich unsere Gesellschaft auf in Menschen, die hochqualifiziert abstrakte Leistungen erbringen können und dürfen, und in Menschen, die diese hochqualifizierten, abstrakten Leistungen nicht erbringen können und dürfen, weil die Gesellschaft keine Arbeit für sie anbieten kann? Wie sieht es aus mit der Alterssicherung? Wie sieht es aus damit, daß unser Leben in der Zukunft vermutlich immer weniger durch die berufliche Arbeit bestimmt sein kann und sich die Sinnfrage neu und verschärft stellt? ...

Antworten auf diese Fragen suchten die Teilnehmerinnen und Teilnehmer des Kongresses in 16 Arbeitsgruppen (S. 203-251):

– Umwelterziehung als zentrale Aufgabe des Sachunterrichts
– Entwicklungshilfe zu umweltgerechtem Denken, Fühlen und Handeln
– »Wir sind ein Teil der Erde – und sie ist ein Teil von uns«
– Naturkundlicher Freilandunterricht in der Grundschule
– Sicherheitserziehung ist nicht nur Verkehrserziehung
– Heimatliebe und Weltoffenheit – Dritte Welt in der Grundschule
– Frieden für Anfänger
– Flüchtlingskinder ohne Recht auf Schulbildung
– Zukunftsängste und Zukunftshoffnung – Religionsunterricht für Grundschüler
– Schulangst für die Grundschule noch (k)ein Thema?
– Kinder brauchen Ruhe – und Lehrer/innen auch
– Zur Psychoanalyse der vergifteten Kindheit
– Gesundheitliche Prävention im Kindesalter
– Elterliche Arbeitslosigkeit und ihre Folgeprobleme für die Kinder

- Bedrohliches aus der Familie – oft totgeschwiegen: physische und psychische Gewalt
- Sexualerziehung zwischen Grundschule und Elternhaus.

Meine Zukunft

Ich arbeite schon im Natur- und Vogelschutz, denn ich möchte nicht, daß die Welt stirbt. Wenn ich größer bin, möchte ich, daß es nicht so viele Fabriken gibt. Es sollen keine Bäume abgesägt werden und die Regenwälder sollen erhalten bleiben. In meiner Zukunft sehe ich mehr Kutschen als Autos. Es hungern so viele Länder und das finde ich nicht gut. Es soll mehr dagegen getan werden: Es gibt keinen Krieg mehr auf der ganzen Welt. Viele Leute werfen so viel Dreck in den Wald, in einen Bach oder in einen Abfluß.

Die Menschen dürfen es nicht mehr machen. Die Tiere müssen uns erhalten bleiben, und keine Tierart darf aussterben. Es sollen sich die Menschen nicht so viel streiten und scheiden. Auch wünsche ich mir ein sauberes Meer.

Die Menschen glauben nicht, daß die Welt bald stirbt. Nur manche Kinder glauben, daß sie bald stirbt.

Mireille Ostwald (9), Arnsberg-Voßwinkel

Aus: Rusch, R. (Hrsg.): So soll die Welt nicht werden. Kinder schreiben über ihre Zukunft. Kevelaer 1989

Empfehlenswert ist in diesem Zusammenhang auch der Band 71 aus dem Jahr 1987:

Empfehlungen zur Umwelterziehung in der Grundschule

Hermann Schwarz u. a.

Aus dem Inhalt:

Sechs Schwerpunkte

- Umwelterziehung durch wirksamere Gesamterziehung verbessern
- Umwelterziehung zur zentralen Aufgabe des Sachunterrichts machen
- Umwelterziehung zur gemeinsamen Aufgabe in Grundschulen machen
- Umwelterziehung durch Intensivierung der Schulgartenarbeit verbessern
- Umwelterziehung durch gezielte Nutzung von Umweltzentren verbessern
- Umwelterziehung durch Intensivierung der Lehrerfortbildung verbessern

Zwölf Themenbereiche

- Wir erleben und beobachten unsere natürliche Umwelt
- Beziehungen zum pflanzlichen Leben entwickeln
- Einen Schulgarten einrichten und pflegen
- Beziehungen zum Leben der Tiere entwickeln
- Lebensgerecht mit dem Boden umgehen
- Wasser ist lebensnotwendig
- Die Luft entlasten
- Das Wetter erleben und kennenlernen
- Landschaft erleben und erhalten
- Lärm kann krank machen
- Energie und Rohstoffe sparen
- Für unsere Gesundheit sorgen

Band 83/84
Grundschule in Europa – Europa in der Grundschule

Rudolf Schmitt u. a.

Der Band enthält eine Untersuchung und einen Überblick über die Stellung der Grundschule in Europa und viele Anregungen zur Behandlung des Themas Europa im Unterricht. Im ersten Teil wird das Primarschulwesen von 30 europäischen Ländern vorgestellt und verglichen. Der zweite Teil des Bandes »Europa in der Grundschule« ist der schulischen Praxis vorbehalten. In acht erprobten Unterrichtsbeispielen wird gezeigt, wie man das Thema »Europa« von der zweiten Klasse an vermitteln kann. Ergänzt wird dieser Teil durch viele Unterrichtsmaterialien und Arbeitsblätter.

Aus der Einführung (S. 11f.):

Erschließung der europäischen Dimension

Der vorliegende Europaband richtet sich … an Grundschullehrer/innen, Studierende, die sich auf den Grundschullehrer/innenberuf vorbereiten, Grundschulen mit ihren Kollegien, Wissenschaftler/innen, für die der Grundschulbereich bevorzugtes Forschungs- und Lehrgebiet ist, und an alle an der Grundschule Interessierte aus Politik und Verwaltung. … Es scheint ein naheliegender Gedanke zu sein, daß, wer sich mit der europäischen Dimension vertraut machen will, dies zunächst und vor allem einmal *im eigenen Berufsfeld* versucht. In diesem Sinne ist der erste Teil dieses Bandes nicht nur eine reine Informationsschrift der vergleichenden Pädagogik. Er soll auch Anregung geben für die eigene Praxis, er soll vor allem bildungspolitisch wirksame Anstöße geben und das Bewußtsein stärken, *daß wir künftig im »gemeinsamen europäischen Haus« nicht nur für unser Land, unsere Region Verantwortung tragen, sondern auch für die Gestaltung der Grundbildung in anderen europäischen Ländern und Regionen mitverantwortlich sind.* Denn überall geht es um Kinder und Heranwachsende, die von den Bedingungen des Erziehens und Unterrichtens in ihrem Land in hohem Grade abhängig sind.

Die Lektüre des ersten Teiles dieses Bandes kann meiner Ansicht nach durchaus dazu beitragen, das europäische Bewußtsein der Lehrenden zu stärken, eine unabdingbare Voraussetzung, wenn man als Lehrer/in – wie die KMK-Konferenz in ihrer Empfehlung zu Europa formuliert – »in der heranwachsenden Generation ein Bewußtsein europäischer Zusammengehörigkeit« wecken will. Die Realisierung dieses pädagogischen Auftrags in der Grundschule ist der wesentliche Inhalt des zweiten Teils »Europa in der Grundschule«.

Europa im Unterricht

Beschluß der Kultusministerkonferenz vom 8.6.1978 in der Fassung vom 7.12.1990 (Die Empfehlung in Auszügen)

Die politische Ausgangslage

Europa ist mehr als ein geographischer Begriff. Die europäische Dimension umschließt in ihrer Vielfalt ein gemeinsames historisches Erbe, eine gemeinsame kulturelle Tradition und in zunehmendem Maße eine gemeinsame Lebenswirklichkeit. Die leidvollen Erfahrungen zweier Weltkriege sowie die Entwicklung in West- und Osteuropa seit 1945 haben den Europäern Anlaß gegeben, sich auf ihre gemeinsamen Grundlagen zu besinnen und im Bewußtsein ihrer Zusammengehörigkeit neue Wege der Zusammenarbeit und Einigung zu beschreiten. …

Ziel ist die Schaffung einer Europäischen Union. In dieser Perspektive liegt langfristig ein gemeinsames Haus Europa, in dem sich alle Staaten und Völker in freier Selbstbestimmung einrichten. …

Das Zusammenwachsen Europas fordert die Europäer heraus, ihre nationale Geschichte und Tradition in neuem Licht zu sehen, sich der Perspektive anderer zu öffnen, Toleranz und Solidarität zu üben und das Zusammenleben mit Menschen anderer Sprachen und anderer Gewohnheiten zu praktizieren. Die Europäer müssen erkennen, welche Verantwortung ihnen für Freiheit, Frieden, Gerechtigkeit und sozialen Ausgleich – vor allem mit den Entwicklungsländern – auferlegt ist.

Europäisches Bewußtsein als pädagogischer Auftrag der Schule

Die Schule hat die Aufgabe, die Annäherung der europäischen Völker und Staaten und die Neuordnung ihrer Beziehungen bewußtzumachen. Sie soll dazu beitragen, daß in der heranwachsenden Generation ein Bewußtsein europäischer Zusammengehörigkeit entsteht und Verständnis dafür geweckt wird, daß in vielen Bereichen unseres Lebens europäische

Bezüge wirksam sind und europäische Entscheidungen verlangt werden.
…

Die Grundwerte des staatlichen, gesellschaftlichen und individuellen Lebens, an denen sich die Unterrichts- und Erziehungsziele der Schule orientieren, müssen in ihrer Beziehung zum Leben in der europäischen Völker- und Staatengemeinschaft gesehen werden. Dabei geht es um

- die Bereitschaft zur Verständigung, zum Abbau von Vorurteilen und zur Anerkennung des Gemeinsamen unter gleichzeitiger Bejahung der europäischen Vielfalt,
- eine kulturübergreifende Aufgeschlossenheit, die die eigene kulturelle Identität wahrt,
- die Achtung des Wertes europäischer Rechtsbindungen und Rechtsprechung im Rahmen der in Europa anerkannten Menschenrechte,
- die Fähigkeit zum nachbarschaftlichen Miteinander und die Bereitschaft, Kompromisse bei der Verwirklichung der unterschiedlichen Interessen in Europa einzugehen, auch wenn sie Opfer zugunsten anderer einschließen,
- das Eintreten für Freiheit, Demokratie, Menschenrechte, Gerechtigkeit und wirtschaftliche Sicherheit,
- den Willen zur Wahrung des Friedens in Europa und in der Welt. …

Ziel der pädagogischen Arbeit muß es sein, in den jungen Menschen das Bewußtsein einer europäischen Identität zu wecken. Hierzu gehört auch die Vorbereitung der jungen Menschen darauf, ihre Aufgaben als Bürger in der Europäischen Gemeinschaft wahrzunehmen.

Hinweise zur Umsetzung

Zur Erschließung der europäischen Dimension in Unterricht und Erziehung können grundsätzlich alle Lernfelder der Schule einen Beitrag leisten. Die Lehrpläne enthalten dazu in differenzierter Weise konkrete Ziele und Themen sowie Hinweise auf geeignete Stoffe und zweckmäßige Arbeitsformen.

In der Grundschule wird die Thematik dort aufgegriffen, wo der Erlebnis- und Erfahrungshorizont der Schüler dies erlaubt oder neue Erfahrungsfelder im Rahmen besonderer Maßnahmen eröffnet werden. …

Ausländische Schülerinnen und Schüler in den deutschen Schulen machen die Gemeinsamkeiten, Vielfalt, Nähe und Unmittelbarkeit Europas in besonderer Weise erfahrbar. Ihre Anwesenheit sollte zum Anlaß genommen werden, den Unterricht, wo immer möglich, kulturübergreifend zu gestalten und den Reichtum der Kultur Europas zu verdeutlichen. Das gemeinsame Lernen zusammen mit jungen Ausländern sollte die Fähigkeit zur Solidarität und zum friedlichen Zusammenleben unter den Europäern fördern. …

Kinderbuch

»Aminatas Entdeckung«

Monika Bulang-Lörcher (Bilder) und
Hans-Martin Grosse-Oetringhaus (Erzählung)

Aminata lebt in einem kleinen Dorf im Senegal. Jeden Morgen holt sie mit ihrer Schwester das Wasser vom Brunnen, hilft der Mutter im Haushalt, paßt auf ihre jüngeren Geschwister auf und träumt davon, irgendwann einmal die Schule besuchen zu können. Alltag, wie für viele Kinder in Afrika!. Doch dann geschieht etwas, was alles gründlich durcheinanderbringt. Zahlreiche Babys im Dorf werden krank. Während die Erwachsenen über den Grund rätseln, macht Aminata eine wichtige Entdeckung und stößt auf die Ursache für die Krankheiten. Gemeinsam mit allen im Dorf setzt sie sich für deren Beseitigung ein.
Wer Aminatas Entdeckung auf die Spur kommen möchte, sollte sich ihre Geschichte anhören und ansehen. Sie wird in einer klaren, verständlichen Sprache erzählt. Einfühlsame Bilder lassen sie lebendig werden. Ergänzungstexte geben Eltern und Erzieherinnen zahlreiche Hintergrundinformationen. Ein Bilderbuch, das Offenheit und Verständnis für das Leben von Kindern in Afrika wecken möchte.

EIN BUCH FÜR KINDER AB 5 JAHREN

Materialband zu »Aminatas Entdeckung«

Rudolf Schmitt (Hrsg.)

Dieser Materialband ist aus der unterrichtlichen Arbeit mit dem Kinderbuch hervorgegangen. Er enthält Informationen, Unterrichtsvorschläge und Arbeitsblätter zu den Themen: Senegal, Leben und Arbeit im Senegal, Dorfgemeinschaft. Ernährung, Kleidung, Sprache. Erdnüsse (Anbau und Verwendung), Wasser im Senegal und bei uns, Erfahrungen mit Wasser, Wasserverschmutzung, Spiele und Feste, Musik, Geschichten und Märchen.

Bundesgrundschulkonferenz 1995 in Berlin
Zukunft für Kinder – Grundschule 2000

Aus dem Berliner Memorandum

Im 75. Jahr ihres Bestehens – fünf Jahre vor der Jahrtausendwende und dem Ende des »Jahrhunderts des Kindes« – steht die Grundschule infolge eines tiefgreifenden Wandels in allen Bereichen öffentlichen und privaten Lebens vor großen Herausforderungen. …

Gesundheit – Umwelt – Raum

Die Zukunft der Kinder wird in hohem Maße von Lebens- und Überlebensfragen bestimmt, auf die wir als Erwachsene gemeinsam mit den Kindern Antworten suchen müssen. Nicht nur die Schule, sondern auch der Wohn- und Nachbarschaftsbereich, das eigene Land, Europa bis hin zur globalen Dimension der »Einen Welt« sind als gesunde und lebenswerte Räume zu erhalten und zu gestalten, um allen Kindern jetzt und künftig ein gesichertes und menschenwürdiges Heranwachsen und Erwachsenenleben zu ermöglichen. Es gilt, einen ökologischen Generationenvertrag zwischen den heutigen Gesellschaften und den nachfolgenden Generationen zu schließen. Wir dürfen heute nicht auf Kosten der Kinder und ihrer Kinder leben. Eine intergenerative Gerechtigkeit ist zu gewährleisten.

In gesunden Mitwelten aufwachsen

Gesundheit ist ein zentraler Auftrag der Schule. Gesundheitsförderung zielt darauf hin, Gesundheit als ein umfassendes körperliches, seelisches und soziales Wohlbefinden zu fördern, allen Menschen ein höheres Maß an Selbstbestimmung über ihre Gesundheit zu ermöglichen und sie damit zur Stärkung ihrer Gesundheit zu befähigen. Gesunde Mitwelten zu gestalten ist ein Bildungsauftrag für Pädagoginnen und Pädagogen, zu dem sich die verschiedenen Berufe – Planer, Ökotekte, Mediziner, Künstler u.v.a.m. zusammenfinden müssen.

Bei allen Eingriffen in die natürliche Umwelt und bei allen Gestaltungsprozessen unserer Lebensräume und Lebenszeiten ist die Frage, ob dies der Gesundheit der Kinder dienlich ist, ein verpflichtendes Prüfkriterium. Kinder sollen in öffentlichen Räumen ihren Platz haben. Zwischen Wohnungen, autofreien Arealen, Treffs, Arbeits- und Kulturstätten, Ruhe- und Rückzugszonen sind leichte Übergänge zu schaffen. Lebendige Stadtquartiere, in denen vielfältige Begegnungsformen zwischen Menschen unterschiedlichster Art und Alter gefördert werden, sind das Ziel. Grundschulen sind integrativer Bestandteil eines jeden Gemeinwesens. Sie müssen wohnortnah zu erreichen sein.

Ein Leben in gesunden Verhältnissen ist ein Kinder- und Menschenrecht. Die Grundschule muss deshalb gesundes Verhalten bewusst und zielgerichtet fördern.

➢ *Intensive Naturerlebnisse gehören zum gelingenden Aufwachsen. Keine Simulation, keine mediale Vermittlung ersetzt das originale Begegnen. Natürliches Wachsen wahrzunehmen, es zu fördern und zu stützen ist ein Schutz gegen die »innere Verödung« von Kindern und den Beschleunigungswahn des gesellschaftlichen Lebens.*

➢ *In und außerhalb der Schule müssen vielfältige Bewegungsformen ermöglicht werden. Sport ist mehr als physischer Ausgleich. Psychomotorische Bildung in der Grundschule muss die Erfahrung des eigenen Körpers und die Entfaltung seiner Sinne fördern.*

➢ *Architektonische Kälte und Verfall im Bau stimulieren die Gewaltbereitschaft. Lernräume sind Lebensräume. Sie brauchen eine ästhetische und eine kommunikative Qualität. Schulen müssen nach ökologischen Prinzipien gestaltet werden. Kinder sollen erfahren, dass das Schulleben und das schulische Ambiente zu beeinflussen sind. Daher muss die Schulgemeinde wirksamen Einfluss auf Gestaltungsprozesse nehmen können.*

➢ *Ohne gesunde Ernährung gibt es keine gesunde Lebensweise. Die Kreisläufe der Vergiftung in unserer Umwelt zu erkennen muss auch für die Grundschule ein zentraler inhaltlicher Anspruch sein.*

➢ *Lebens-, Lern- und Leistungsängste und negativer Stress sind Quellen von Krankheit. In einem Klima der Akzeptanz, durch intensive Zusammenarbeit, auch in altersübergreifenden Gruppen, durch Zeit für indivi-*

duelle Entwicklungen, durch selbstbestimmtes Lernen werden psychische Behinderungen vermieden.

➢ *Alle in der Grundschule tätigen Pädagoginnen und Pädagogen müssen in ihrer Aus- und Fortbildung Anregungen vorfinden, um die Bedingungen gesunden Aufwachsens in ihre eigenen Lernprozesse und in die der Kinder einbeziehen, verarbeiten und vermitteln zu können.*

Den lebenswichtigen Fragen nachspüren

Wichtig für Kinder wie auch für Erwachsene sind Fragen, deren Beantwortung hilft, in dieser Welt zurechtzukommen und zu persönlicher Identität zu finden. Dazu zählen Bereiche wie eigene Herkunft, Familie, Freundschaft, Gesundheit, Selbstwertgefühl, Erfolg usw.

Ebenso wichtig sind die Schlüsselprobleme des Überlebens. Ihre gemeinsame Lösung liefert die objektive Grundlage für die Lebensqualität des Einzelnen: Krieg und Frieden, Reichtum und Armut, Migration, Überbevölkerung, Ungleichbehandlung der Geschlechter, Kinderarbeit …, also alle weltweit anstehenden Probleme, wie sie in der Charta der Menschenrechte angesprochen und in der »Konvention über die Rechte des Kindes« auf die Situation der Kinder übertragen werden.

➢ *Die Institution Grundschule muss als erfahrbares Modell einer humaneren Lebenswelt gestaltet werden. Abzubauen sind Strukturen, die Ungleichbehandlung, Selektion und undemokratisches Verhalten begünstigen.*

➢ *Die Grundschule bildet zusammen mit dem Wohn- und Nachbarschaftsbereich einen bedeutsamen Lebensraum, in dem sich wichtige Fragen der Kinder und Erwachsenen stellen. Entscheidend für die Bewältigung dieser Fragen ist das Zusammenwirken von schulischen und außerschulischen Institutionen.*

➢ *Kinder müssen schon in der Grundschule lernen, mit lebenswichtigen Fragen wirklichkeitsnah, kritisch und vor allem selbstständig umgehen zu können. Zu vermeiden sind Katastrophenszenarien, die jede Zuversicht lähmen. Vielmehr müssen bereits im Lebensraum Grundschule und über die Schule hinaus Handlungsmöglichkeiten geschaffen werden, die Kinder als eigenen Beitrag zur Bewältigung dieser Fragen begreifen können.*

➢ *Die Auseinandersetzung mit ethischen, weltanschaulichen und religiösen Fragen ist Teil der Basis-Bildung. In vielen Grundschulklassen sind mehrere Religionen vertreten. Deshalb müssen ethische und religiöse Fragen im Horizont unterschiedlicher Positionen zur Sprache kommen. Statt des Trennenden sollte dabei die Verständigung im Vordergrund stehen.*

- *Die Behandlung lebens- und überlebenswichtiger Fragen muss in den Bildungsplänen der Länder und durch eigenständige Schulprogramme gesichert sein. Dabei dürfen diese Themen nicht nur in Einleitungen und Präambeln allgemein erwähnt werden, sie müssen vielmehr in didaktisch-methodisch angemessener Form fachspezifisch und Fächer übergreifend im Text verankert sein.*

- *Die Eltern der Kinder müssen in alle Bemühungen einbezogen werden, Antworten auf lebenswichtige Fragen zu finden. Sie müssen Gelegenheit haben, sich ausreichend informieren und sich aktiv beteiligen zu können.*

- *In der Aus- und Fortbildung von Pädagoginnen und Pädagogen müssen Fragen der Selbstfindung und Sozialbildung ebenso wichtig genommen werden wie die traditionellen Themen der Fachbildung. Supervision sollte sowohl im schulischen Alltag als auch in der Aus- und Fortbildung künftig eine größere Rolle spielen.*

Band 98

Die Zukunft beginnt in der Grundschule
Empfehlungen zur Neugestaltung der Primarstufe

Ein Projekt des Grundschulverbandes

Gabriele Faust-Siehl/Ariane Garlichs/Jörg Ramseger/Hermann Schwarz/Ute Warm

Welterkundung statt Sachunterricht
(S. 63-75, in Ausschnitten)

Vorbemerkung: Die empfohlene Umbenennung des Sachunterrichts in Welterkundung ist umstritten. Sie soll deshalb hier nicht thematisiert werden. Ein moderner Sachunterricht unter der Leitlinie »Verantwortung für die Zukunft« realisiert unbestritten das, was die folgenden Absätze empfehlen.

Entgegen einem selbst in der Fachwelt weit verbreiteten Mißverständnis entstammen die Themen und Gegenstände des Sachunterrichts, schulhistorisch gesehen, nicht primär den verschiedenen Wissenschaftsdisziplinen, die sich auch diesen Themen und Problemen widmen, sondern *Bereichen der kulturellen Tätigkeit des Menschen.* Dabei geht es inhaltlich im wesentlichen immer um zwei Aspekte:
– die Bewältigung des Verhältnisses des Menschen zur belebten und unbelebten Natur und
– die Bewältigung des Zusammenlebens der Menschen untereinander.
...

Formale Bestimmung (Aneignung von Kultur»techniken«):
Der Unterricht dient der Differenzierung und Diversifikation der kindlichen Erfahrungen auf dem Wege des *forschend-entdeckenden Lernens* durch die Kinder selbst, nicht etwa, weil dies eine typische Arbeitsform der Wissenschaften ist, sondern weil es sich um eine Grundform mensch-

licher Weltaneignungs- und Problemlösestrategien handelt, die von der Wissenschaft nicht erfunden, sondern allenfalls perfektioniert worden ist.

Materiale Bestimmung (Aneignung von Kultur»gütern«):

Es geht um die Aneignung von Erkenntnissen der Menschheit, die über die individuelle Situation des einzelnen Kindes hinaus *allgemeine Bedeutung* haben und deren Allgemeinbildungsanspruch einem allgemeingültigen Suchraster für bedeutsame Unterrichtsinhalte entnommen werden kann. Der didaktische Gang des Unterrichts in einem so konzipierten Lernbereich lautet wie folgt:

- Die Lehrerinnen oder Lehrer sollen aus den Erzählungen der Kinder (zum Beispiel im Gesprächskreis) vielseitig interessierende Fragen heraushören oder den Kindern vielseitig interessierende Wirklichkeitsausschnitte präsentieren: Geschichten, Zeitungsmeldungen, eine Problemschilderung, ein Stück Literatur, einen Ausschnitt aus einem Film, ein Naturphänomen oder was auch immer den Geist anzuregen vermag.
- Sie sollen den Kindern vielfältige sinnliche Eindrücke von dem möglichst gemeinsam ausgewählten Wirklichkeitsausschnitt verschaffen, den die Kinder näher untersuchen wollen.
- Sie dürfen dann aber nicht länger ihrerseits den Gang der Auseinandersetzung für die Kinder vorwegplanen, sondern sollten jetzt primär die Fragelust der Kinder herausfordern und für deren Forschungsdrang in bezug auf den gewählten Wirklichkeitsausschnitt angemessene Tätigkeitsfelder bereitstellen.
- In der möglichst selbständigen Klärung der Fragen der Kinder sollen diesen von seiten der Schule dann behutsam auch gegenstandsangemessene – »kulturbewährte« – Methoden und Zugriffsweisen angeboten und aufgezeigt werden.
- Dazu muß den Pädagoginnen und Pädagogen ein Suchraster mit Gegenstandsbereichen der unterrichtlichen Beschäftigung zur Verfügung gestellt werden, anhand dessen sie kulturell bedeutsame von weniger bedeutsamen Fragen und Aktivitäten unterscheiden können, damit sie den Kindern bei ihren Forschungsaktivitäten angemessene Hilfen und Unterstützung geben und auf die Auswahl der gemeinsamen unterrichtlichen Aktivitäten begründet Einfluß nehmen können.

Ein solches Suchraster könnte in vier Gegenstandsfelder oder »Fragerichtungen« gegliedert werden, wie im folgenden beispielhaft ausgeführt wird:

- Welches sind entwicklungstypische Schlüsselfragen von Grundschulkindern?
- Welches sind die epochaltypischen Schlüsselfragen der Menschheit?

- ➢ Was sind epochemachende Errungenschaften der Menschheit, mit denen Kinder schon im Grundschulalter vertraut gemacht werden können?
- ➢ Welche Methoden der Rekonstruktion und Darstellung der Welt können schon Grundschulkinder kennen- und anwenden lernen?

Dazu im folgenden nähere Erläuterungen.

Epochaltypische Schlüsselfragen der Menschheit

Hierzu zählen wir vorwiegend Fragen, die die Probleme des Miteinanders der Menschen in der Einen Welt betreffen:

- die Frage der Vermeidung des Krieges und der Sicherung des Friedens,
- die Frage nach unserem Verhältnis zur Natur (die Umweltfrage oder ökologische Frage),
- die Probleme und Folgen der gesellschaftlich produzierten Ungleichheit unter den Menschen,
- das rapide Wachstum der Weltbevölkerung und seine Folgen, insbesondere Fragen der Migration,
- die Möglichkeiten und die Gefahren der neuen technischen Steuerungs-, Informations- und Kommunikationsmedien,
- die Verhältnisse zwischen den Geschlechtern und zwischen den Generationen

und andere mehr.

Epochemachende Errungenschaften der Menschheit

Zu den epochemachenden Errungenschaften der Menschheit, die im Rahmen der Forschungs- und Erkundungstätigkeiten der Kinder schon in der Grundschule thematisiert werden können, zählen wir zum einen bedeutsame *Ziele und Ideen der Menschheit*, und zwar auch solche, die noch nicht realisiert sind oder im menschlichen Handeln immer wieder neu realisiert werden müssen (und dabei immer wieder auch verfehlt werden können). Wir zählen zum anderen gesellschaftlich bedeutsame *Systeme und Praktiken* dazu, und zwar auch solche, die in ihren Wirkungen ambivalent sind oder von der Menschheit noch nicht zuträglich beherrscht werden.

Die gesellschaftlich bedeutsamen *Ideen und Ziele* sind:

- die Idee der Freiheit
- die Idee der Gleichheit
- die Idee der Brüderlichkeit und des Weltfriedens
- die Idee der Demokratie
- die Idee der Gerechtigkeit

und andere mehr.

Die gesellschaftlich bedeutsamen *Systeme und Praktiken* sind:
- Handwerk, Kunst und Kultur
- Religion, Ethik und Philosophie
- Politik und Geschichte
- Wissenschaft und Technik
- Welthandel und Verkehr
- Information und Telekommunikation
- Naturbearbeitung und Naturpflege
- Ernährung, Gesundheit und Hygiene

und andere mehr.

Entwicklungstypische Schlüsselfragen von Grundschulkindern

Unter entwicklungstypischen Schlüsselfragen von Grundschulkindern verstehen wir vorwiegend Fragen nach der eigenen Identität. Sie begleiten den Prozeß der Autonomieentwicklung in der Dynamik von Identifikation und Abgrenzung. Klassische Beispiele sind:
- die eigene Geschichtlichkeit: *»Wo komme ich her?«*
- der Zusammenhalt der primären Bezugsgruppe (Familie, Lebens- oder Wohngemeinschaft): *»Wo gehöre ich hin?«*
- die eigene Endlichkeit: *»Was ist nach dem Tod?«*
- Freundschaft und Ablehnung: *»Wer hält zu mir?«*
- der Wunsch nach Stärke und die Erfahrung von Schwäche: *»Wie setze ich mich durch?«*
- Gleichsein und Anderssein, Wert- und Unwertgefühle: *»Wer bin ich? Wie bin ich?«*
- der Umgang mit Leistungsanforderungen, Leistungsstolz und Versagensangst: *»Wie soll ich das schaffen?«*

und andere mehr.

Methoden der Rekonstruktion und Darstellung der Wirklichkeit

Hierbei geht es um Haltungen, Fähigkeiten, Techniken und Ausdrucksformen, mit denen die Kinder sich die Welt erschließen und ihre Erkenntnisse darstellen können. Beispiele:
- Hypothesen bilden und Theorien verfolgen, wenn ein Kind fragt, warum ein großes Eisenschiff schwimmt, während ein kleiner Stein untergeht;
- Exkursionen und »Expeditionen« in die außerschulische Umwelt, wenn die Kinder einer Frage »vor Ort« nachgehen wollen;
- Befragung, Beobachtung und Experiment, wenn ein Kind behauptet, daß Pflanzen unter einer Glashaube schneller wachsen;
- messen, schätzen, klassifizieren, wenn ein Kind fragt, wieviel Blätter wohl ein Baum hat, und die Schüler beginnen, die Blätter zu zählen;

- Modellvorstellungen und Analogiebildung entwickeln, wenn ein Kind fragt, ob es stimmt, daß die Erde eine Kugel sei, und daraufhin das Planetensystem gemeinsam erarbeitet wird;
- Verfremdung, Collage, szenische Darstellung und andere produktive Ausdrucksformen üben, wenn die Klasse ihrem politischen Interesse an einer kindgerechteren Gestaltung des Schulgeländes Ausdruck geben will;

und andere mehr.

Sinnliches Erfahren als Basis der Weltaneignung

Die genannten Gegenstandsfelder oder Fragerichtungen würden allerdings mißinterpretiert, wenn sie auf eine ausschließlich rationale Erklärung der Welt in der Auseinandersetzung mit Kultur, Geschichte und Empirie beschränkt würden. Die rationale Aneignung der Welt muß bei Kindern dieser Altersstufe stets auf einer emotionalen Basis von Aufmerksamkeit, Anteilnahme und Betroffensein aufbauen, die von der Wissenschaft bewußt und aus guten Gründen zurückgedrängt wird, für Bildungsprozesse aber unverzichtbar ist.

Diese Basis nennen wir *»sinnliches Erfahren und elementare Empfindungen«*. Sie umfaßt Prozesse wie Fühlen, Schmecken, Tasten, Riechen, bewußtes Wahrnehmen, aufmerksames Zuhören und Beobachten, aber auch Staunen und stille Kontemplation; Empfindungen wie Freude, Hingabe, Stolz, Liebe und Haß, Trauer und Schmerz, Lust und Unlust, Hoffnung und Zuversicht; aber auch elementare Erfahrungen wie die Erfahrung, Teil eines größeren Ganzen zu sein, die Erfahrung, Einfluß zu gewinnen und etwas bewirken zu können, Erfolge zu erzielen und Niederlagen zu überstehen, die Erfahrung, daß man in Widersprüchen lebt und trotzdem darin bestehen kann, und viele andere mehr.

Ohne solche im weitesten Sinne ästhetischen Prozesse, Empfindungen und Erfahrungen, die eine unverzichtbare Voraussetzung für die Entwicklung von Urteils- und Ausdruckskraft sind und für die die Pädagoginnen und Pädagogen den Kindern gezielt Raum, Zeit und Gelegenheit geben müssen, reduziert sich die Aneignung der Welt allzuleicht auf ein geschäftiges Treiben ohne Sinn und Ziel.

Umweltbildung
(S. 118-121)

Die zerstörenden Eingriffe des Menschen in die Natur nehmen in einem Maße zu, das die Existenz des Lebens auf der Erde aufs schwerste bedroht. Der Grund: Die Menschen lassen sich weiterhin von ihrem Anspruch bestimmen, die natürliche Welt habe ihnen verfügbar zu sein, sie brauchten ihre Bedürfnisse nicht einzuschränken und sie könnten ohne Rücksicht auf den Gesamtzusammenhang allen Lebens auf der Erde ihre ressourcenverzehrenden und lebensvernichtenden Produktionsweisen und Konsumgewohnheiten aufrechterhalten und ausweiten.

Die Mittel, dieser Bedrohung Einhalt zu gebieten, sind insbesondere Politik und Pädagogik. Umweltpolitik muß durch Schaffen umweltgerechter Rahmenbedingungen bewirken, daß sich unser Wirtschaften und Alltagsverhalten in Richtung auf einen verantwortbaren Umgang mit den Lebewesen unserer Mitwelt und mit den Gütern der Erde verändert. Das wird jedoch nur dort gelingen, wo sich Parlamente und Regierungen auf umweltgerechtes Denken und Handeln der Bürgerinnen und Bürger stützen können und wo diese umweltgerechtes staatliches Handeln kraftvoll fordern. Der Pädagogik kommt die Aufgabe zu, den Heranwachsenden zu helfen, Bereitschaften und Fähigkeiten zu entwickeln, sich selbst umweltgerecht zu verhalten und für ein umweltgerechtes Handeln der Gemeinschaft einzutreten, in der sie leben.

Da das umweltzerstörende Verhalten des Menschen auf einer falschen Selbstbewertung als Maß und Mitte der Natur, auf einer oft aus Sinnleere erwachsenden Haltung des »Habenwollens« sowie aus dem Mangel an Mitverantwortung für die Mitlebewesen beruht, kann Umweltbildung und -erziehung nur als eine alle Bildungs- und Erziehungsbereiche umfassende und durchdringende pädagogische Bemühung wirksam werden:

- In Gesprächen des Bereichs »Religion, Ethik, Philosophie« sollten Kinder die Möglichkeit haben, ein Empfinden dafür zu entwickeln, daß wir Menschen ein Teil der Schöpfung sind, daß uns Raubbau an ihr nicht zusteht, daß zum Menschsein Achtung vor dem Leben anderer gehört und daß wir uns in der Pflicht sehen müssen, bedrohtes Leben auch von Tieren und Pflanzen in unsere Obhut zu nehmen.
- Überall im Leben und Lernen der Grundschulzeit sollten Kinder erleben können, wie erfüllend es ist, zu spielen, sich zu bewegen, zu musizieren, Schönes zu betrachten oder Gehaltvolles zu lesen, sich auszutauschen und selbst etwas zu produzieren, womit man sich ausdrücken, was man gebrauchen oder mit dem man andere erfreuen kann und für das man die Anerkennung seiner Mitwelt erfährt. Eine

derart als sinnerfüllt erlebte Grundschulzeit vergrößert die Chance, daß in den Heranwachsenden Lebensbejahung stark ist und jene innere Leere nicht aufkommt, die umweltzerstörendes Habenwollen erzeugt.

- Wenn in der Grundschule überall jene Lebens- und Lernformen Platz greifen, die anregen und helfen, mit sich selbst etwas Sinnvolles anzufangen, selbst Ideen zu entwickeln, sich selbst zu steuern und zu kontrollieren und auf die Bedürfnisse der anderen zu achten, mit ihnen zu kooperieren und gemeinsame Vorhaben mitzubestimmen und mitzuverantworten, können sich Haltungen und Fähigkeiten entwickeln, die auch für umweltgerechtes Handeln grundlegend sind.

Da es alle Lebewesen unserer Mitwelt zu achten und ihr Leben durch Wiederherstellen der Zusammenhänge ihres Lebens zu wahren gilt, steht im Mittelpunkt der Umweltbildung in der Grundschule die Beziehung der Kinder zur natürlichen Mitwelt. Wer zur Natur eine tiefgehende positive Beziehung entwickelt, bereichert das eigene Leben und wird am ehesten bereit sein, sie auch unter Inkaufnahme von Unbequemlichkeiten und notfalls gegen Widerstand anderer zu erhalten und zu schützen. Deshalb muß es vorrangiges Ziel in den Jahren der Kindheit sein, die Zuneigung der Kinder zu Pflanzen, Tieren und Menschen zu wecken und das Verständnis für ihre Lebensbedürfnisse zu stärken.

Umweltbildung der Kinder kann sich entwickeln, wenn sie angeregt und ermutigt werden, mit allen ihren Sinnen sich der Tiere und Pflanzen und der Geschehnisse in der natürlichen Mitwelt zu vergewissern, und sie dabei eigene, durch Anschauung fundierte Vorstellungen bilden.

Im Miteinander werden diese Vorstellungen geklärt, so daß die Kinder Ursachen, Wirkungen und Beziehungen im Leben von Tieren und Pflanzen und deren Lebensbedingungen nachvollziehen können. So kann sich Empathie entwickeln als Voraussetzung für die Achtung vor dem Leben anderer, vor ihrem Lebenwollen, ihrem Eigenwert und ihrem Recht zu leben – und das sowohl bei solchen, mit denen die Kinder sich eins fühlen, als auch bei solchen Geschöpfen, bei denen die Identifikation kaum möglich ist. Erst auf dieser Basis eigener Vorstellungsbildung und eigenen Mitfühlens lassen sich ökologische Sicht- und Arbeitsweisen entwickeln.

In der Umweltbildung geht es ferner um ein Erkennen von Zusammenhängen zwischen der natürlichen, sozialen und technischen Welt. Bei Aufgaben des Bewahrens und Wiederherstellens der natürlichen Lebensbedingungen muß es ein Schwerpunkt sein, daß die Gesellschaft mit den Mitteln (sanfter) Technik den Naturzerstörungen begegnet. Unter Einbeziehung von Sprache, Mathematik und Kunst kann Umweltbildung in der Form von Projekten, in denen die Zusammenhänge der Lebenswirklichkeit in den Blick gerückt und Sicht- und Arbeitsweisen aller Lernbereiche angewandt werden, am ehesten wirksam sein.

Die Möglichkeit, Umweltbildung in lernbereichsübergreifenden Lebens- und Handlungszusammenhängen qualitätsvoll zu konkretisieren, ist in starkem Maße davon abhängig, daß auch die Grundschul*kollegien* Umweltbildung als ihre Sache begreifen und anerkennen. Umweltvorhaben wie das Herstellen und Pflegen von Biotopen, Erarbeiten und Durchsetzen von Energiesparkonzepten, Entwickeln von Recyclinggewohnheiten, Lärmschutzprojekte, sinnvolle Schulgartenarbeit und dauerhafte Gestaltung der »grünen Schule« lassen sich erst im Arbeitsverbund des Kollegiums und möglichst in Kooperation mit den Eltern erlebnisintensiv und lernwirksam organisieren und langfristig erhalten.

Ökologische Sachlagen und Problemlösungen sind oft so kompliziert, daß es zu ihrer Durchdringung rationaler Fähigkeiten und spezifischer Arbeitsweisen bedarf, über die jüngere Kinder erst in Ansätzen verfügen und die Grundschulunterricht nur anbahnen kann. Informationen über Probleme jedoch, die nicht wirklich verstanden werden, können zu irreleitendem Scheinwissen führen. Daher müssen in der Grundschule der Gebrauch der Sinne, das Lernen durch Entdecken, selbständiges Ausprobieren und Produzieren, Pflege von Pflanzen und Tieren und das Erleben ihrer Lebensvollzüge Hauptformen des Umgangs mit der Umwelt sein. Haltung und Fähigkeiten des Fragens, Beobachtens, Erkundens, Abwägens und Suchens von Lösungswegen im Rahmen der unmittelbar wahrnehmbaren Umwelt des Kindes sind in der Grundschule zu erwerbende Voraussetzungen, später auch komplexere Systemzusammenhänge zu durchschauen.

Zum Entwickeln umweltgerechten Denkens und Handelns trägt die Grundschule bei, indem die Kinder stetig Gelegenheit erhalten, sich als einzelne in umweltbewahrendes Alltagshandeln einzuüben, und, soweit Schule und Wohnregion Möglichkeiten bieten, sich auch als Gruppe an Maßnahmen zum Erhalten und Wiederherstellen naturnaher Umwelt zu beteiligen. Wenn ihnen hierbei der Erfolg ihres Beitrages deutlich werden kann, erkennen sie, daß Umweltprobleme durch menschliches Handeln lösbar sind, und sie gewinnen Mut für weiteres Handeln.

Projekt des Grundschulverbandes:

»Eine Welt in der Schule, Klasse 1 – 10«

(ehemals »Eine (III.) Welt in der Grundschule«).

Ziel des Projektes (seit 1979) ist es, durch verschiedene Maßnahmen (vierteljährliche Zeitschrift, Lehrerfortbildung, Ausleihe von Materialien usw.) möglichst in allen Grundschulen und weiterführenden Schulen der Bundesrepublik Deutschland praxisbewährte Unterrichtsbeispiele einzuführen, die eine positive Einstellung gegenüber Völkern und Kindern der »Dritten« bzw. »Einen Welt« fördern können.

Eine Veröffentlichung des Projektes aus neuerer Zeit ist der sogenannte *Blaue Sammelband »Eine Welt in der Schule, Klasse 1 – 10«* mit zahlreichen Unterrichtsbeispielen aus den Jahren 1990 bis 1996, gegliedert in drei Teile:

I. Zusammenleben in unserer Gesellschaft
Solidarität mit Minderheiten

II. Leben in fremden Ländern
Alltag anderswo

III. Vernetzungen zwischen hier und anderswo
Lernen von fremden Kulturen

Die Verankerung dieser Themen in den Lehrplänen der Grundschule dokumentiert der Beitrag.

»Eine Welt« in den Lehrplänen

RUDOLF SCHMITT

(S. 37-39, in Ausschnitten):

Jeder Lehrplan wird mit einer *Präambel* eingeleitet, in der *die »Eine-Welt«-Verantwortung* – zumeist mit Berufung auf die Landesverfassung – an oberster Stelle der erzieherischen und unterrichtlichen Zielsetzungen steht. So nennt etwa der neue baden-württembergische »Bildungsplan für die Grundschule« (1994) als erste Zielsetzung der Schule u. a. die Aufgabe, »... zur Menschlichkeit und Friedensliebe ... zur Achtung und Würde vor der Überzeugung anderer ... zu erziehen ...« (S. 9). Im neuen hessischen »Rahmenplan Grundschule« (1995) heißt eine der zentralen Zielsetzungen unter dem allgemeinen Grundsatz »Es gilt, eine Grundhaltung der Solidarität, der gegenseitigen Achtung und Hilfsbereitschaft auszubilden: ... Die Ausbildung von interkulturellem Verständnis und Toleranz gegenüber Fremden und Fremdartigem – insbesondere angesichts der Anwesenheit ausländischer Kinder und im Hinblick auf die europäische Vereinigung – eine möglichst frühe Begegnung mit fremden Sitten, Gebräuchen und Sprachen« (S. 7f.).

In den noch vorläufigen Rahmenplänen des Landes Brandenburg aus dem Jahr 1991 für eine sechsjährige Grundschule wird einleitend von »schulischer Allgemeinbildung als Teil der allgemeinen Menschenbildung gesprochen«, in deren Mittelpunkt u. a. »das Leben in der Demokratie und das Leben in der Einen Welt (d. h. die Untrennbarkeit von Frieden und Gerechtigkeit) stehen« (S. 8). In den »Vorbemerkungen für alle Fächer der Grundschule« des Landes Thüringen aus dem Jahr 1993 heißt es: »Erziehung und Bildung habe die Aufgabe, selbständiges Denken und Handeln, Achtung vor der Würde des Menschen und Toleranz gegenüber der Überzeugung anderer, Anerkennung der Demokratie und Freiheit, den Willen zu sozialer Gerechtigkeit, die Friedfertigkeit im Zusammenleben der Kulturen und Völker und die Verantwortung für die natürlichen Lebensgrundlagen des Menschen und die Umwelt zu fördern« (S. 2). ...

Die allgemeine Legitimationsgrundlage für den Themenbereich »Eine Welt« ist in allen Richtlinien und Lehrplänen für die Grundschule in allen 16 Länder der Bundesrepublik Deutschland eindeutig und umfassend vorhanden.

Eine zweite, ebenso eindeutige Aussage in den Präambeln und Einleitungen der Lehrpläne, besonders in der neuen Lehrplangeneration der 90er Jahre, sollte man mit dieser allgemeinen Legitimationsgrundlage in Verbindung bringen. Angeboten wird den Lehrerinnen und Lehrern in der Regel ein *Freiraum von mindestens 30 %*. Diesen Freiraum können alle Lehrerinnen und Lehrer für Themen ihrer Wahl nutzen. Warum nicht für Themen aus dem Bereich »Eine Welt«? ... In den vorläufigen Rahmenplänen des Landes Brandenburg aus dem Jahr 1991 wird sogar ausdrücklich auf die Vorgabe von verbindlichen Zeitrichtwerten verzichtet. Der Gestaltungsspielraum wird in die Verantwortung der Lehrkräfte übergeben. Ähnliches gilt für das Land Hessen. Dieser Trend setzt sich in der gesamten Rahmenplangestaltung der Länder allmählich durch.

Das Freigeben der Freiräume wird in vielen Lehrplänen mit einem didaktisch-methodischen Prinzip begründet, das für eine breite und nachhaltige Behandlung von »Eine-Welt«-Themen im Unterricht beinahe unverzichtbar ist, mit der Aufforderung an die Lehrerinnen und Lehrer, künftig vermehrt *fächerintegrierend* gemeinsam zu unterrichten. »Eine-Welt«-Projekte im eigentlichen Sinn lassen sich nur auf diese Weise gestalten.

Im neuen »Bildungsplan für die Grundschule« des Landes Baden-Württemberg aus dem Jahr 1994 steht im vorgeschalteten »Erziehungs- und Bildungsauftrag der Grundschule« der kurze, lapidare Satz: »Fächerverbindendes Arbeiten ist unter Beachtung sachspezifischer Arbeitsweisen und inhaltlicher Aufbaufolgen durchgängiges Prinzip« (S. 15). Ähnliche Sätze finden sich inzwischen in allen Grundschullehrplänen aller 16 Länder.

...

Grundsätzlich bieten die Themenkataloge aller Fächer Ansätze für die *Konkretisierung des Themenbereichs »Eine Welt«* im Unterricht. Trotzdem sollen an dieser Stelle jene Fächer und jene Formulierungen genannt werden, die bevorzugt die unterrichtliche Beschäftigung mit der »Eine-Welt«-Thematik ermöglichen oder geradezu erforderlich machen.

In der Grundschule finden sich die meisten thematischen Anknüpfungspunkte im Sachunterricht (Heimat- und Sachunterricht), in der Evangelischen und der Katholischen Religionslehre bzw. im Ethikunterricht, im Deutschunterricht und bisweilen auch in den Fächern der ästhetischen Erziehung (Kunst, Musik, Sport, Textilarbeit, Werken). Es fehlt eigentlich nur das Fach Mathematik, das allerdings in einen fächerübergreifenden Unterricht ebenfalls einbezogen werden kann.

...

Gegliedert nach den drei Abschnitten, in die wir die Unterrichtsbeispiele dieses Bandes aufgeteilt haben, sollen nun eine Reihe gängiger Lehrplanformulierungen folgen, die jeder Lehrerin und jedem Lehrer signalisieren können: Hier handelt es sich um ein Thema des Themenbereichs »Eine Welt«!

1. Zusammenleben in unserer Gesellschaft
Solidarität mit Minderheiten

In den *Grundschullehrplänen* gehören in diesen Zusammenhang alle thematischen Aussagen, die sich auf das Zusammenleben in Schule und Familie beziehen: Außenseiter in der Klasse, ausländische Familien in der Nachbarschaft, ausländische Kinder, Aussiedlerkinder, Flüchtlingskinder, Spielkonflikte, Konkurrenzsituationen, Verhältnis Jungen – Mädchen, Fremdsprache als Begegnungssprache, Lieder, Tänze, Speisen, Getränke der ausländischen Familien und vieles mehr. In diesem Bereich gibt es kaum thematische Grenzen für den Themenbereich »Eine Welt«.

...

2. Leben in fremden Ländern

An sich ist in der *Grundschule* der Schritt in die Ferne nicht vorgesehen. Er ist aber naheliegend, wenn man erwartet, daß Grundschülerinnen und -schüler Verständnis, Toleranz oder sogar solidarisches Verhalten für ihre ausländischen Mitschülerinnen und Mitschüler aufbringen sollen. In den Grundschullehrplänen finden sich daher in zunehmendem Maße Formulierungen folgender Art:

- Wie Kinder in anderen Ländern leben.
- Sich über Familien in anderen Ländern informieren.
- Herausfinden, wie Kinder in anderen Ländern spielen, lernen, wohnen, feiern usw.
- Etwas darüber in Erfahrung bringen, wie Menschen in anderen Ländern leben und arbeiten.
- Weihnachten in anderen Ländern.
- Auch Kinder haben Rechte.
- Worunter Kinder leiden, und was ihnen fehlt.

Weitere, ähnliche Formulierungen ließen sich anfügen. Sie alle erlauben den Ausgriff auf das ferne Land, wie wir es seit vielen Jahren für den Grundschulunterricht empfehlen und praktizieren

…

3. Vernetzungen zwischen hier und anderswo
Lernen von fremden Kulturen

In den *Grundschullehrplänen* ist dieser thematische Ansatz weitgehend Neuland. Nur ein Ansatz wird schon seit vielen Jahren praktiziert: »Produkte aus fremden Ländern«. Diese Vernetzung mit der Ferne über den Wochenmarkt fehlt in fast keinem Sachunterrichtslehrplan. Inzwischen nehmen die Vernetzungsthemen im Gefolge der Umwelterziehung auch in der Grundschule zu:

- Wasser als Lebensgrundlage.
- Wasserversorgung und Abwasserbeseitigung.
- Luftverschmutzung, Waldsterben, Regenwald.
- Gewinnen von Erkenntnissen über gesunde Ernährung.
- Sich bewußt werden, daß es nicht nur reiche, sondern auch arme und hungernde Menschen gibt.
- Waren aus aller Welt zu jeder Zeit.

Das sind nur einige Formulierungen, die die unterrichtliche Behandlung von »Eine-Welt«-Themen unter dem Gesichtspunkt der Vernetzung nahelegen. Darüber hinaus kann man das Kennenlernen fremder Länder jederzeit unter dem Aspekt »Lernen von fremden Kulturen« gestalten. …

»Eine Welt/Dritte Welt« in Unterricht und Schule

Empfehlung der Kultusministerkonferenz vom 28. Februar 1997

In Auszügen (Blauer Sammelband, S. 31-36):

...

2. Orientierungsrahmen für schulrechtliche Regelungen der Länder

Nach den Schulgesetzen der Länder hat das Schulwesen die Aufgabe, junge Menschen im Sinne der Wert- und Ordnungsvorstellungen des Grundgesetzes und der jeweiligen Länderverfassungen zu unterrichten und zu erziehen. Wesentliche Ziele der Schule sind dabei die Vermittlung von Wissen und Kenntnissen, die Entwicklung von Fähigkeiten und Fertigkeiten, die Erziehung zur Aufgeschlossenheit für Kultur und Wissenschaft sowie die Achtung vor den religiösen und weltanschaulichen Überzeugungen anderer.

In diesem Zusammenhang sollen die Schülerinnen und Schüler die Bedeutung von Gerechtigkeit, Solidarität und Toleranz gegenüber anderen Kulturen für die Völkerverständigung und Friedensfähigkeit erkennen.

Gleichzeitig soll bei den Schülerinnen und Schülern die Bereitschaft geweckt werden, an der Erhaltung der Lebensgrundlagen für Mensch und Umwelt mitzuwirken. In dieser Hinsicht wird auch auf den Bericht der Kultusministerkonferenz zur schulischen Umwelterziehung in Deutschland vom 08.09.1992 und die Empfehlung »Interkulturelle Bildung und Erziehung in der Schule« vom 25.10.1996 (vgl. S. 49-51 in diesem Band) verwiesen.

...

4. Ziele und Grundsätze

4.1 Aufgaben und Ziele des Unterrichts über die «Eine Welt/Dritte Welt»

Bei der Erziehung zur gemeinsamen Verantwortung für die »Eine Welt« ist auch die Schule gefordert, die Komplexität der zu lösenden Probleme und ihre existentielle Relevanz darzustellen. Diese Erziehungsaufgabe ist insgesamt so bedeutsam, daß sie Bestandteil der Allgemeinbildung sein muß und der besonderen Berücksichtigung bei der beruflichen Ausbildung bedarf.

Sie setzt neben Wissensvermittlung eine verstärkte Handlungsorientierung des Unterrichts voraus, um neben dem Problembewußtsein im Sinne globaler Verantwortung die eigene Handlungsfähigkeit zu entwickeln. Die Offenheit vieler junger Menschen gegenüber kultureller Vielfalt in der Welt, der Wille zur Völkerverständigung und die Friedensfähigkeit sind zu nutzen und fördern. Dies bedingt selbstverständlich auch, daß die eigene Kultur und die sie bedingenden Werte bewußt gemacht werden.
...

4.2 Pädagogische Grundsätze

Die Dimensionen dieser schulischen Aufgabe fordern die schulische Bildungsarbeit in allen ihren Bereichen. Sie reichen über die kognitive Wissensvermittlung und die didaktische Aufbereitung hochkomplexer Themen weit hinaus und stellen auch Fragen der Wert- und Handlungsorientierung schulischen Unterrichts neu.

Der fächerverbindende Themenbereich »Eine Welt/Dritte Welt« steht in einem Gesamtzusammenhang

Nachdem der schulische Unterricht weitgehend nach dem Fächerprinzip organisiert ist und kein eigenes Fach «Eine Welt/Dritte Welt» geschaffen werden soll, zielen Maßnahmen auf allen Ebenen der Unterrichtsorganisation auf die Schaffung eines Gesamtzusammenhangs für diesen Themenbereich:

- Der Themenbereich wird in der Regel als eine fächerverbindende Bildungs- und Erziehungsaufgabe für die einzelnen Schularten vorgegeben.
- Soweit möglich, werden die darauf bezogenen Einzelinhalte an jeweils geeigneter Stelle der Fachpläne eingebracht und somit verbindlich gemacht.
- Zur unterrichtlichen Umsetzung dieser Lehrplanvorgaben arbeiten die Lehrer der betreffenden Fächer zusammen, indem sie ihren jeweiligen Unterricht zeitlich und inhaltlich koordinieren oder diesen Bereich gemeinsam unterrichten.
- Eine besondere Rolle spielen Unterrichtsprojekte wie Studientage, künstlerische Arbeiten usw., die meist gezielt als fächerverbindende Aktionen durchgeführt werden. In einigen Länder sind z. B. Studientage über die »Dritte Welt« im Erdkundelehrplan angeregt.

Im Zusammenhang mit dem Unterricht über die »Dritte Welt« und die Fragen der »Einen Welt« werden häufig Aktionen wie Ausstellungen, Vorträge oder Sammlungen durchgeführt. Diese fördern die Motivation der Schülerinnen und Schüler und beziehen das schulische Umfeld in die Aktivitäten ein.

…

Die andersartigen Verhältnisse und Lebenswelten in der »Dritten Welt« lassen sich durch Methodenvielfalt und Medieneinsatz vermitteln

Ein tieferes Verständnis für fremde Lebenswelten bedarf der Veranschaulichung. Dies kann unter anderem durch intensiven Mediengebrauch (u. a. audiovisuelle Medien, Internet), durch Rollenspiele, Musik und Tanz oder das Nachbauen typischer Artefakte dieser Welten (z. B. Spielsachen, Töpferei, Küchen, Hütten) erzielt werden. Auch die Öffnung der Schulen für einen Dialog mit Personen aus Entwicklungsländern ermöglicht eine realitätsnahe Wahrnehmung der »Dritten Welt«.

Zu Fragen der Entwicklungspolitik und -zusammenarbeit können Experten in den Unterricht einbezogen werden. Sie sind sowohl in den entsprechenden staatlichen, kirchlichen oder privaten Institutionen zu finden als auch im größer werdenden Kreis der zurückgekehrten Fachkräfte, Lehrerinnen und Lehrer, die in Entwicklungsländern tätig waren.

…

4.3 Altersgerechter Aufbau des Themenbereichs

Langjährige Erfahrungen sowie empirische Forschungen haben gezeigt, daß der Unterricht über die »Eine Welt/Dritte Welt« so früh wie möglich beginnen sollte. Einstellungen gegenüber Menschen anderer Kulturen und damit natürlich auch gegenüber Menschen der »Dritten Welt« lassen sich schon im *Grundschulalter* beeinflussen. Eine kindgerechte Einführung in die Lebenswelt von Kindern in Entwicklungsländer, ihre Familie, ihre Umwelt und ihre Spiele fördert ein erstes Verständnis für die verschiedenen Lebensweisen der Menschen. Ein solcher Ansatz schließt an das allgemeine Bemühen an, schon in der ersten Jahrgangsstufe der Grundschule mit einer umfassenden Sozialerziehung zu beginnen. Daneben können durchaus auch komplexere Zusammenhänge erschlossen werden.

Auf die Vorbereitung in der Grundschule aufbauend wird im Sekundarbereich I das Wissen über die »Eine Welt/Dritte Welt« sowie die gesellschaftliche und kulturelle Kompetenz erweitert. …

Band 101
Sachunterricht in der Grundschule

Richard Meier, Henning Unglaube, Gabriele Faust-Siehl (Hrsg.)

Die Veränderungen der modernen Welt und der Lebensbedingungen der Kinder sowie die erweiterten Aufgaben der Schule machen Neuakzentuierungen zentraler Begriffe des Sachunterrichts notwendig, z. B. Handeln, Erfahrung, Wirklichkeit, Erkennen und Lernen.

Der abstrakter, komplexer und unanschaulicher gewordenen Welt ist mit unseren Sinnen »kaum mehr beizukommen«. Den modernen Menschen stehen neue Möglichkeiten der Erfahrung zur Verfügung, die unsere Sinne erweitern bzw. uns neue Rahmenbedingungen aufzwingen. Sachunterricht wird mit anderen Lernvoraussetzungen von Kindern rechnen bzw. die Rolle der Erfahrung beim Lernen anders bestimmen müssen.

Der Band ist in vier Teile gegliedert und behandelt Theoretische Grundlagen (I), Didaktische Grundfragen (II), Praxisbeispiele (III), Materialien und Hilfen (IV, u. a. zu Kindersachbuchreihen und Kinderfernsehsendungen).

Aus dem Inhalt (S. 179f., in Ausschnitten):

... Umweltbildung in der Grundschule der Jahrtausendwende

Hartmut Mitzlaff

Umweltbildung will

1. – allgemein formuliert – auf verschiedenen Altersstufen umweltrelevante Kenntnisse (und ökosystemisches Wissen) vermitteln,
2. Umweltbewusstsein wecken und strebt

3. – individuell und kollektiv – umweltbewusste Verhaltensweisen und Haltungen im Sinne eines verantwortlichen und gewissenhaften Umgangs mit den natürlichen Ressourcen an.
   …

Ohne zu überfordern und ohne die Handlungschancen des Kindes in seiner Umwelt zu überschätzen, wird sich Umweltbildung schon auf der Primarstufe an dieser Zielvorstellung orientieren. Dazu gehört auch die Begründung eines neuen bio-zentrischen Denkens und öko-ethischen Bewusstseins, das der Natur ein Eigenrecht zugesteht. Ohne auf die Grenzen dieser Theorie eingehen zu können, erscheint mir nach wie vor eine erlebnisbetonte Umsetzung von Albert Schweitzers Formel, dass »wir Leben« seien »inmitten von Leben, das leben will« am ehesten geeignet, um Grundschulkinder auf den Weg zu diesem Bewusstsein zu bringen. Grundsätzlich ist zu vermuten, dass zukünftig Wertfragen in der Umweltbildung an Bedeutung gewinnen werden. Hinsichtlich der Entwicklung des viel beschworenen »Umwelt-Gewissens« gehen wir heute davon aus, dass

a) das Grundschulalter eine Schlüsselrolle spielt und

b) Gefühle, Gemüt, Erlebnisse und Verhaltensmodelle im Umgang mit der Natur vermutlich einen stärkeren Einfluss besitzen als der Intellekt.

Seit dem Umweltgipfel von Rio (1992) orientieren sich umweltpolitische und -pädagogische Diskussionen an der Vorstellung der »dauerhaften Entwicklung« (sustainable development), die für die Grundschule zu elementarisieren wäre. Ansätze dazu bietet die Kinderausgabe der Agenda 21 (Peace Child International 1994).

Zu den umweltpolitischen und -pädagogischen Lösungs- oder Orientierungsmustern, die in der internationalen Diskussion eine grundlegende Rolle spielen, gehören die Forderungen nach *»Interdisziplinarität«*, *»Antizipation«* und *»Partizipation«*. Interdisziplinarität ist im modernen Grundschulunterricht mehr als andernorts möglich, sofern das Klassenlehrerprinzip realisiert ist bzw. die Kolleginnen zur Kooperation gefunden haben. Im Sachunterricht ist Interdisziplinarität geradezu paradigmatisch realisiert. Wie wirksam sie werden kann, hängt u. a. davon ab, ob sie durch analoge Strukturen und Konzepte im Bereich der Lehrerausbildung, in der didaktischen Forschung und curricularen Modellentwicklung gestützt und gefördert wird. ...

Zur aktuellen Diskussion

Schule im Blick auf die Zukunft

RICHARD MEIER

Die Frage nach der »Verantwortung für die Zukunft« ist die Aufgabe des fünften Forums. Die runde Zahl der Jahre und der kommende Wechsel ins neue Jahrtausend sind ohne besondere Bedeutung, aber sie sind Anlass, nach der Verantwortung für die Zukunft der Grundschule zu fragen. Die Frage enthält auch die Fragen nach den Entwicklungen in der Vergangenheit und nach ihren Gründen. Die Frage fordert auch den kritischen Blick auf die Situation heute. Der Kern der Frage ist aber auf die Zukunft gerichtet, er lässt sich so formulieren:

Wie müssen wir, die wir uns für die Gestaltung der Grundschule engagieren, wie muss die Gesellschaft die Situation und Arbeit dieser Schulstufe gestalten, damit sie allen Kindern individuell und gemeinsam ein gedeihliches Leben in der Schule und eine gedeihliche Entwicklung im Blick auf ihre Zukunft über Schule hinaus ermöglicht?

Auch wenn wir unsere Wurzeln im Gestrigen haben und nicht im vollen Sinn wissen können, wie sich die Zukunft gestaltet, wir müssen Ziele und Wege der Arbeit in der Grundschule bestimmen, die diesen Kindern jetzt und in den folgenden Generationen ein gutes, ein reiches, ein maßvolles und friedliches Leben gemeinsam und individuell ermöglichen soll. Wir tragen die Verantwortung, indem wir Antwort geben durch unsere Arbeit.

ANDREAS FLITTNER schließt eine kurze Betrachtung »Die Kinder am Ende ›ihres‹ Jahrhunderts« (in: Die Grundschulzeitschrift, H. 123, S. 4), nachdem er Tendenzen wie »Hochleistungskult«, »Erwachsenenehrgeiz«, »antizivilisatorische(n) Träume(n)«, »Züchtungsfantasien« eine deutliche Absage erteilt hat, mit diesen Worten:

»Das alles [diese Tendenzen] aber sind eher Ausflüchte aus dem Geduld erheischenden Alltag der Erziehung. Denn die Aufgaben bleiben sich durch die Zeiten hin ähnlich. Die Fragen, wie wir den Kindern Raum in unserem Leben bewahren können, wie wir aufgeklärt und liebevoll umgehen mit ihnen, wie wir sie auch fordern, ihnen helfen, ihnen Mut machen zur realen Welt - diese Fragen sind auch am Ende des Jahrhunderts die alten. Doch die Antworten wollen immer wieder neu gefunden werden.«

»Doch die Antworten wollen immer wieder neu gefunden werden.« Dem Forum V, »Verantwortung für die Zukunft«, stellt sich diese Aufgabe, Fragen zu stellen und die Richtung möglicher Antworten zu entwerfen.

Auch wenn die Fragen ähnlich geblieben sind, die an sie gebundenen Aufgaben haben zugenommen an Intensität, sie fordern mehr Aufmerksamkeit, Zeit, Kraft, differente Arbeit und mehr Innovation in kleinen und großen Bezügen.

Die Fragen und Aufgaben lassen sich in diesen Begriffen bündeln:

erziehen – betreuen – zusammenleben – lernen lassen – fördern – fordern – gestalten –

Mit dem Band 98 »Die Zukunft beginnt in der Grundschule« (Frankfurt/M. 1996) hat eine Arbeitsgruppe des Grundschulverbandes eine differenzierte Analyse der Situation und konstruktive Vorschläge für die notwendige weitere Entwicklung erarbeitet. Mit dem Hinweis auf diesen Band (vgl. S. 253-260) kann sich die Orientierung zu Thema und Aufgabe des Forums V auf eine Skizze beschränken.

Diese Skizze wird in drei Schritten entwickelt:

- Verantwortung der Gesellschaft
- Aufgaben der Schule
- Gestaltung der Lebens- und Lernsituation im Unterricht

Verantwortung der Gesellschaft

So banal der Zusammenhang und die sich daraus entwickelnden Vorgänge sind, sie müssen benannt werden, da sie von hoher Wirksamkeit sind und sich ständig wiederholen: Schule ist eine Einrichtung der Gesellschaft, die Verantwortung für Schulen, für die Grundschule liegt jetzt und auch in ihrer Zukunft bei der Gesellschaft. Kurz greifende Klagen über die geringe Brauchbarkeit der Schule und ihre unbefriedigenden Leistungen sind heute zum Ritual geworden. Probleme, tatsächliche und vermeintliche Mängel, die sich in der gesellschaftlichen Entwicklung zeigen, werden der Schule angelastet. Dem ist entgegenzuhalten:

➢ Wenn sie verantwortlich gestaltet wird, muss die Grundschule für Kinder ein Ort des Lebens und Lernens sein, der ihnen Anregung, Förderung und Forderung, aber auch Schutz und Muße bietet. Grundschule kann und darf kein Dienstleistungsunternehmen sein, das kurzatmigen Anforderungen und egoistischen Gruppeninteressen als Schnellbedienungseinrichtung zur Verfügung steht. Grundschule muss den Kindern als Raum eigener Würde in bewusster Öffnung, aber auch Abgrenzung einen Lebensraum des Lernens bieten, in dem Vielfalt und Individualität, Einübung in Zusammenleben, gründliches Denken, vielfältiges Erfahren, förderndes Fühlen ihren Platz haben. Das politische Kalkül, das Bedrängen der Schule für schnell wechselnde parteiliche Ziele ist nicht zulässig.

- Schule und insbesondere Grundschule braucht für das gedeihliche Zusammenleben der Kinder und ihre Förderung eine Ausstattung an Zeit, Raum, Material und vor allem Menschen, die den steigenden Anforderungen jetzt und im neuen Jahrhundert entspricht.
- Die ständige Betonung der Bedeutung von »Grundlegung der Bildung«, die Forderung nach Entwicklung von Kompetenz, die heute besonders notwendige Einübung in friedliches und kooperatives Zusammenleben ... können als Aufgaben nur angenommen und gestaltet werden, wenn eine entsprechende Ausstattung und eine gedeihliche Situation gegeben sind.
- Die Gesellschaft schadet sich als Gemeinschaft, vor allem schadet sie den nächsten Generationen in einer unverantwortlichen Weise, wenn sie den Bereich der Schule und Bildung den politischen Strömungen des Tagesgeschäftes und den Sparstrategen so selbstverständlich und gegen ihre eigenen Forderungen ausliefert, wie dies zur Zeit der Fall ist.
- Schule und Grundschule, die in diesem Lebensraum arbeitenden Menschen, die Lehrerinnen und Lehrer, brauchen die mentale Unterstützung der Gesellschaft. Aber: Schule und Lehrer sind Schicksalssituationen für die Menschen jeder Generation. Nicht der Mehrzahl aller früheren Schülerinnen und Schüler ist in ihrer persönlichen Bilanz eine positive Erfahrung geblieben. Durch ihre Rolle als Schicksalsfaktor und mit diesen Erfahrungen der Schülerinnen und Schülern der jetzt erwachsenen Generationen wird verständlich, dass Schule mit dem Misstrauen der Gesellschaft zu tun hat, dass Lehrerinnen und Lehrer für ihre Arbeit wenig Anerkennung erfahren. Aber: Gelassene Arbeit und notwendige Leistung sind nur möglich, wenn Beständigkeit der Situation, angemessene Ausstattung und positive Mentalität der Gesellschaft eine tragende Grundlage bilden.

Aufgaben der Grundschule

Das Motto dieses Grundschulkongresses: »Grundschule – Schule der Vielfalt und Gemeinsamkeit« bietet als Richtlinie Orientierung bei der Bestimmung der Fragen und Aufgaben. Die Themenstellungen der Foren I - IV sind im Grunde genommen schon programmatische Fragen und Aufgaben, die sich in der Verantwortung für die Grundschule heute und in Zukunft stellen.

Bei der Bestimmung der Ziele und Aufgaben der Grundschule insgesamt, bei der Formulierung der Fragen kann es nicht um die schnellen Geschäfte der Zeit, die letzten Trends, die auf Technik sich richtenden Erlösungserwartungen von der Mühsal des Alltages, kann es nicht um die Forderungen mit engen Perspektiven gehen. Ziele und Aufgaben bestimmen sich aus grundsätzlicher Sicht, wie sie ANDREAS FLITTNER formuliert hat:

- Den Kindern Raum in unserem Leben bewahren.
- Liebevoll und aufgeklärt mit ihnen umgehen.
- Die Kinder fordern, ihnen helfen.
- Ihnen Mut machen zur realen Welt.

Als Antwort auf diese Fragen muss sich die Grundschule so gestalten:

➢ Grundschule muss als Ort des gemeinsamen Lebens und Lernens gestatet werden.

➢ Das Zusammenleben ist der Verständigung, dem gemeinsamen Lernen und nachdrücklich der Aufgabe des friedlichen Umganges miteinander verpflichtet.

Dazu gehören Komponenten wie diese:

- Ein Schulprofil, eine pädagogische Auffassung, ein gemeinsames pädagogisches Konzept für diese Schule entwickeln.
- Mit Schulprofil und Konzept der Schule Anwalt und Lebensraum der Kinder werden, die nicht immer verlässlich ihren Raum, ihre Zeit und Zuwendung erfahren.
- Zusammenleben in gemeinsamen Ritualen und Situationen der Schule gestalten; über den Jahrgang und die Klasse hinaus miteinander leben und lernen.
- Situationen gestalten und sichern, in denen die Kindern durch Tun, Machen, Handeln für sie prägende Erfahrungen an der Sache, in der Situation und im Lernen machen können.

➢ Die gesamte Gestaltung der Schule und des Unterrichts ist dem gemeinsamen und individuellen Lernen der Schülerinnen und Schüler verpflichtet.

Dazu gehören Komponenten wie diese:

- Lernen als Aufgabe ist selbstverständliches Signal der Gestaltung, Organisation, der Rituale, der Einrichtungen der Schule.
- Gemeinsame Vorhaben der Schule, Jahrgangsklassen, Arbeitsgruppen anderer Zusammensetzung, Fördergruppen geben Gelegenheit zum intensiven, gemeinsamen und differenzierten Lernen.
- Offene Angebote, Büchereien mit Betreuung, Werkstätten, besondere Lernorte wie Schulgärten, Räume und Situationen der Erholung

und der Pflege eigener Interessen geben Gelegenheit zur eigenen Gestaltung des Lernens und der Begegnung untereinander.

➢ Kinder in der Grundschule müssen Gelegenheit haben und durch Beispiele wie Situationen gefordert sein, mit ihrer Umwelt behutsam, verantwortlich und nachhaltig umzugehen und ihr Leben in der Schule und darüber hinaus gerade in der kleinen Handlung des Alltags entsprechend zu gestalten.

Dazu gehören Situationen und Komponenten wie diese:
- Mit den zur Verfügung stehenden Räumen, Mitteln und Materialien behutsam und sparsam umgehen.
- Die Wirkung der eigenen Handlungen bedenken. Gute Gewohnheiten einüben und verlässlich praktizieren.
- Durch behutsamen Umgang, intensive Erlebnisse und gute Pflege das Leben anderer Wesen als Wert und Wunder erfahren.
- An besonderen Orten und in besonderen Situationen erfahren, welche Anforderungen das Leben anderer Wesen an Menschen stellt.

Gestaltung des Lebens und Lernens im Unterricht

In der Schule, wie sie oben skizziert wurde, ist Unterricht zu gestalten. Dabei sind eine Tatsache und ein Entwurf in die Zukunft hinein leitend.

Die Tatsache: Kinder sind durch die veränderten Lebensumstände, in denen sie heute aufwachsen, anders, wenn sie zur Schule kommen. Sie brauchen einen Lebensraum des gemeinsamen und individuellen Lernens, nicht die portionierte Lehre mit der nachfolgenden, gleichen Aufgabe.

Der Entwurf: Wie sich die Lebenssituation in den nächsten Jahrzehnten entwickeln wird, lässt sich nicht aus Mustern der Vergangenheit, fixiert auf kleine Stücke von Fertigkeiten und schultypischen Nachweisen des Wissens und Könnens, entwerfen. Fähigkeit und Bereitschaft zum individuellen und gemeinsamen Lernen, lebendiges Interesse und entwickelte Methoden, Verantwortung für das eigene Lernen und Verhalten, gemeinsame Maßstäbe, leitende Werte zur Gestaltung des Zusammenlebens, dies sind Richtwerte, an denen sich die Entwürfe für die Arbeit jetzt und in der Zukunft orientieren müssen.

Zusammenfassend und im Blick auf die Gestaltung der Schule, des Schullebens und des gesamten Unterrichts lassen sich die notwendigen Aufgaben und Ziele mit diesen Begriffen benennen:

erziehen – betreuen – zusammenleben – lernen lassen – fördern – fordern – gestalten –

Gefordert ist auf der Grundlage einer gestalteten Schule ein verändertes Profil des Unterrichts. Notwendig ist eine bewusst auf diese Aufgaben und Ziele konzentrierte Gestaltung der Zeit mit Kindern, wie auch der gesamten Arbeitszeit der Lehrerinnen und Lehrer.

Skizziert wird diese notwendige Gestaltung des Unterrichts an zwei Beispielen, die sich auf die oben formulierten Aufgaben und Ziele beziehen.

Das *erste Beispiel* verweist auf die veränderte Aufgabe der Erziehung mit den Akzenten *erziehen, betreuen, zusammenleben:*

Während man bis zur Mitte der sechziger Jahre bei einem Jahrgang von Schulanfängerinnen und Schulanfängern mit geringsten Ausnahmen auf einem gemeinsamen Bestand an selbstverständlich geleisteter Erziehung aufbauen konnte, sind heute die Varianten, Unterschiede und Defizite der Verhaltensbestände so ausgeprägt, dass Erziehungsarbeit zur Sicherung und Gestaltung einer gedeihlichen Situation für die Unterrichtsarbeit nicht nur am Anfang der Schulzeit eine hohe Investition fordert. Der »Geduld erheischende Alltag der Erziehung« (A. FLITNER) fordert heute über die ganze Zeit der kurzen vier Grundschuljahre hinweg sehr viel Investition an Energie, Humor, Zusammenarbeit und Abstimmung für bewusste Erziehung. Diese intensiver gewordene Aufgabe verlangt auch eine bewusst auf diese Aufgabe bezogene Organisation und innere, erziehende Gestaltung des Unterrichts. Ein langer Vormittag mit langen Arbeitsintervallen ist notwendig. Anstrengung und Entspannung, passende Übung und gründliches Bedenken, Regeln und selbstbestimmte Situationen, Vorgaben und Freigaben, Bewegung und Verhalten … müssen im rhythmischen Wechsel eine Lebens- und Arbeitssituation gestalten. Eingebettet in diese Gesamtsituation bleibt Zeit, bietet sich Anlass, gibt es Situationen, um auf Kinder, in der Gruppe und individuell, erziehend einzuwirken und mit ihnen ihre Erziehung zu gestalten.

Das *zweite Beispiel* bietet Hinweise auf die notwendige Struktur des Unterrichts als Aufgabe der Gestaltung von Gemeinsamkeit und Differenz mit den Akzenten *lernen lassen – fordern – fördern – gestalten:*

Wir wissen, dass Lernen in gleichen Schritten mit gleichem Ergebnis durch Lehren in gleichen Portionen nicht ergiebig ist. »Fordern und fördern« muss sich im Unterricht deshalb umsetzen in einem ständigen Wechsel zwischen individueller und gemeinsamer Zuwendung. Gemeinsame Zuwendung meint hier die gemeinsame Konzentration auf eine Situation und Aufgabe. Diese gemeinsame Zuwendung kann zu reichen Ergebnissen führen, weil man sich gegenseitig neue Einsichten, Verfahren und Fragen aufschließt und eine gemeinsame Lernerfahrung gestaltet, die der individuellen Arbeit Anstoß, Modell und Hilfe gibt. Individuelle Zuwendung meint die Konzentration des Kindes alleine oder in einer kleinen Gruppe auf eine gewählte oder gegebene Aufgabe, die passt und nicht in lähmender Routine oder verwirrender Überforderung endet. So gestalten sich fordern und fördern, Anstrengung an der Sache und Aufgabe gemeinsam und individuell.

Entscheidend ist für diesen Wechsel zwischen individueller und gemeinsamer Zuwendung, dass in Ritualen und Erlebnissen, auch in der gemeinsamen Anstrengung an Sache und Situation, Gemeinsamkeit tatsächlich erhalten bleibt, erlebt und gestaltet wird.

Individuelle Zuwendung meint, dass der persönliche Fortschritt geleistet wird, zum Beispiel im überraschenden Ausgriff in neue Denkwelten, durch die wiederholende Sicherung einer Fertigkeit, durch das sich langsam aufbauende und überraschend gelingende Gestalten des Könnens in der persönlichen Anstrengung an der passenden Aufgabe, gefördert mit dem passenden Rat, gefordert in der gelassenen Zurückhaltung der Lehrenden.

Beides, gemeinsame und individuelle Zuwendung, dürfen nicht einer fiktiven Homogenität und der Angst vor dem vermeintlichen Verlust an Übersicht geopfert werden. Hier müssen Schranken der Mentalität, wie die der ungerechten und zehrenden Gleichbehandlung, hier muss die Fiktion des gleichen Fortschreitens überwunden werden.

Gerade der Wechsel und das Zusammenwirken zwischen gemeinsamer und individueller Gestaltung der Situation, gerade die Begegnung der Kinder in und aus der individuellen Situation heraus und die gemeinsame Arbeit aus verschiedener Sicht und Situation schaffen den Reichtum des Prozesses, den die Lernforschung dem sozialen Lernen zuschreibt.

Bedeutung und Aufgabe der Lehrerbildung in Gegenwart und Zukunft

Die Verantwortung vor Ort liegt heute und in der Zukunft bei den Lehrerinnen und Lehrern, die diese Arbeit leisten und mit den Kindern eine gedeihliche Situation gestalten. Deshalb sind jetzt und in Zukunft Lehrerbildung und Lehrerfortbildung zentrale Aufgaben. Wieder sind es etwa dreißig Jahre, dass die Lehrerbildung in den meisten Bundesländern als Aufgabe den Universitäten übertragen wurde. Lehrerinnen und Lehrer kann man nicht ausbilden. Man kann und muss in gemeinsamer Arbeit in allen Phasen des beruflichen Lebensbogens einen Prozess gestalten, der hilft, routinierte Sicherheit der Handlung in der Situation, Reichtum des didaktischen Instrumentariums, Sensibilität im sozialen und pädagogischen Bezug, elastische Konsequenz in der Haltung, Fähigkeit zum guten Kompromiss aufzubauen und zu pflegen. Leitend in diesem Bildungsprozess ist die sich ständig erneuernde, auch auf sich selbst bezogene Bereitschaft zur Reflexion, Revision und Weiterentwicklung. Heute spannt sich die Lehrerbildung der ersten und zweiten Phase zwischen den Extrempolen der Beliebigkeit des universitären Forschungsgegenstandes, der zum Gegenstand der Lehre erklärt wird und der auf Rezepte und Personen fixierten Einübung in ein bestimmtes Programm von Unterricht mit modisch wechselnden Pflichtaufgaben. So kann sich Bildung nicht entwickeln. Zu bestimmen sind Gegenstände und Verfahrensweisen der intensiven Auseinandersetzung mit Situationen und Problemen der Praxis wie der sie erhellenden Theorien. Zu leisten ist eine exemplarische Erhellung der Struktur eines Gegenstandes unter ständiger Bindung an die pädagogischen und didaktischen Fragen der Erschließung mit Schülerinnen und Schülern. Zur Einleitung dieser Bildungsprozesse ungeeignet sind Studiengänge, in denen der Zuschnitt der Lehre und die Fixierung auf Prüfungsrituale in Prüfungsdschungeln, wie die schicksalentscheidende Bedeutung der Ziffern, diese Prozesse verhindern. Solche Beliebigkeiten und Engführungen sind keine Grundlage für die Entwicklung einer Persönlichkeitsstruktur, die heute und in Zukunft notwendige Schul- und Unterrichtsarbeit trägt. Hier ist dringend Verantwortung anzunehmen, hier ist dringend ein wirksamer, bildender Ansatz zu entwickeln.

Autorinnen und Autoren

Dipl. päd. Horst Bartnitzky
Heinrich-Albrod-Str. 54, 47249 Duisburg

Prof. Dr. Gertrud Beck
Uferweg 2, 34633 Ottrau Görzhaim

Prof. Dr. Hans Brügelmann
Im Unteren Buden 5 B, 57250 Netphen

Dr. Karlheinz Burk
Altvaterstr. 3, 60437 Frankfurt/Main

Prof. Dr. Maria Fölling-Albers
Josef-Bayer-Weg 11, 93053 Regensburg

Marlies Hergarten
Anno-Santo-Str. 20, 53945 Blankenheim

Peter Heyer
Elisenstr. 16, 12169 Berlin

Dr. Andreas Hinz
Flotowstr. 7, 22083 Hamburg

Prof. Richard Meier
Rodauer Str. 24, 64673 Zwingenberg

Prof. Dr. Hartmut Mitzlaff
Märkische Str. 5, 58135 Hagen

Lilli Roffmann
Ferdinand-Wallbrecht-Str. 34, 30163 Hannover

Prof. Dr. Hans-Günter Rolff
Universität Dortmund, Arbeitsstelle für
Schulentwicklungsforschung
Rheinlanddamm 199, 44139 Dortmund

Prof. Dr. Rudolf Schmitt
Mommsenstr. 16, 28211 Bremen

Dr. Hermann Schwarz
Gudrunstr. 71, 22559 Hamburg

Prof. Dr. Angelika Speck-Hamdan
Ganzenmüller Str. 14 A, 80999 München

Alle Veranstaltungen des Kongresses und auch des Rahmenprogramms finden im CongressCenter der Frankfurter Messe statt. (Fußweg von Frankfurt Hbf. ca. 10 Min.)
Die im Programm angegebenen fünf Foren vom Freitag werden am Samstag wiederholt, sodass es allen Teilnehmerinnen und Teilnehmern ermöglicht wird, zwei verschiedene Foren zu besuchen. Die Räume der einzelnen Foren werden auf dem Kongress bekannt gegeben und ausgeschildert.

Anmeldung:
Ihre Anmeldung sollte bitte bis zum **31. August 1999** bei uns vorliegen. Mit der Überweisung Ihres Teilnahmebeitrags ist Ihre Anmeldung verbindlich. Eine Bestätigung wird nicht mehr zugeschickt.

Teilnahmebeiträge:
Um einen Teil der entstehenden Kosten umzulegen, haben wir uns entschlossen, eine geringe Teilnahmegebühr zu erheben.
In diesem Beitrag sind enthalten: Teilnahme an allen Veranstaltungen, die Tagungsmappe mit allen Unterlagen und der Teilnahmebestätigung, eine ausreichende Anzahl **Bons für Getränke und Verpflegung an beiden Tagen.** Sie erhalten alles bei Ihrer Ankunft auf dem Kongress.
Der Teilnahmebeitrag beträgt für Nichtmitglieder DM 100,00 / für Mitglieder DM 80,00 / für Studierende DM 50,00 (bitte Kopie des Ausweises beilegen).

Anerkennung:
Die Anerkennung des BundesGrundschulKongresses als Fortbildungsveranstaltung ist bei den Kultusministerien der Länder beantragt worden.
Eine Teilnahmebestätigung erhalten Sie zusammen mit Ihrer Tagungsmappe auf dem Kongress.

Zimmerreservierung:
Tagungsgäste, die eine Übernachtungsmöglichkeit benötigen, wenden sich bitte mit Hinweis auf Ihre Teilnahme am BundesGrundschulKongress direkt an das Touristik-Büro Frankfurt unter folgender Anschrift:
Tourismus+Congress GmbH, Zimmerreservierung, Kaiserstr. 56, 60329 Frankfurt a.M.
Tel.: 069-21230808/FAX: 069-21240512; E-Mail: info@tcf.frankfurt.de

Ihre Zimmerreservierung sollten Sie möglichst bis vier Wochen vor Kongressbeginn vornehmen.
Falls Sie Programmhefte oder Plakate benötigen, wenden Sie sich bitte an die Geschäftsstelle des Grundschulverbandes, die Ihnen auch für alle weiteren Fragen zur Verfügung steht: Grundschulverband – Arbeitskreis Grundschule e.V., Postfach 90 01 48, 60441 Frankfurt a.M. Tel.: 069-776006 / Fax.: 069-7074780 E-Mail: info@grundschulverband.de

ANMELDUNG ZUM BUNDESGRUNDSCHULKONGRESS 1999

Name ______________________________

Straße ______________________________

PLZ/Ort ______________________________

Tel./Fax ______________________________

☐ Mitglied (80,-DM) ☐ Nichtmitglied (100,-DM) ☐ Student/in (50,-DM) (Ausweiskopie liegt bei)

Die **Tagungsgebühr** habe ich unter dem Stichwort: »Kongress 99«

☐ überwiesen ☐ als Verrechnungsscheck beigelegt.

☐ Ich bin an einer Mitgliedschaft interessiert. Senden Sie mir bitte Informationen zu.

Ich melde meine Teilnahme für folgende Foren an: **Freitag, 01.10.99:** **Samstag, 02.10.99:**

Forum: ______________ Forum: ______________

Ort, Datum ______________________ Unterschrift ______________________

Bankverbindungen: Postbank Frankfurt/M (BLZ 500 100 60) Kto. 195671-605
Sparkasse Hanau (BLZ 506 500 23) Kto. 9206137